权威·前沿·原创

皮书系列为
"十二五""十三五""十四五"时期国家重点出版物出版专项规划项目

BLUE BOOK

智 库 成 果 出 版 与 传 播 平 台

教育督导蓝皮书
BLUE BOOK OF EDUCATION INSPECTION

中国教育督导报告（2022）

ANNUAL REPORT ON CHINA'S EDUCATION INSPECTION (2022)

研　创／国家教育行政学院教育督导与评价研究中心

主　编／樊平军

社会科学文献出版社
SOCIAL SCIENCES ACADEMIC PRESS（CHINA）

图书在版编目（CIP）数据

中国教育督导报告 . 2022 / 樊平军主编 . --北京：
社会科学文献出版社，2022.12
　（教育督导蓝皮书）
　ISBN 978-7-5228-0866-6

　Ⅰ.①中…　Ⅱ.①樊…　Ⅲ.①教育视导–研究–中国
–2022　Ⅳ.①G526.4

中国版本图书馆 CIP 数据核字（2022）第 186001 号

教育督导蓝皮书

中国教育督导报告（2022）

研　　创 / 国家教育行政学院教育督导与评价研究中心
主　　编 / 樊平军

出 版 人 / 王利民
组稿编辑 / 邓泳红
责任编辑 / 宋　静
责任印制 / 王京美

出　　版 / 社会科学文献出版社·皮书出版分社（010）59367127
　　　　　 地址：北京市北三环中路甲 29 号院华龙大厦　邮编：100029
　　　　　 网址：www.ssap.com.cn
发　　行 / 社会科学文献出版社（010）59367028
印　　装 / 天津千鹤文化传播有限公司

规　　格 / 开　本：787mm×1092mm　1/16
　　　　　 印　张：23.5　字　数：350 千字
版　　次 / 2022 年 12 月第 1 版　2022 年 12 月第 1 次印刷
书　　号 / ISBN 978-7-5228-0866-6
定　　价 / 128.00 元

读者服务电话：4008918866

教育督导蓝皮书编委会

主要编撰者简介

樊平军 教育学博士，研究员，国家教育行政学院教务部主任兼远程培训部主任、教育督导与评价研究中心主任。主要研究领域为学校管理、教育行政、教育督导等。曾任联合国儿童基金会项目和中英西南基础教育项目国家级专家。主持和参与多项全国教育规划课题、北京市教育规划课题、教育部课题等。出版专著2部、译著1部，发表学术论文30余篇，主编教育行政能力建设培训教材1套。

李　改 教育学博士，副研究员，国家教育行政学院人事处副处长，兼任西南大学访学研究生导师。主要研究领域为教育管理、教育督导、情绪管理等。

郭　璨 教育学博士，副研究员，国家教育行政学院远程培训部教师。主要研究领域为教育政策与法律、教育管理，在《教育研究》《中国教育学刊》等刊物发表学术论文10余篇，多篇论文被《新华文摘》《人大复印报刊资料》《高等学校文科学术文摘》全文转载。主持和参与国家社科基金课题、省部级课题多项，出版专著1部，合作编著5部。

赵　玄 法学博士，国家教育行政学院助理研究员。主要从事教育政策与法律研究。主持北京市教育科学规划课题1项，参与国家社科基金课题、省部级课题等多项，参撰《大学章程法律问题研究》等著作3部，发表学术论文20余篇。

序　言

国家教育行政学院是直属于教育部的干部、教师教育培训院校，是教育研究和教育决策咨询的重要机构，是党和国家干部教育培训体系的重要组成部分。学院自2012年开始承办全国省、地、县督学培训项目，目前已连续承办督学常规培训70多个班次、专题培训班若干期次，累计面授培训督学人员近万人次。2019年，在教育部教育督导局（国务院教育督导委员会办公室）的指导下，学院依托中国教育干部网络学院的远程培训平台专门开发建设了"督学网络学院"，现已在线培训督学6万余人次。学院得到了教育部教育督导局的持续指导与支持，多年的督学培训培养了一支长期关注教育督导工作的教师队伍，与全国省、地、县各级教育督导部门建立起了广泛联系，为深入开展教育督导研究提供了丰富的资源、奠定了坚实的基础。但同时也发现，当前我国的教育督导科研工作整体上仍较为薄弱，研究机构和研究队伍数量较少，研究交流平台不多，研究成果不够显著，难以满足教育督导事业改革发展的需要。

2020年2月，中共中央办公厅、国务院办公厅印发的《关于深化新时代教育督导体制机制改革的意见》提出加强教育督导研究，要求围绕教育督导领域重大问题，组织开展系统深入研究，提出改进完善建议，加强政策储备。采取适当方式，重点支持有关高校和科研机构持续开展教育督导研究，培养壮大教育督导研究力量。2020年10月，中共中央、国务院印发了《深化新时代教育评价改革总体方案》，提出构建政府、学校、社会等多元参与的评价体系，建立健全教育督导部门统一负责的教育评估监测机制，发挥专业机构和社会组织作用。为深入贯彻落实文件精神，在教育部教育督导局的关心指导下，国家教育行政学院积极整合相关资源，成立了跨部门的"教育督导与评价研究中心"。研究中心将培训与研究深度融合，对内充分利用督学面授培训和"督学网络学院"大规模网络培训督学队伍的学员优势，对外深入开展合作研究，产出一批研究成果，服务教育督导评价决策，以高质量研究助力教育督导高质量发展，为系统持续地开展教育督导研究提供了坚实的组织保障。

看似寻常最奇崛，成如容易却艰辛。2021 年，研究中心在成立当年就产出了第一部成果——《教育督导蓝皮书：中国教育督导报告（2021）》，填补了我国教育督导研究工作的空白，实现了国家教育行政学院教育督导研究从"0"到"1"的突破，在全国教育督导领域产生了一定的社会影响。2022 年，研究中心继续组织相关领域的权威专家学者，紧贴中国教育督导战线实际，针对教育督导领域的热点难点问题开展系统研究，形成了融政策分析、理论阐释和实践思考为一体的，凝聚着诸多专家学者的智慧和地方经验，体现着教育学人对教育督导事业崇高使命感和责任感的最新成果——《教育督导蓝皮书：中国教育督导报告（2022）》。学院将继续支持研究团队将蓝皮书以年度报告的形式持续深入地进行下去。我们有理由相信，教育督导研究的成果将日益丰富充盈，实现从"1"到"N"的健康成长。

教育督导事业拥有广阔天地，教育督导研究呼唤高端平台。2022 年，在中国教育学会的关心和支持下，中国教育学会教育督导分会完成换届工作。新一届中国教育学会教育督导分会秘书处工作将由学院承担。这是学院服务于教育督导战线的一个新平台，学院将以此为契机，进一步加大对教育督导科研工作的支持力度，提高组织服务能力，广泛团结汇聚教育督导力量，推进教育督导高质量研究，扩大教育督导战线影响，发出教育督导的时代强音，为建设好中国特色社会主义教育督导体制机制贡献力量。希望全国教育督导战线同仁能够一如既往地关心、支持我们的督学培训和督导研究工作，积极参与相关学术研究和交流活动，积极为我们的培训、研究建言献策。让我们并肩携手，为国家教育督导事业添砖加瓦，为新时代高质量教育体系建设贡献更多的智慧和力量。同时，希望研究中心团队再接再厉、坚持不懈，发挥好学会平台和学院平台的强大作用，更好地传督导之道、授督导之业、解督导之惑，把"教育督导蓝皮书"做得一年更比一年好！

侯慧君

国家教育行政学院党委书记、常务副院长

中国教育学会教育督导分会理事长

摘　要

2021 年，是深入贯彻落实中共中央办公厅、国务院办公厅《关于深化新时代教育督导体制机制改革的意见》的关键之年，全国各级各地教育督导机构紧密围绕意见要求，以高质量教育督导确保教育高质量发展、落实立德树人根本任务，教育督导工作取得显著成就，教育督导体制机制改革不断深入拓展。

在教育部教育督导局（国务院教育督导委员会办公室）的指导下，国家教育行政学院教育督导与评价研究中心（以下简称"研究中心"）立足于国家政策文件、教育部教育督导局提供的权威报告以及课题组调研数据，以翔实的数据呈现了 2021 年我国教育督导能力建设现状、工作进展情况，深入剖析了当前教育督导面临的挑战及未来教育督导改革的展望，力图全面跟踪我国教育督导体制机制改革的发展进程，分析教育督导工作现状，探索教育督导工作规律，助力教育督导工作改进。同时，围绕国务院教育督导委员会办公室的年度重点工作，聚焦责任督学挂牌督导、督学培训、教育督导结果运用等三个方面内容，呈现 2021 年度教育督导工作成效，对深入推进相关工作研究提出意见建议，具有重要的指导价值。此外，组织专家学者围绕职业教育第三方评估、国家义务教育质量监测结果应用、督学能力框架、地方教育督导立法等当前教育督导研究的重点和前沿问题开展研究，并提供国内外教育督导发展的典型经验，鲜活呈现不同地区教育督导体制机制改革的亮点、特色与经验，具有较强的启发和借鉴意义。

2022 年是全面覆盖、运转高效、结果权威、问责有力的中国特色社会

主义教育督导体制机制的建成之年，各级各地教育督导机构需进一步加强教育督导法律法规建设，构建国家、地方相结合的教育督导制度体系；进一步优化教育督导机构设置，促进实体、虚体相协调的教育督导机构职能落实；进一步深化教育督导运行机制改革，提高"督政-督学-评估监测"三位一体的督导效能；进一步推进教育督导问责机制改革，处理好问责、激励相配合的督导结果运用方式；进一步提升督学专业履职能力，通过"输血-造血"加强教育督导队伍建设；进一步加大各方协同支持力度，确保教育督导"专项经费—信息化建设—督导研究"全面落实。

关键词： 教育督导　督政　督学　评估监测　督导体制机制改革

目 录 ⑤

Ⅰ 总报告

Ⅱ 分报告

Ⅲ 专题篇

Ⅳ　比较与借鉴篇

Ⅴ　案例篇

VI　附　录

皮书数据库阅读**使用指南**

总 报 告

General Report

B.1

2021年中国教育督导进展报告

国家教育行政学院教育督导与评价研究中心课题组*

摘 要： 2021年，全国教育督导战线深入贯彻落实《关于深化新时代教育督导体制机制改革的意见》精神和中共中央、国务院《深化新时代教育评价改革总体方案》要求，聚焦教育重大政策措施有效落实，着力克服新冠肺炎疫情的影响，深入推进新时代教育督导体制机制改革，各项督导工作顺利推进，对高质量教育体系建设起到了很好的推动保障作用。但是，也应当清醒地看到，深

---

* 课题组主要成员有：樊平军，教育学博士，研究员，国家教育行政学院教务部主任兼远程培训部主任，教育督导与评价研究中心主任，主要研究领域为学校管理、教育行政、教育督导等；李改，教育学博士，副研究员，国家教育行政学院人事处副处长，主要研究领域为教育管理、教育督导、情绪管理等；郭璨，教育学博士，国家教育行政学院副研究员，主要研究领域为教育政策与法律、教育管理；赵玄，法学博士，国家教育行政学院助理研究员，主要从事教育政策与法律研究；王敬红，教育学博士，副研究员，国家教育行政学院远程培训部副主任，主要研究领域为教育领导与管理等；聂岸远，山东省政府督学，教育部全国中小学督导评估专家，国家教育行政学院教育督导与评价研究中心兼职研究员，主要研究方向为教育督导政策法规等；韩烨，国家教育行政学院教育行政教研部教师，助理研究员，研究领域为教育督导评价、教师队伍建设、乡村教育、日本教育等。

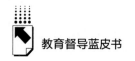

化新时代教育督导体制机制改革是一项艰巨而繁重的任务，各地在着力推进教育督导体制机制改革过程中，在履行教育督导职责和落实改革任务时，仍然面临一系列重大挑战。为确保如期建成全面覆盖、运转高效、结果权威、问责有力的中国特色社会主义教育督导体制机制，需加快教育督导立法，健全教育督导制度体系；优化督导机构设置，促进督导机构职能落实；做好督导评估监测，提高教育督导运行效能；改进问责机制导向，强化教育督导结果运用；加强督导队伍建设，提升督学专业履职能力；加大协同支持力度，全面落实教育督导保障。

关键词： 教育督导　督导制度　督导队伍　督导机构　督导问责

2020 年 2 月，中共中央办公厅、国务院办公厅印发《关于深化新时代教育督导体制机制改革的意见》（以下简称《意见》），要求以优化管理体制、完善运行机制、强化结果运用为突破口，到 2022 年基本建成全面覆盖、运转高效、结果权威、问责有力的中国特色社会主义教育督导体制机制。2021 年，全国教育督导战线深入贯彻落实《意见》精神和中共中央、国务院《深化新时代教育评价改革总体方案》要求，聚焦教育重大政策措施有效落实，着力克服新冠肺炎疫情的影响，深入推进新时代教育督导体制机制改革，各项督导工作顺利推进，对高质量教育体系建设起到了很好的推动保障作用。

为全面了解 2021 年全国各级教育督导机构改革和教育督导工作推进情况，课题组面向全国各级各类教育督导机构编制了"全国教育督导机构与人员情况调查表"（以下简称"机构与人员调查表"），以分层随机抽样的方式面向全国 31 个省（自治区、直辖市）和新疆生产建设兵团（以下简称"兵团"）各级教育督导机构人员发放了"全国教育督导体制机制改革情况调查问卷"（以下简称"体制机制改革调查问卷"）。同时，结合全国 32 个省级政府报送教育部教育督导局的 2021 年度工作总结情况，通过定量研究与定性研究相结合，深入分析 2021 年中国教育督导进展情况。

截至 2022 年 5 月 27 日，共收回体制机制改革调查问卷 3616 份，均为有效问卷。问卷来源地分布情况如表 1 所示。

表 1　体制机制改革调查问卷来源情况

单位：份，%

省份	数量	占比
河南	209	5.78
山东	192	5.31
广西	122	3.37
江西	123	3.40
浙江	104	2.88
广东	162	4.48
内蒙古	189	5.23
江苏	130	3.60
重庆	48	1.33
辽宁	123	3.40
河北	188	5.20
天津	15	0.41
湖北	136	3.76
宁夏	29	0.80
安徽	143	3.95
北京	36	0.10
黑龙江	140	3.87
福建	105	2.90
陕西	137	3.79
吉林	76	2.10
甘肃	101	2.79
四川	245	6.78
湖南	149	4.12
云南	162	4.48
青海	63	1.74
新疆(含兵团)	149	4.12

省份	数量	占比
贵州	103	2.85
山西	116	3.21
海南	26	0.72
上海	27	0.75
西藏	68	1.88

截至 2022 年 5 月 29 日，共收回机构与人员调查表 3202 份，剔除无效问卷 362 份，有效问卷共 2840 份。其中，省级教育督导机构问卷 34 份，占比 1.20%；地市级教育督导机构问卷 308 份，占比 10.85%；县级教育督导机构问卷 2488 份，占比 87.61%（见表 2）；还有其他机构问卷 10 份，占比 0.35%。

表 2　机构与人员调查表来源情况

单位：份

地区	省级	地市级	县级
北京	1	0	8
天津	1	3	6
河北	1	7	125
山西	1	8	99
内蒙古	1	14	84
辽宁	0	15	96
吉林	1	8	54
黑龙江	1	13	106
上海	1	10	7
江苏	1	13	106
浙江	1	7	65
安徽	1	13	95
福建	1	9	87
江西	1	11	91
山东	1	15	151

地区	省级	地市级	县级
河南	1	16	155
湖北	1	8	89
湖南	1	9	104
广东	1	16	100
广西	2	7	75
海南	1	3	15
重庆	2	6	28
四川	1	18	178
贵州	1	9	75
云南	1	12	123
西藏	1	3	36
陕西	1	12	103
甘肃	1	12	73
青海	1	8	38
宁夏	1	4	22
新疆	3	15	87
兵团	0	4	7
合计	34	308	2488

一 2021年中国教育督导能力建设现状

（一）2021年教育督导制度建设情况

为贯彻落实《深化新时代教育评价改革总体方案》和《意见》，2021年1月21日，教育部印发《普通高等学校本科教育教学审核评估实施方案（2021—2025年）》，对"十四五"时期普通高等学校本科教育教学审核评估工作作出整体部署和制度安排。这是继2014~2018年审核评估总体完成后，教育部在教育强国战略背景下启动实施的新一轮审核评估，旨在推进高校分类评价，改进本科教育教学评估，推动提高本科人才培养质

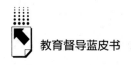
量。3月1日，教育部、中组部、中央编办、国家发改委、财政部、人社部等六部门联合印发了《义务教育质量评价指南》，从指导思想、基本原则、评价内容、评价方式、评价实施、结果运用、组织保障等七个方面对学校办学质量评价、学生发展质量评价进行了全面规定。7月20日，国务院教育督导委员会印发《教育督导问责办法》，这是新中国历史上首个教育督导问责办法，要求各级人民政府教育督导机构在教育督导工作中，发现地方政府及有关职能部门、各类学校和其他教育机构、有关工作人员等被督导对象，存在不履行、不完全履行或不正确履行教育职责的问题，由有关部门依照职能和管理权限进行内部监督，并明确了责任追究的情形、方式、程序等。

在地方政府制度建设方面，通过梳理分析32个省级政府2021年度工作总结和体制机制改革问卷调查结果发现，各省份聚焦督导"长牙齿、树权威"，不断建立健全制度供给，通过推进教育督导立法、制定出台教育督导体制机制改革具体落实方案等举措，全面深化教育督导体制机制改革，在教育督导制度建设上取得突破进展。

1. 有序推进地方教育督导条例的立、改等工作

《关于印发〈国务院教育督导委员会办公室2021年工作要点〉的通知》要求督促各地出台或修订教育督导法律法规，推动由国家法律、行政法规、部门规章以及规范性文件组成的完整教育督导法律法规体系建设。按照通知要求，各地不断完善地方性教育督导法规，进一步加强教育督导"长牙齿"的法治保障，着力推动教育督导"良法善治"、切实提升教育督导工作的法治化水平。

例如，安徽教育督导委员会配合省人大及省司法厅赴上海等地多次开展立法专题调研，协助省司法厅4次召开省教育督导条例立法研讨会和论证会，并在省十三届人大常委会第30次会议第二次审议《安徽省教育督导条例（草案）》，推动《安徽省教育督导条例》尽快出台。广西为贯彻落实依法治教要求，坚持服务导向、问题导向，以自治区政府令形式颁布实施《广西壮族自治区教育督导规定》，着力推动全区在教育"管办评"分离上

迈出重大步伐。河南用最短的时间完成了地方督导条例的立法调研、立法审议，并于2021年11月27日经河南省十三届人大常委会第28次会议，审议通过了近十年来的第一个地方法规——《河南省教育督导条例》，填补了省级层面的教育督导法规空白，为促进全省教育发展和教育督导的规范化、制度化、科学化提供了有力的法律保障。江西连续两年将《教育督导条例》执法调研纳入省人大重点调研项目，会同省人大教科文卫委开展执法调研，并形成调研报告。山西人大两次听取山西省教育督导条例（草案）起草进展有关情况的报告，并将《山西省教育督导条例》列入2022年地方性法规立项项目。天津推动修订天津市教育督导条例，强化教育督导条件保障各项要求。江苏克服时间紧、问题多、新冠肺炎疫情影响等困难，积极组织草案起草工作，会同相关部门开展多轮立法调研、立法论证等工作，数易其稿，修改完善，并经省人大常委会审议通过《江苏省教育督导条例》，推动督学管理迈上新台阶。北京以市人民政府令发布修订的《北京市教育督导规定》，完善了督导内容、程序、督学管理等事项，新增了整改核查、通报、约谈、激励等督导结果制度。

2. 进一步推动《意见》实施方案落地落实

体制机制改革调查问卷显示，在关于所在区域是否专门出台落实《意见》的意见或方案调查中，84.43%的单位表示已出台，15.57%的表示未出台。在对《意见》及本地实施意见或方案的实效性方面的调查中，38.69%的被调查者表示该制度对强化督导的作用很好，37.14%的表示较好，21.21%的表示一般，2.96%的表示较差。结合各省份工作总结发现，为切实推动中央政策落地落实，进一步深化地方教育督导体制机制改革，2021年各地陆续出台省级和地方实施方案，并积极推动教育督导委员会工作规程、督学管理办法、教育督导问责办法等配套制度的研究制定。

（1）加强顶层设计

为严格贯彻落实《意见》要求，确保到2022年底顺利完成各项改革任务，基本建成全面覆盖、运转高效、结果权威、问责有力的中国特色社会主

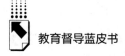

义教育督导体制机制，继北京、天津、山西、安徽、上海、浙江、河北等地于 2020 年出台地方关于深化教育督导体制机制改革的实施意见、实施方案或落实措施后，2021 年，其他省份也加快了研制意见实施方案的节奏，着力推动教育督导体制机制改革。

例如，新疆生产建设兵团以兵团党委办公厅、兵团办公厅名义印发《关于深化新时代教育督导体制机制改革的实施方案》，加强教育督导工作顶层设计。宁夏制定了《〈关于深化新时代教育督导体制机制改革实施意见〉分工方案》，明确成员单位职责，完善沟通联络机制，形成统一协调、分工负责、齐抓共管的工作格局，进一步强化教育督导委员会职能作用。福建省委办公厅、省政府办公厅印发的《关于深化新时代教育督导体制机制改革的实施意见》成为福建省教育督导史上新的里程碑，省编委随后给省教育厅核增专职副总督学领导职数 1 名，支持教育督导机构独立履行职责。甘肃制定出台《关于深化新时代教育督导体制机制改革的若干措施》，省政府教育督导委员会调整成员单位，由原来 9 个增至21 个，为教育督导更好地履职尽责奠定了基础，并督促各市州出台贯彻落实国家和本省教育督导体制机制改革的文件。广西深入调查各市县贯彻落实中央和自治区文件要求情况，印发《关于严格落实〈关于深化新时代教育督导体制机制改革的实施意见〉的通知》，督促各市县继续深化新时代教育督导体制机制改革，要求各市县比照自治区做法，理顺管理体制，加强机构设置，设立总督学、副总督学，增加成员单位等。青海省委办公厅、省政府办公厅印发了《关于深化新时代教育督导体制机制改革的实施意见》，明确了 24 项具体改革举措，为全省新时代教育督导体制机制改革发展指明了方向、提出了遵循。海南省委办公厅、省政府办公厅印发《关于深化新时代教育督导体制机制改革的实施方案》，制定落实实施方案的主要任务和配套文件清单，推动省和市县进一步完善教育督导机构设置和运行机制。山东省委办公厅、省政府办公厅印发《山东省深化新时代教育督导体制机制改革的实施意见》，制定改革具体措施，明确提出各级要依法依规设立有机构和人员编制的政府教育督导机构。山西省委办公厅、山西省人民政府办公厅印发《关于深化新时代教育督导体制机制改革的实施意见》，省政府教育督导委员会及其办公室认真贯彻落实党中央、国务院和省委、省政府重大决策部署，持续压实各级党委、政府及其相关职能部门责任，实行清单化、项目化、团队化管理，建立落实实施意见工作台账，并将落实情况纳入对市县级政府履行教育职责评价的重要内容，有力地推动了省市县教育督导体制机制改革的落实。天津深入贯彻落实深化新时代教育督导体制机制若干措施文件精神，制定贯彻落实若干措施任务分工方案，向各区政府、有关委局印发关于做好若干措施贯彻落实工作的通知，督促各区政府制定印发区级贯彻实施方案。新疆印发了《〈关于深化新时代教育督导体制机制改革的实施方案〉任务分工方案》，规范教育督导工作的内容、程序和方式，促进各成员单位及成员切实履行教育职责。贵州省委办公厅、贵州省人民政府办公厅印发《贵州省关于深化新时代教育督导体制机制改革的实施意见》。云南省委办公厅、云南省人民政府办公厅印发了《关于深化新时代教育督导体制机制改革的实施意见》，明确了全省教育督导体制机制改革的方向任务。此外，北京督促指导16个区以区委教育工作领导小组名义出台教育督导体制机制改革实施方案，成立区政府教育督导委员会，不断完善教育督导职能。内蒙古全区12个盟市全部印发了本地区《深化新时代教育督导体制机制改革实施方案》，进一步明确了机构、人员和经费保障措施。

（2）推进配套制度

一是推进教育督导委员会相关制度建设，优化调整教育督导委员会成员单位，完善教育督导工作机制。体制机制改革调查问卷显示，78.79%的单位所在区域已建立了政府教育督导委员会成员单位日常沟通联络机制，21.21%的未建立。在有关所在区域已建立哪些教育督导委员会规章制度的调查中（见图1），63.94%的单位表示建立了教育督导委员会工作规程，50.06%的单位表示建立了教育督导委员会工作细则，83.49%的单位表示制定了关于教育督导委员会成员单位职责的制度，0.83%的单位表示制定了教

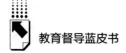
育督导委员会办公室职责、教育督导委员会联络员制度、教育督导委员会议事规则等其他制度，还有 9.10% 的单位表示未建立任何相关制度。

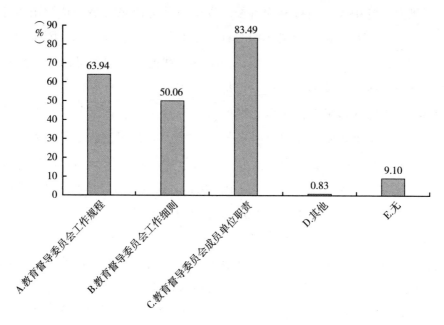

图1　教育督导委员会规章制度建设情况

在关于所在区域已建立哪些教育督导委员会工作制度的调查中（见图2），69.44% 的单位表示建立了成员单位联席会议制度，62.94% 的单位表示建立了成员单位联络沟通机制，63.41% 的单位表示建立了重大督导结果反馈落实制度，50.69% 的单位表示建立了问责机制，0.55% 的单位表示建立了公示公告、奖励等其他制度，还有 10.98% 的单位表示未建立任何制度。

针对此，为进一步优化调整教育督导委员会成员单位，多个省份把督导委员会建设作为完善教育督导工作机制的抓手，出台了教育督导委员会成员单位工作职责、工作规程等制度。例如，贵州印发《贵州省人民政府教育督导委员会关于调整省人民政府教育督导委员会组成单位及人员的通知》，要求根据教育督导工作需要和人员变动情况，及时完善省

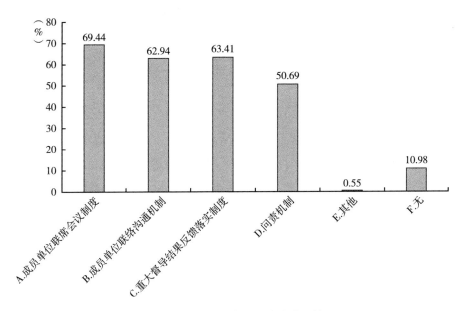

图2 教育督导委员会工作制度建设情况

人民政府教育督导委员会机构设置，并在全省设立总督学、副总督学，聘任了第七届省人民政府督学顾问、督学、特约督导员。湖北在借鉴外省做法、充分征求厅内相关处室及部分市（州）教育督导部门和省政府教育督导委员会各成员单位意见建议的基础上，经省政府同意后正式印发省政府教育督导委员会成员单位工作职责。陕西率先制定省教育督导委员会《议事规则》和《成员单位工作职责及工作流程》，省教育督导委员会成员单位增设至26个部门。河北研究审议并原则通过《河北省人民政府教育督导委员会工作规程》，指导督促各市（含定州、辛集市）及雄安新区研制出台改革具体措施。上海出台《上海市人民政府教育督导委员会工作规则》，明确工作职责，着力构建上下协同、各方共识、齐抓共管的工作格局。新疆生产建设兵团比照国务院教育督导委员会成员构成及时调整成员单位，研制《兵团教育督导委员会工作规则》《兵团教育督导委员会成员单位及成员工作职责》，实行兵团督导委员会成员单位联络员制度，明确兵团教育督导委员会成员每年至少带队或参与一次教育

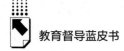

督导工作的年度任务。吉林、宁夏、江西、海南、重庆、内蒙古、新疆等地制定省人民政府教育督导委员会工作规程，进一步明晰了委员会及各成员单位的工作职责，建立了部门协调联动机制，形成了齐抓共管的工作格局。

二是建立健全督学队伍管理制度，为地方教育督导队伍建设提供制度保障。例如，江苏修订《江苏省督学管理办法》，对督学聘任、管理、考核等作出规定，解决督学人员、编制、经费保障等问题。浙江制定《浙江省省督学聘任办法》，完成第十二届省督学的换届工作，并聘任一批特约教育督导员。四川印发《四川省督学管理办法》，深化督学管理和聘用改革，做好第五届省督学换届工作，强化督学培训考核，着力提高督学履职能力。山东印发《山东省督学管理办法》，省政府任命总督学 2 名，聘任新一届省督学 342 名，由省政府颁发聘书、教育行政部门任命 3 名副总督学，省政府教育督导委员会聘用新一届省教育督导员 225 名，从高等院校聘任教育督导员 500 余人，从人大代表、政协委员、民主党派、新闻媒体聘任特邀教育督导员 70 余名，逐步建成政治素质高、覆盖范围广、业务能力强、敢于担当作为的省级督学队伍。新疆生产建设兵团研制《关于深化兵团教育督导体制机制改革加强督学队伍建设的建议》，明确提出向兵团党委编办申请单设教育督导处和增设专职督学，制定第三届兵团督学选聘方案。此外，四川还制定了《中小学专家库管理办法》，进一步做好中小学督导评估专家库动态更新。

三是因地制宜制定《教育督导问责实施办法》，着力推动教育督导问责落地。为认真落实《教育督导问责办法》，安徽、天津、广西、青海、山西、陕西、四川、内蒙古相继启动教育督导问责办法实施意见研制工作，出台或起草了地方教育督导问责办法实施细则，进一步细化问责具体内容、方式和程序，加强对下级教育督导机构的指导和管理，强化督导结果运用，全面落实教育督导"长牙带电"要求。其中，陕西在国家出台《教育督导问责办法》后，率先研制《陕西省教育督导问责办法实施细则》，将《总体方案若干措施》中"严格禁止类"和"克服纠正类"事项，细化为学校党建、疫情防控、校园安全等 48 种情形，形成了针对政府、学校和督学的三种问责负面清单。

四是进一步完善监测评估相关制度体系，全力推动义务教育均衡发展、学前教育普及普惠等。在推动义务教育优质均衡发展方面，北京研制了素质教育、体育、劳动教育等方面督导评价方案，逐步构建"1+N"学校督导制度标准体系。青海研究制定了《青海省推进县域义务教育优质均衡发展实施意见（试行）》《青海省县域义务教育优质均衡发展工作规划》《青海省县域学前教育普及普惠督导评估工作实施方案》等配套性文件，提出创建目标和主要任务，确定了全省 45 个县推进义务教育优质均衡发展的时间表、路线图和任务书。四川印发《全省县域义务教育优质均衡督导评估工作规划方案》，系统谋划和部署义务教育优质均衡发展督导评估工作。湖南编制印发了《湖南省县域义务教育优质均衡发展督导评估工作规划》，完成了省政府真抓实干督查激励措施"推进义务教育优质均衡"项目的评审遴选工作，激励引导各地扎实推进优质均衡各项工作。西藏制定《全区县域义务教育优质均衡发展督导评估实施方案》，起草《西藏自治区县域义务教育优质均衡发展规划》，促进全区义务教育高质量发展。云南、陕西相继印发了省级义务教育质量监测方案，系统部署安排全省义务教育质量监测工作。内蒙古制定《内蒙古自治区国家义务教育质量监测结果运用制度》，有效推进质量监测结果运用，进一步提高全区监测结果运用实效。

在推动学前教育普及普惠发展方面，新疆研究制定《自治区县域学前教育普及普惠督导评估工作方案》《自治区县域学前教育普及普惠督导评估指南》《县域学前教育普及普惠督导评估验收方案》，对全区学前教育相关人员进行了线上培训，指导申报创建县域学前教育普及普惠的县（市、区）进行自查自评，组织专家赴首批申报创建的县（市、区）进行培训指导、摸底调研，组织县（市、区）进行初验和实地督导评估，首批申报创建县域学前教育普及普惠的 4 个县（市、区）顺利通过自治区评估验收工作。河北以省政府督导委员会名义印发了《河北省县域学前教育普及普惠督导

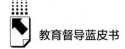

评估工作方案》，进一步明确了县域学前教育普及普惠督导评估的对象、内容、程序、结果运用和工作要求等，并制定了省评估规划。河南在深入调研、科学论证的基础上，以省政府办公厅名义印发了《河南省县域学前教育普及普惠督导评估实施方案》，在工作推进上实现政府部署、财政投入、授予称号、资金奖励、过程验收等五个方面的创新突破，用实招硬招推动全省学前教育普及普惠发展。

此外，湖南还研制印发《湖南省高中阶段学校督导评估方案》和普通高中、中等职业学校两个督导评估指标体系，引导督导评估工作从重点关注示范性普通高中向高中阶段学校全覆盖转变，促进普通高中与中等职业学校、公办与民办协调发展、高质量发展。

（二）2021年教育督导队伍建设情况

《意见》要求，要配齐配强各级督学，建设一支数量充足、结构合理、业务精湛、廉洁高效、专兼结合的督学队伍。原则上，各地督学按与学校数1∶5的比例配备，部分学生数较多的学校按1∶1的比例配备。专兼职督学的具体比例由各省份根据实际情况确定。逐步扩大专职督学比例。两年以来，地方贯彻落实《意见》要求，在教育督导队伍建设方面取得了积极进展。

1.国家教育督导队伍

2020年2月，国务院教育督导委员会聘任第十一届国家督学，组建了一支包括总督学顾问20人、国家督学顾问82人、国家督学200人、国家特约教育督导员300人的国家督学队伍体系，合计602人。国家督学队伍规模较以前有大幅度提高，结构也更加优化。2021年，国家督学在咨询建议、督导检查、政策解读、专业支撑等方面发挥了重要作用。

一是提供决策咨询服务。部分国家督学参加了省级政府履行教育职责情况网评、国家教育督导管理信息平台建设方案调研论证、县域学前教育普及普惠督导指标审核表修改征求意见、《教育督导条例》修订工作座谈等教育部教育督导局组织的相关活动；部分国家督学参加了教育部基础教育司

《关于构架优质均衡的基本公共服务体系的指导意见》座谈会、《未成年人学校保护规定（征求意见稿）》公开征求意见，教育部职成司组织的职业本科试点学校办学情况及地方教育行政部门试点管理情况评议等工作，很好地履行了教育决策咨询职责。

二是参加督导检查。2021年，督导局先后组织开展"五项管理"（即作业、睡眠、手机、读物、体质管理）、基本均衡、校园安全、"双减"调研、学前教育普及普惠以及义务教育教师工资"不低于"等6项主要督导检查活动，共有48名国家督学参加了至少1项督导检查。其中，有3人参加了3项活动，7人参加了2项活动。"五项管理"实地督导共有26名国家督学参加，"基本均衡"实地督导共有21名国家督学参加。部分国家督学还多次参加省级、市级督导检查，其中有1名国家督学年度参加国家及省级督导任务高达20次。

三是进行舆情引导。2021年，72名国家督学围绕督学职责、督导体制机制、县域学前教育普及普惠、"双减"工作等主题在"中国教育督导"公众号发表文章114篇。此外，多名国家督学在《光明日报》《中国教育报》等报刊发表教育评价改革、民办义务教育、教育督导等主题相关文章，多篇文章被"学习强国"App深度推介，引起广泛反响。

四是进行督导政策解读。17名国家督学发挥专业所长，在督学培训、督导论坛上作专题讲座或主旨发言，内容包括国家督学职责、学前教育普及普惠、高校教学督导与质量保障体系、新时代学校教育高质量发展、义务教育优质均衡评估指标解读与推进策略等主题，积极宣讲国家教育督导政策，推进政策的落实，充分发挥了国家督学的专业引领作用。

2. 地方教育督导队伍

地方教育督导按层级划分为省级、地市级、县级三支队伍。根据机构与人员调查表回收情况，本报告调研样本量层级情况见表3，各层级督导机构样本中均包含一些独立的事业单位。

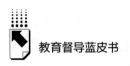

表3　地方各层级督导机构样本量情况

单位：份，%

层级	样本量	比例
省级	34	1.2
地市级	308	10.88
县级	2488	87.91
合计	2830	100

（1）省级督导队伍

省级教育督导机构呈现的明显变化是各地通过成立督导评估院或质量监测中心等实体事业单位来加强督导专业力量。根据调查结果，省级教育督导机构人员配备及实有情况、总督学和副总督学设立情况见表4、表5。

表4　省级教育督导机构人员配备及实有情况

地区	机构性质	编制数量（个）	行政编（个）	事业编（个）	实有人数（人）	公务员（人）	事业人员（人）	借调人员（人）	挂职人员（人）
北京	事业	51	0	51	30	0	30	0	0
重庆	事业	35	0	35	35	0	35	0	0
重庆	事业	1	0	1	3	0	1	2	0
广西	事业	14	0	14	10	0	10	0	0
兵团	事业	12	0	12	7	0	6	1	0
黑龙江	行政	9	7	0	8	7	0	1	0
浙江	行政	7	7	0	9	7	0	0	2
陕西	行政	7	7	0	10	7	0	3	0
云南	行政	8	8	0	11	8	0	3	0
安徽	行政	7	7	0	8	7	0	1	0
吉林	行政	7	7	0	9	7	0	0	2
江苏	行政	6	6	0	7	6	0	0	1
湖南	行政	6	6	0	8	6	0	2	0
贵州	行政	10	10	0	15	10	0	3	2
新疆	行政	6	6	0	8	6	0	2	0
内蒙古	行政	4	4	0	6	4	0	0	2

续表

地区	机构性质	编制数量（个）	行政编（个）	事业编（个）	实有人数（人）	公务员（人）	事业人员（人）	借调人员（人）	挂职人员（人）
广 西	行政	4	4	0	4	4	0	0	0
河 南	行政	8	8	0	9	7	0	2	0
天 津	行政	5	2	3	8	2	3	3	0
山 东	行政	7	7	0	8	4	0	0	4
兵 团	行政	5	5	0	4	4	0	0	0
广 东	行政	8	8	0	12	8	0	4	0
河 北	行政	5	5	0	5	4	0	1	0
宁 夏	行政	9	6	0	9	6	0	1	2
福 建	行政	7	7	0	9	7	0	2	0
湖 北	行政	5	5	0	5	5	0	0	0
海 南	行政	6	6	0	7	5	0	0	2
四 川	行政	9	9	0	12	8	0	4	0
西 藏	行政	4	4	0	4	4	0	0	0
甘 肃	行政	6	6	0	7	6	0	0	1
青 海	行政	11	11	0	8	8	0	0	0
上 海	行政	11	11	0	16	11	0	2	3
江 西	行政	8	8	0	10	7	1	0	2
山 西	行政	5	5	0	8	5	0	3	0

注：本表中重庆、广西、兵团均有 2 个省级机构。

由表 4 可知，34 个省级教育督导机构样本中有 29 个为行政机关，5 个为事业单位。行政机关类省级教育督导机构编制数范围为 4~11 个，最少的为 4 个，最多的为 11 个；实有人数范围为 4~16 人，最多的为 16 人。大多数省督导机构存在借调或挂职人员。

5 个事业单位分别为北京教育督导评估院、重庆市教育评估院、重庆市督学培训中心、广西教育质量监测中心、新疆生产建设兵团教育评估与质量监测中心，其中 3 个事业单位成立于 2019~2021 年。这些新成立的机构实有人数少于编制数，为后续督导队伍发展壮大留下了空间。

总体上看，事业单位性质的督导机构其编制数、实有人数多于行政类机构。在各地落实《意见》要求的大背景下，成立事业单位性质的督导机构，以强化"评估监测"职能，大大补充了地方督导专业力量。

表5 省级总督学设置情况

单位：名

地区	总督学	专职	兼职	行政级别	副总督学	专职	兼职	最低行政级别
黑龙江	1	1	0	副厅局级	2	2	0	处级
浙　江	1	1	0	副厅局级	1	1	0	处级
陕　西	1	1	0	副厅局级	1	0	1	处级
云　南	1	1	0	副厅局级	2	2	0	处级
安　徽	1	1	0	副厅局级	1	1	0	处级
吉　林	1	1	0	正厅局级	1	0	1	处级
江　苏	1	0	1	正厅局级	5	0	5	副厅局级
湖　南	1	1	0	副厅局级	2	2	0	处级
贵　州	1	0	1	正厅局级	1	0	1	副厅局级
新　疆	1	1	0	正厅局级	2	2	0	副厅局级
内蒙古	1	1	0	副厅局级	1	0	1	处级
河　南	1	1	0	副厅局级	3	3	0	处级
天　津	1	0	1	副厅局级	1	0	1	处级
山　东	2	2	0	副厅局级	3	3	0	处级
广　西	1	1	0	副厅局级	2	2	0	处级
广　东	1	0	1	副厅局级	1	0	1	处级
河　北	1	1	0	副厅局级	0	0	0	无级别
宁　夏	1	1	0	正厅局级	3	1	2	副厅局级
福　建	1	0	1	正厅局级	1	0	1	副厅局级
湖　北	1	0	1	正厅局级	2	2	0	副厅局级
海　南	1	1	0	正厅局级	0	0	0	无级别
兵　团	1	0	1	正厅局级	2	0	2	副厅局级
四　川	1	1	0	副厅局级	2	2	0	处级
西　藏	1	0	1	正厅局级	6	1	5	副厅局级
甘　肃	1	1	0	副厅局级	1	1	0	处级
青　海	1	1	0	副厅局级	1	1	0	处级
上　海	1	1	0	副厅局级	1	1	0	处级
江　西	1	1	0	副厅局级	2	2	0	处级
山　西	1	1	0	副厅局级	1	1	0	处级

　　由表5可知，在29个省级样本中，28个设了1名总督学，1个设了2名总督学；21个地区的总督学是专职，8个地区的总督学是兼职；行政级别上，10名总督学是正厅级，其中4名是专职的、6名是兼职的，20名总督学是副厅局级。样本副总督学人数范围为0~6人，其中2个省份没有设立副总督学；专职人数范围为0~3人，兼职人数范围为0~5人；除无级别的，最低行政级别为处级。

　　（2）地市级督导队伍

　　地市级督导机构总样本数为308份，其中包括一部分独立的事业单位，各省份样本量范围在3~18份，详情见表6。因样本量较大，表6中编制数量、实有人数等均为某省份地市级教育督导机构样本的数量范围。

表6　地市级教育督导机构人员配备及实有情况

地区	样本量（份）	行政机关（个）	事业单位（个）	编制数量（个）	实有人数（人）	公务员（人）	事业单位人员（人）	借调人员（人）	挂职人员（人）
山　东	15	15	0	1~5	2~6	1~5	0~3	0~1	0~1
福　建	9	3	6	2~22	3~18	0~17	0~18	0~6	0~2
黑龙江	13	13	0	1~8	2~8	1~5	0~3	0~3	0
新　疆	15	12	3	0~10	1~12	0~10	0~6	0~7	0~1
兵　团	4	3	0	0~5	2~7	1~4	0~5	0~2	0
辽　宁	15	14	1	2~9	2~9	2~9	0~3	0~3	0~1
贵　州	9	7	2	0~14	2~16	0~11	0~3	0~3	0~1
安　徽	13	12	1	1~12	2~6	0~6	0~12	0~2	0~1
江　西	11	10	1	2~4	3~10	1~3	0~2	0~7	0~1
湖　南	9	9	0	2~5	2~8	2~5	0~1	0~1	0~3
浙　江	7	5	2	1~5	3~5	1~5	0~3	0~3	0~1
四　川	18	17	1	1~11	2~7	1~5	0~3	0~4	0~3
广　西	7	6	1	0~7	3~7	0~3	0~6	0~6	0~2
青　海	8	5	3	1~9	2~7	0~5	0~5	0~6	0~1
上　海	10	4	6	4~18	5~23	0~2	3~10	0~13	0~2
湖　北	8	8	0	0~11	1~11	1~5	0~10	0~1	0~1
甘　肃	12	10	2	1~12	2~13	0~6	0~13	0~3	0~1
重　庆	6	4	2	0~14	4~14	0~4	1~14	0~2	0~2
河　南	16	15	1	1~7	3~8	1~6	0~2	0~4	0~1
海　南	3	2	1	0~2	3~8	0~2	0	0~6	0~1

续表

地区	样本量（份）	行政机关（个）	事业单位（个）	编制数量（个）	实有人数（人）	公务员（人）	事业单位人员（人）	借调人员（人）	挂职人员（人）
西　藏	3	3	0	1~2	2~3	1	0	1~2	0~2
陕　西	12	10	2	0~18	0~18	0~8	0~18	0~5	0~1
江　苏	13	13	0	1~6	2~10	0~6	0~7	0~6	0~2
广　东	16	16	0	1~8	3~9	1~4	0~2	0~6	0~3
河　北	7	6	1	1~3	3~7	1~3	0~3	1~4	0
内蒙古	14	11	3	1~11	2~15	0~3	0~9	0~10	0
云　南	12	11	1	0~5	1~7	0~4	0~3	0~3	0~1
山　西	8	8	0	1~6	2~14	1~6	0~8	0~5	0
宁　夏	4	3	1	3~5	3~5	2~4	0~3	0~2	0
吉　林	8	6	2	1~8	2~17	0~6	0~7	0~14	0~2
天　津	3	3	0	3~4	3~4	2~3	0~1	0~2	0

注：本表中参公单位归入行政机关。

由表6可知，地市级教育督导机构中多数为行政机关，少数为事业单位，普遍具有借调或挂职人员。30个样本省份中有10个省份（占比1/3）的地市级督导机构均为行政机关。行政机关编制数量多数在1~10个，最多的为22个，个别地市无编制，依靠事业人员或借调人员承担区域教育督导工作。

（3）县级督导队伍

县级督导队伍在整个督导队伍中规模最大、人数最多、人员最复杂。在加强责任区建设、开展责任督学挂牌督导工作中，配备足够的专兼职督学是打通督导工作"最后一公里"的保证。目前，县级督导机构人员情况见表7。

表7　县级教育督导机构人员配备及实有情况

地区	样本量（份）	行政机关（个）	事业单位（个）	编制数量（个）	实有人数（人）	公务员（人）	事业单位人员（人）	借调人员（人）	挂职人员（人）
西　藏	36	10	26	0~12	0~50	0~2	0~35	0~40	0
河　南	155	53	102	0~16	0~46	0~4	0~16	0~8	0~3
辽　宁	96	66	30	0~30	1~30	0~4	0~30	0~26	0~3
黑龙江	106	40	66	0~12	0~44	0~3	0~10	0~39	0~7

续表

地区	样本量（份）	行政机关（个）	事业单位（个）	编制数量（个）	实有人数（人）	公务员（人）	事业单位人员（人）	借调人员（人）	挂职人员（人）
新　疆	87	33	54	0~20	1~48	0~11	0~7	0~40	0~3
兵　团	7	5	2	0~7	2~7	1~7	0~3	0~3	0
上　海	7	4	3	2~15	7~15	0~5	0~13	0~13	0~1
云　南	123	68	55	0~10	1~26	0~5	0~13	0~17	0~10
湖　南	104	38	66	0~35	1~35	0~4	0~34	0~29	0~2
河　北	125	28	97	0~45	0~45	0~3	0~14	0~30	0
湖　北	89	51	38	0~10	0~53	0~4	0~49	0~13	0~21
内蒙古	84	29	55	0~25	0~36	0~2	0~25	0~19	0~2
安　徽	95	32	63	0~49	1~41	0~4	0~47	0~28	0~4
江　苏	106	58	48	0~38	0~69	0~8	0~35	0~35	0~66
广　东	100	78	22	0~15	0~39	0~3	0~10	0~14	0~39
陕　西	103	40	63	0~23	0~39	0~4	0~23	0~17	0~1
山　西	99	19	80	0~15	0~26	0~10	0~10	0~7	0~2
四　川	178	74	104	0~20	0~57	0~4	0~56	0~33	0~11
浙　江	65	33	32	0~12	2~77	0~4	0~12	0~7	0~4
江　西	91	45	46	0~10	1~10	0~3	0~9	0~6	0~2
广　西	75	12	63	0~12	0~31	0~2	0~12	0~23	0~1
山　东	151	53	98	0~18	1~23	0~4	0~16	0~15	0~3
贵　州	75	22	53	0~12	1~41	0~5	0~37	0~14	0
吉　林	54	10	44	0~20	0~23	0~4	0~18	0~22	0
甘　肃	73	32	41	0~52	1~52	0~5	0~51	0~15	0~4
宁　夏	22	10	12	0~41	1~63	0~3	0~38	0~7	0~1
福　建	87	9	78	0~27	1~21	0~5	0~16	0~12	0~1
青　海	38	10	28	0~10	1~28	0~2	0~28	0~15	0~4
重　庆	28	19	9	0~15	3~10	0~4	0~7	0~7	0~7
天　津	6	5	1	3~5	4~11	0~3	0~8	0~5	0~2
北　京	8	4	4	1~51	1~53	0~5	0~53	0~20	0
海　南	15	13	2	1~4	2~6	0~2	0~4	0~4	0~2

注：本表中参公单位归入行政机关。

　　由表7可知，多数省份的县级督导机构中，事业单位性质的机构数量远远多于行政机关性质的，大多数行政机关类的县级督导机构实有人数多于实际编制数。在2488个县级督导机构样本中，除了北京、上海、天津、海南，其他省份均存在编制数为0的县（区），即这些县（区）督导机构无编制。无编制县

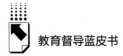

（区）均由事业人员或借调人员承担着教育督导任务。在所有样本县中，有1292个督导机构中公务员人数为0，即其工作人员均为事业人员，占比51.9%。

（4）专职督学情况

本报告中专职督学是指被任命或被聘任为专门全职从事督导工作的人员。在地市级、县级督导机构中，大部分专职督学又称为专职责任督学，负责挂牌督导相关工作（见表8）。

表8　市县两级督导机构专职督学实有情况

单位：份，名

地区	地市级		县级	
	样本量	专职督学	样本量	专职督学
山　东	15	1~18	151	0~58
福　建	9	3~18	87	0~41
黑龙江	13	3~24	106	0~16
新　疆	15	1~21	87	0~17
兵　团	4	1~2	7	1~3
辽　宁	15	1~56	96	0~28
贵　州	9	0~9	75	0~34
安　徽	13	1~30	95	0~44
江　西	11	0~85	91	0~35
湖　南	9	0~17	104	0~68
浙　江	7	2~12	65	1~80
四　川	18	1~10	178	0~90
广　西	7	2~63	75	0~28
青　海	8	0~19	38	0~16
上　海	10	3~23	7	6~15
湖　北	8	1~8	89	0~87
甘　肃	12	1~8	73	1~29
重　庆	6	3~14	28	0~54
河　南	16	0~52	155	0~69
海　南	3	0~1	15	0~19
西　藏	3	0~3	36	0~22
陕　西	12	1~18	103	0~64
江　苏	13	1~63	106	0~43
广　东	16	0~41	100	0~70
河　北	7	1~7	125	0~68
内蒙古	14	0~12	84	0~45

续表

地区	地市级		县级	
	样本量	专职督学	样本量	专职督学
云　南	12	1~22	123	0~64
山　西	8	0~14	99	0~66
宁　夏	4	3~9	22	0~43
吉　林	8	1~8	54	1~24
天　津	3	2~31	6	3~10
北　京	—	—	8	4~78

由表 8 可知，各省地市级、县级督导机构专职人员配备情况差异很大，部分督导机构没有专职人员。地市级督导机构专职督学数量范围为 0~85 人，县级督导机构专职督学数量范围为 0~90 人；22 个地市督导机构（占比 7.1%）专职督学为 0 人，316 个县级督导机构（占比 12.7%）专职督学为 0 人，即这些地市、县没有专职督学，主要依靠兼职督学承担督导工作。

（三）2021年教育督导机构建设情况

根据《教育督导条例》规定，教育督导机构是教育督导工作的实施主体，作为代表政府内部专司监督职责的部门，其任务是对下级人民政府的教育工作，对各类各级学校及其教育机构进行监督、检查、评估，从而保证国家相关的教育方针与政策、法规的贯彻执行最终得以实现。按照层级，除了国家教育督导委员会是国家级机构以外，地方上分为省级、市级和县级三个级别。地方教育督导机构应比照国家教育督导机构建设框架，健全相应的督导委员会设置，充分发挥委员会成员单位作用，确保教育督导机构作为行政监督机构具备独立设置的所有法定要件，并确保该机构能独立行使监督职能，保障行政监督的公正和客观。

调研发现，各地政府教育督导委员会建设情况表现如下。

一是关于教育督导委员会的设置情况方面，94.63%的区域已建立督导委员会，其中 2021 年召开会议的次数分布为：1 次的占 33.72%，2 次的占29.6%，3 次的占 29.02%，还有 7.66%的没有召开过会议。

二是关于教育督导委员会主任、副主任的配备情况方面，对于主任的配备，67.36%的地区为兼职，28.14%的地区为专职，还有4.5%的地区没有设置主任职位；对于副主任的配备，21.33%的地区设置了1名专职，15.11%的地区设置了2名及以上专职，超过半数（53.89%）的地区为兼职，还有9.67%的地区尚未设置。

三是在对教育督导委员会（协调组织）与教育督导室（工作实施）的关系调研中发现，83.31%的地区是同址办公。其中，40.59%的地区领导主体明确，9.44%的地区存在多头领导现象。

四是关于教育督导委员会成员单位构成方面，77.35%的与地方教育领导小组建立了联系，对于非政府组织的加入，比例从高到低依次为共青团（41.76%）、妇联（23.52%）、总工会（9.38%）、学会等民间组织（4.38%）、基金会（2.37%），另有13.38%的地区没能与教育领导小组以及上述组织建立联系。

同时，课题组就各级教育督导机构的性质、人员配备、经费管理等内容进行了调查，具体如下。

1. 省级教育督导机构建设情况

研究发现，在机构性质上，省级教育督导机构的性质为行政机关的占85.29%，有14.71%的教育督导机构为事业单位。关于机构级别，属于厅级的占23.53%，处级的占67.65%，其余科级、股级、未定级各占2.94%（见图3）。

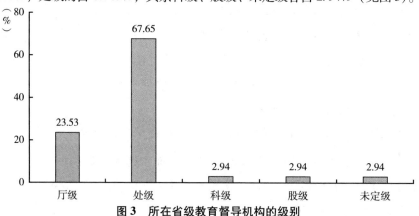

图3 所在省级教育督导机构的级别

在人员配备上，行政人员编制数平均为 5.68 个，事业编制数平均为 3.71 个。对机构实有人数进行矩阵分析发现，总平均值为 9.24 名，具体由高到低依次为：公务员为 5.29 名，事业人员为 2.62 名，借调人员为 1.18 名，挂职人员为 0.68 名。

在总督学设置上，有 1 个省份设置了 2 名总督学，其余均设置了 1 名。其中，设置了 2 名总督学的省份（山东）均为专职，设置了 1 名总督学的省份大多数为专职（占 68.75%）。关于总督学的级别，已设置岗位的省份均为处级（含正处和副处）及以上。其中，有 4 个省份（含直辖市）为处级机构，正厅级的有 10 个省份，其余为副厅级。关于副总督学的设置情况，有 2 个省份尚未设置副总督学，其余设置了 1~3 名不等。其中，河南和山东设置的 3 名副总督学均为专职；在设置 1 名副总督学的省份中，66.67% 的为专职；在设置 2 名副总督学的省份中，仅 1 个省份设有兼职副总督学，其余均为专职。关于副总督学的级别，副厅局级的占 27.58%；占比最多的为处级（75.86%），除了 1 个省份最低为正科级外，还有 3 个省份最低是无级别。①

在财政预算事业经费方面，有 3 个省份无经费，有 3 个省份经费介于 20 万~30 万元，经费最高的省份为 4000 万元，其次是 1200 万元和 700 万元，大多数在 200 万~500 万元，还有各 1 个省份分别为未列单独预算和全额保障。

2. 市级教育督导机构建设情况

据机构与人员调查表情况发现，在 2840 份有效样本中，有 308 份由地市级教育督导机构填写。其中，督导机构性质为行政机关的比例最高，为 80.19%；事业单位次之，为 12.01%；之后是参公事业单位，为 5.84%；另有 1.95% 为其他类别（见图 4），包括作为教育行政部门内设机构，以及与教研部门合署办公等情况，还有 1 例暂未设立。

对于地市级教育督导机构的级别，调研发现，科级机构占比最多，为

---

① 此处级别占比为该级别实际人数占该样本总量的比重，由于个别样本的总督学或副总督学人数大于 1，故此处级别占比加总大于 1。

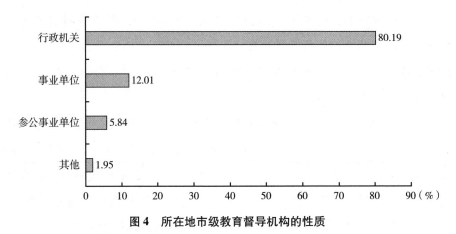

图4 所在地市级教育督导机构的性质

60.06%；其次是处级机构，占35.39%；厅级和股级机构均为0.65%，还有3.25%的机构未定级（见图5）。

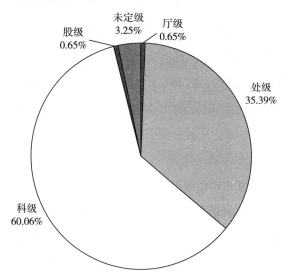

图5 所在地市级教育督导机构的级别

对地市级教育督导机构人员的编制情况统计发现，行政编和事业编的比例相差不大，平均值分别为2.46个和2.02个。对所在机构实有人数进行矩阵分析显示，其平均值总计为5.84人，具体均值从高到低依次为公务员（2.57人）、事业单位（2.42人）、借调（1.39人）、挂职（0.41人）。

关于将地市级教育督导机构的事业经费列入财政预算情况调研发现，经费最高的市级督导机构为1240万元，最低的为0万元，其中占比最多的为10万元（15.26%），其次是20万元（10.39%）和50万元（7.79%），其他不等，还有实报实销与其他教育行政部门共用经费的情况。

关于地市级教育督导机构设置总督学的情况调研发现，未设置总督学的督导机构占20.13%，即有1/5的地市级机构未设置总督学岗位。大多数地市级督导机构设置了1名总督学，占74.03%，其他则设置了2~3名总督学。对于总督学是否为专职，在已设置总督学的样本中，总督学为专职的占比为75.20%，这意味着地市级督导机构的总督学大多数为专职督学。其中，69.11%的设置1名专职督学，6.10%的设置2~3名专职督学。至于总督学的行政级别，在设置总督学的样本中，其级别为处级干部的占93.09%，厅局级干部为13.01%，其余依次为无级别和正科级干部。

关于副总督学的设置，已设置副总督学的地市级教育督导机构占53.57%，约为半数。在设置该岗位的机构中，73.33%的设置了1名副总督学，约20%为2名，其余为3名。对于是否为专职的情况，在已设置副总督学的机构中，76.36%的设置了专职副总督学。而关于副总督学最低行政级别的情况，有3个地市为副厅级；还有37.40%的为无级别，其余为处级和正科级。

3. 县级教育督导机构建设情况

调查发现，在2840份调查样本中，有2498份为县级教育督导机构（含其他机构）。其中，有超过半数的县级教育督导机构为事业单位；36.95%的机构为行政机关；4.24%的为参公事业单位；另有5.96%的为县教育局内设科室或者股室，也有作为挂靠机构或议事机构在机构改革中被撤销、尚未恢复的等（见图6）。

关于县级教育督导机构的级别，占比最多的是股级（46.72%），其次依次是科级（33.79%）、处级（2.80%）、厅级（0.04%），还有16.65%的机构未定级（见图7）。

与此相对应，对于县级督导机构人员编制数，事业编制平均为3.07个，行政编制为0.93个。经矩阵分析可知，占比最多的是事业单位人员，平均

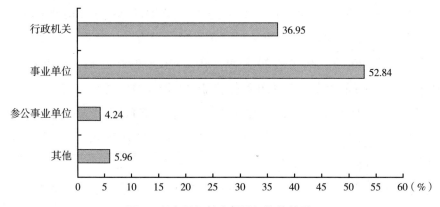

图6 所在县级教育督导机构的性质

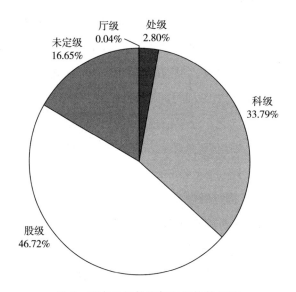

图7 所在县级教育督导机构的级别

值为4.23人，其次是借调人员1.89人，再次是公务员0.92人，最后是挂职0.22人。由此可以看出，事业单位及其人员借调是县级教育督导机构用人的主要形式与来源。

值得注意的是，对县级教育督导机构的事业经费列入财政预算的情况，有376份有效问卷填写为"0"，即有15.05%的县级教育督导机构没有列入财政预算的事业经费。除此之外，排在前三位的是 30 万元、20 万元和 10 万元。

关于总督学的设置情况，问卷中有 695 份问卷表示未设置总督学，占 27.82%；大多数设置了 1 名总督学，占 67.77%；设置 2~3 名的占 3.60%。其中，在设置 1 名总督学的机构中，有 60.43% 的为专职督学。对于总督学的级别，672 份表示无级别；在有级别的问卷中，厅局级干部占 0.06%，处级干部占 23.79%，正科级干部占比最多，为 67.94%，还有股级干部占 8.93%。

关于副总督学的设置情况，有 1247 份问卷表示未设置副总督学，占比为 49.92%。设置 1 名副总督学的占 35.59%；2~3 名的占 12.69%。关于副总督学的专兼职情况，1 名副总督学为专职的占 74.42%；2~3 名副总督学为专职的占 40.69%。在 1251 份问卷的副总督学岗位中，有 639 名为正科级，占比最多，达到 51.08%；其次是股级，占 44.52%；处级干部为 72 名，占 5.76%；厅局级干部仅有 2 人。

综上，2021 年教育督导机构设置总体上优于上年，但存在省、市、县三级逐级弱化的现象。大多数地区都成立了教育督导委员会，但部分地区没有发挥出实际成效。特别是教育督导委员会成员单位的增加，需要比照国务院教育督导委员会成员单位的类别进行设置。其中，总督学和副总督学的专兼职情况总体良好，大部分为专职人员，但仍有部分省、市、县未设置相关岗位。对于教育督导机构的设立，有少数是合署办公，没有相对独立的办公环境及行政级别。此外，市、县教育督导机构行政编与事业编的督学数量差距较小，有必要从督学管理者和专业者的身份属性上，澄清督学身为公务员的行政职能或者专业人员之间的权利与义务关系。在经费预算方面，地区差异很大，最高可达数千万元，最低多为个位数，甚至一些地区没有专项资金。因此，迫切需要尽快在省市层面出台相关经费保障政策，使市县能够有法可依。

二　2021年教育督导工作进展情况

国务院副总理、教育督导委员会主任孙春兰在 2020 年 11 月 24 日召开的全国深化教育督导体制机制改革会议上指出，督导的重点是德智体美劳全面发展教育方针贯彻落实情况、教育评价实施情况、教育经费投入情况等，推动党和国家的教育方针政策落实到位。优化管理体制和运行机制、提升督导权威性是教育督导改革重点，要创新督导方式，健全和落实问责机制，加强督学队伍建设，建立常态化和专项化相结合的教育督导机制，久久为功推动问题解决。教育部2021年工作要点提出要完善督导体制机制，健全对地方各级政府履行教育职责的分级督导评价机制，加强对各级各类学校办学行为、教育质量和教育热点难点的评估监测，要求把推进教育评价改革情况纳入纪检监察、巡视工作、经费监管以及改革督察、教育督导的重要内容。2021年4月，教育部副部长、总督学郑富芝在国家督学培训班上提出了六督，即督方针、督发展、督保障、督评价、督秩序、督环境。这一系列部署、要求奠定了2021年教育督导工作的总基调。

本研究对我国32个省级政府2021年度教育督导工作总结报告进行了高频关键词词频分析和社会网络图谱分析。经过同义词合并、无意义词剔除，选取了前33位高频关键词（见表9）。随后，通过建立共词交叉矩阵，利用Gephi可视化分析软件，采用其中的Fruchterman Reingold算法构建关键词共现网络（见图8）。

表9 2021年度教育督导工作总结报告关键词情况

单位：次

排序	关键词	频次
1	政府	460
2	义务教育	397
3	督学	329
4	评价	281
5	监测	276
6	组织	229
7	整改	203
8	均衡	195
9	教育质量	179
10	专项	171

续表

排序	关键词	频次
11	学校	140
12	报告	135
13	教师	132
14	督促	132
15	学前教育	128
16	实地	120
17	五项	112
18	工资	95
19	幼儿园	88
20	自评	88
21	通报	73
22	反馈	66
23	自查	66
24	问责	62
25	经费	49
26	约谈	48
27	调研	45
28	疫情	42
29	安全	41
30	数据	34
31	挂牌	30
32	信息化	29
33	复查	18

根据分析结果，结合文本中具体语境，2021年教育督导工作体现出以下特点：教育督导的重点领域是义务教育、学前教育，督导对象主要有政府、学校、幼儿园，督导的重点内容主要有（义务教育）均衡、教育质量、五项（管理）、（教师）工资、经费、疫情、安全等，督导的形式和手段主要有专项（督导）、挂牌（督导）、报告、督促、实地（督导）、自评、通报、反馈、自查、问责、约谈、调研、信息化（数据）等，相对比较丰富。

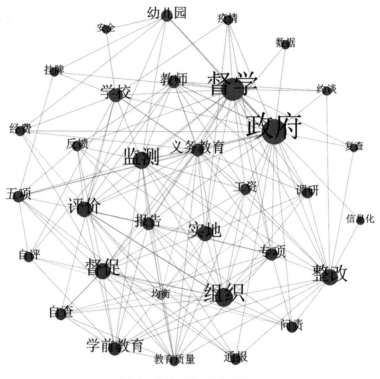

图8 关键词共线网络图谱

（一）教育"督政"工作体系逐步完善

1.逐级督政制度普遍建立

《国务院办公厅关于印发对省级人民政府履行教育职责的评价办法的通知》印发以来，对各级人民政府履行教育职责进行评价成为教育督导的重大工程。各级督导机构主动作为，逐级督政制度基本建立健全。

2021年，国务院教育督导委员会办公室第四次组织开展对省级人民政府履行教育职责评价工作。2021年7月16日，国务院教育督导委员会办公室印发《2021年对省级人民政府履行教育职责的评价方案》，部署开展评价工作。评价范围和内容主要包括各省（自治区、直辖市）人民政府和新疆生产建设兵团2020年履行教育职责情况，2021年党中央、国务院所部署重点教育工作落实情况，以及 2019 年省级人民政府履行教育职责存在问题整改情况。结合教育改革发展实际，综合考虑各地教育发展水平差异、兼顾各级各类教育、回应人民群众和社会关切等因素，确定了加强党对教育工作全面领导情况、落实教育优先发展情况、统筹落实教育改革发展重点任务情况、保障和促进教育公平情况、加强教师队伍建设情况、加强中小学幼儿园校园安全工作情况、巩固教育系统意识形态阵地重点任务落实情况、打造良好教育生态情况、依法治教依法治校和学校规范管理情况等 9 个方面评价重点。与往年相比，2021 年的评价工作重点更加突出，既有党的领导、教育发展、教育公平、教师队伍等重大问题，也有教育评价改革、"五项管理"、"双减"、规范民办义务教育发展、保障义务教育教师工资等热点难点问题，具有很强的针对性和现实性。在评价要求方面，提出坚持问题导向、目标导向、结果导向，充分发挥教育督导的"利剑"作用，以评价推动省级人民政府及相关职能部门切实履行教育职责。在评价方式方法方面，提出了线上与线下相结合、明察与暗访相结合、定量与定性相结合等要求，强调要采取"四不两直"（即不发通知、不打招呼、不听汇报、不用陪同接待，直奔基层、直插现场）方式开展实地督查，综合运用多种方法获取评价信息。此外，对评价实施程序、评价结果运用、评价纪律等也进一步提出了要求。由于疫情影响，2021 年的评价工作仅完成了省级自查、网上材料报告、专家审核分析，对相关省份的实地督查未能进行，尽管如此，通过省级人民政府履行教育职责自查，评价工作仍有力地规范了省级人民政府履行教育职责行为。

在扎实做好对省级人民政府履行教育工作职责自查工作的同时，省对市（或县）、市对县政府履行教育职责评价制度普遍建立，各地普遍强化组织领导、精心设计评价方案、突出重点内容、严格评价程序、强化结果使用，政府履行教育职责评价成为新时代保障教育优先发展、高质量发展的坚强保证。不少地方创造性地与组织部门等联合，对县（市、区）党政领导履行教育工作情况开展督导评价，在评价主体、评价对象、结果使用等方面形成了诸多特色。例如，福建省教育督导部门会同省委组织部等单位印发《县（市、区）党政主要领导干部抓教育工作督导考核办法和标准》，与县级人

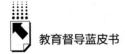
民政府履行教育职责督导评估同步进行，派出指导组、观察员对设区市开展对县"两项督导"工作进行指导检查，压实市县主体责任，不断健全完善"逐级全覆盖、跨级重抽查、本级促协同"督政体系。安徽指导各市完成对县（市、区）党政领导干部履行教育职责考核复查工作，并完成2020年县（市、区）党政领导干部履行教育职责评价省级审核。湖南印发《2021年度市州人民政府履行教育职责评价实施方案》《2021年度县级人民政府和县级党政主要领导干部履行教育职责评价实施方案》，制定了定性与定量相结合、过程与结果相结合的评价指标体系，构建了省、市教育督导机构分工协作的督政工作机制，督促指导市州政府完成了本级自查自评以及对所辖县市区政府和县级党政主要领导干部的评价工作。重庆推动将义务教育"生均教学及辅助用房面积达标率、学校办学规模达标率、区县教师交流轮岗比例"和学前教育"普惠性幼儿园覆盖率、公办园在园幼儿占比"等督导评估指标纳入市政府对区县经济社会发展业绩考核指标体系。广东持续开展教育创强评估，全年完成136个教育强镇复评，并对韶关、惠州、江门、肇庆市的19个镇进行教育强镇复评抽查。

2. 两项县域督导评估工作有序推进

2021年，县域义务教育均衡发展督导评估迭代前行，县域义务教育基本均衡发展督导评估圆满收官，义务教育优质均衡发展县创建及督导评估工作有序推进。2021年，国务院教育督导委员会办公室扎实抓好县域义务教育基本均衡"扫尾"工作，对广西、西藏、四川、新疆、内蒙古、甘肃等6个省区整体实现县域义务教育基本均衡发展进行了国家督导检查，共94个县正式通过义务教育基本均衡发展国家督导评估认定。至此，31个省（区、市）和新疆生产建设兵团的2895个县级行政单位全部实现县域义务教育基本均衡发展。这是继全面实现"两基"后，我国义务教育发展中的又一重要里程碑。①

① 《2895个县级行政单位实现县域义务教育基本均衡发展》，http://www.moe.gov.cn/jyb_xwfb/s5147/202205/t20220507_ 625359.html，最后检索日期：2022年5月21日。

　　根据评估反馈意见，通过评估认定的县在教育财政投入、学校办学条件、教师队伍结构、学校教育教学管理等方面还不同程度存在一些问题，国务院教育督导委员会办公室每年组织对已通过国家督导评估认定的县级行政单位（以下简称"县"）进行监测复查。2021年度的监测复查发现，全国县域义务教育基本均衡发展水平总体保持平稳，但仍有12个省份的28个县义务教育学校综合差异系数没有达到国家标准，及时约谈了地方进行整改。河南省2020年全省整体通过国家义务教育基本均衡发展评估认定后，督导办抓牢国家反馈问题的整改工作，通过分片包干、重点督导等形式，督促市、县政府举一反三，逐校开展拉网式排查，认真整改落实。据不完全统计，通过排查整改，全省共补拨财政法定增长经费、教育费附加费、教师培训经费15亿元。

　　县域义务教育优质均衡发展督导评估认定工作积极推进。国务院教育督导委员会办公室在上海、成都、北京、甘肃分片区召开座谈推进会，进一步统一思想，加强经验交流，并对相关推进工作作出部署。同时，以国务院教育督导委员会办公室名义印发通知，部署各地编报县域义务教育优质均衡发展督导评估工作规划，明确每个县级行政单位实现优质均衡的时间表、路线图。此外，教育部办公厅还印发了《关于开展县域义务教育优质均衡创建工作的通知》，要求各省级教育行政部门结合本地义务教育发展水平和县（市、区）数量，每个省份首批可遴选推荐3~5个县（市、区）作为率先推进义务教育优质均衡发展的先行创建县（市、区），并列出了创建工作的基本任务和攻坚清单。

　　县域学前教育普及普惠督导评估工作持续推进。国务院教育督导委员会按程序认定四川省成都市青白江区和双流区为2020年度"全国学前教育普及普惠县"。指导各地按既定规划开展县级自评、市级初核和省级督导评估。组织专家对浙江、安徽两省开展实地核查，并反馈评估意见、督促指导整改。在对11个省份申报的46个县（市、区）进行材料审核的基础上，视疫情情况组织实地评估，进一步明确了督导评估的政策口径和工作流程。同时，结合做好幼儿园办园行为督导评估，完善幼儿园督导评估制度，推动

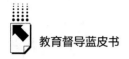

各地加强和改进对幼儿园的管理，促进幼儿园规范办园行为；完成《2020年度全国幼儿园办园行为督导评估报告》，整理形成分省份问题清单，并反馈相关省份，督促核查整改。

各地均高度重视两项评估工作，创建评估工作踔厉步稳。一是重视调研规划。例如，广东开发建设"广东省义务教育优质均衡监测系统"，对深圳市南山区等6个区进行监测；指导申报区整改；开发建设"县域学前教育普及普惠督导评估系统"，开展2021年县域学前教育普及普惠督导评估摸底调查。广西对全区111个县（市、区）义务教育基本均衡情况进行了数据监测，对发现校际差异系数超标的县（市、区）给予警示；同时对111个县（市、区）优质均衡发展的主要指标进行了监测，并依据监测结果指导各地科学合理制定符合本地实际的督导评估计划，多次组织专家深入青秀区等10多个县（市、区）开展县域学前教育普及普惠督导评估调研，强化学前教育普及普惠过程性督导评估，充分掌握不同经济发展水平县（市、区）县域学前教育普及普惠发展水平情况，制定出台《广西壮族自治区学前教育普及普惠督导评估工作计划》，召开了全区学前教育普及普惠督导评估现场启动会，全区14个设区市、111个县（市、区）分管领导和教育行政部门主要负责人参加了会议，系统推进各县（市、区）学前教育普及普惠督导评估工作。河北加强数据监测与分析研判，以教育事业统计2019学年、2020学年数据为基数，充分利用河北省教育督导信息管理系统，对全省167个县（市、区）的校际资源配置7项评估指标开展数据监测，分县（市、区）列出达标比例、缺口模拟值，对比两年数据差异，分析短板弱项，做好县域义务教育优质均衡发展督导评估驻地指导工作。宁夏回族自治区政府与各县（市、区）政府签订了"推进义务教育优质均衡发展目标责任书"，明确目标任务，压紧压实县级政府落实责任；督促县（市、区）制定了义务教育优质均衡发展规划或实施方案，明确了具体的时间表和路线图。陕西印发《年度监测实施方案》，对各县（市、区）的发展水平和均衡水平进行数据监测和计分排序，指导全省各县（市、区）制定印发实施方案和工作规划，有95个县（市、区）印发实施方案，有62个县（市、区）政府召开了部署动员会。其中，汉中市明确提出力争用三年时间把全市各县（市、区）全部建成国家义务教育优质均衡发展县，叫响做实"学研在汉中"。云南全面开展义务教育优质均衡发展情况调研，完成全省129个县（市、区）共计13342所学校的数据采集，依据监测数据形成全省监测总报告及县（市、区）分报告，梳理各县（市、区）突出问题。重庆持续开展义务教育优质均衡、学前教育普及普惠督导评估培训指导和评估指标数据监测，对沙坪坝区等10个县（市、区）开展义务教育优质均衡创建实地调研，对渝中区等16个县（市、区）开展学前教育普及普惠区县创建实地调研，并形成监测报告和调研报告。

二是多措并举，扎实推动。江西各成员单位对口督促指导2022年前计划申报国家评估认定的23个县（市、区），帮助解决实际问题；设立"两项评估"监测平台，进行动态监测，将监测报告定期通报市、县两级政府，强化统筹，加强调度；强化政府在推进两项评估中的主导作用，指导督促设区市成立市长任组长、县（区）成立县（区）书记县（区）长任"双组长"、相关市（县）直单位主要负责同志为成员的两项评估推进工作领导小组，并建立领导挂点、定期研究、协同推进、工作督查等4项机制；组织省内外专家分三批对2022年前计划申报两项评估的37个县（市、区）进行驻地指导，对标对表精确查找短板弱项。截至12月底，计划对申报义务教育优质均衡发展督导评估的上高县、芦溪县、鹰潭市余江区2021年投入资金10.5亿元、补充教师1297名、新增学位10980个；计划对2022年前申报学前教育普及普惠的21个县（市、区）新建、改扩建幼儿园122所，新增学位11215个，新招录持证教师1876名。河南以省政府办公厅名义印发了《河南省县域学前教育普及普惠督导评估实施方案》，在工作推进上实现政府部署、财政投入、授予称号、资金奖励、过程验收等五个方面的创新突破，用实招硬招推动全省学前教育普及普惠发展。青海组织市县两级政府分管负责同志召开全省县域义务教育优质均衡发展和学前教育普及普惠督导评估推进会，对创建工作进行了全面安排部署；先后7次对"十四五"期间重点推进的4个县开展义务教育优质均衡发展创建实地指导，4次对4个县

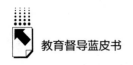

市开展学前教育普及普惠创建过程性督导检查，制定印发整改通知，建立问题清单，实行销号管理，以评促建、以评促改。

三是典型带动，示范引领。西藏积极开展了对3个区县的学前教育普及普惠督导评估验收，并在日喀则市桑珠孜区召开了全区县域学前教育普及普惠发展现场推进会，要求严格按照全区总体规划和指标要求，扎实推进，于2030年按期完成。湖南完成了省政府真抓实干督查激励措施"推进义务教育优质均衡"项目的评审遴选工作，激励引导各地扎实推进优质均衡各项工作。

3. 重大事项专项督导工作有力推进

2021年，教育督导系统统筹做好校园疫情防控及各项专项督导，对保障广大师生生命健康、破除教育发展障碍、优化教育生态做出独特的贡献。国务院教育督导委员会办公室多次部署校园疫情防控督促检查工作，加大对中小学幼儿园校园常态化疫情防控和安全工作督导督办力度，对学生溺水等安全事件高发的广西、广东两省份学生安全工作进行挂牌督办；对连续发生24起校园安全事件的湖南省进行约谈，要求逐项核查；印发督办单6次，对河南、辽宁、云南等省学生安全突发事件进行专项督办，各地均把校园疫情防控和安全当作头等大事来督导督办，有效地督促了地方和学校树牢安全意识，消除安全隐患，守护学生健康成长。

义务教育教师平均工资收入水平不低于当地公务员平均工资收入水平（简称"不低于"）督导是2020年教育督导"一号工程"，全国31个省份和新疆生产建设兵团的2846个县（市、区）自查结果显示，党中央国务院提出的2020年实现"不低于"目标已基本实现。2021年，国务院教育督导委员会办公室按照党中央、国务院决策部署，继续紧盯"不低于"落实工作，防止问题反弹。通过发布重要提醒、印发专门通知、受理群众举报、开展明察暗访、推广典型经验等多种方式，进一步强化地方主体责任，推动各县（市、区）落实年度预算安排、建立健全义务教育教师经费保障机制和工资收入随当地公务员待遇调整联动机制（以下简称"两大机制"）。各地按照国务院教育督导委员会办公室的安排部署，结合当地实际，均创造性地开展专项督导工作。例如，陕西实时做好市县自查和数据统计工作，督促各地严格落实政策，全省共核增教师奖励性绩效 26.96 亿元（其中义务教育教师 19.32 亿元），惠及全省中小学幼儿园教师 19.01 万人（其中义务教育教师 14.22 万人）。新疆生产建设兵团转发建立义务教育教师工资收入"不低于"长效保障机制典型案例，向 14 个师点对点印发健全"不低于"长效保障机制的工作提醒。广西采取月报制度，定期监测各市县义务教育教师工资收入相关政策落实情况；2021 年共开展实地督导 2 次、部门联合调研 1 次，并采取限时督办方式推动 11 个市 50 余个县区解决阶段性工作进度慢的问题，全力推动全区所有县（市、区）建立健全义务教育教师工资收入保障"两个机制"。湖南在全省开展了落实教育优先发展情况专项督查。河南全年重点督办 4 个市的 9 个县区，清算历史性拖欠教师工资、社保金等，有效地维护了这批教师的基本权益。新疆针对和田地区 2018～2019 年教师年终一次性奖励补贴欠拨问题，及时下发了督办函并跟踪督办，追回欠拨资金 4.1 亿元，涉及教师 5.3 万人次；针对常态化督查中发现的吐鲁番市第 13 个月教师工资和高昌区教师住房公积金、社保金未及时发放的问题，坚持紧盯不放、跟踪督办，确保全部整改到位；针对教育部转办、厅长信箱、来信来访等中涉及教师待遇的举报信息，安排专人受理，督促相关部门及时解决，保障了义务教育教师平均工资收入水平不低于当地公务员平均工资收入水平的决策部署落地见效。

此外，结合本地实际，各地开展了系列专项督导工作。如湖南由省委督查室、省政府教育督导办牵头，相关部门共同参与，聚焦各地党委政府落实教育投入和教师工资待遇、"双减"、"五项管理"、中小学教师减负、校园安全、心理健康教育、巩固拓展教育脱贫攻坚成果同乡村振兴有效衔接等方面的重点内容，在全省开展了落实教育优先发展情况专项督查。江苏对各地推进"双减"和"规范民办义务教育发展"工作开展督导检查，推动重点任务落地落实。山东开展教育评价改革专项督导，聚焦"十个不得、一个严禁"，设立举报平台，对实名举报和监测发现的问题及时进行核查；对部分违反规定要求的市县政府和部门进行通报约谈，督促落实改革各项要求。内蒙古实行使用国家统编教材情况、拖欠特岗教师工资情况（"回头看"）、

教育经费投入使用情况、建立教育转移支付资金月通报制度，会同自治区公安厅、市场监督管理局开展了幼儿园办园行为专项督导，开展了民办教育管理督导调研。黑龙江围绕学科类校外培训机构整治、艺考类培训机构违法违规办学行为整治、农村义务教育学生营养改善计划问题整改、校园安全防控等问题组织开展专项督导。云南对16个州市贯彻党的教育方针、"双减"、"五项管理"、控辍保学、疫情防控、义务教育优质均衡发展、学前教育普及普惠等重点工作的落实情况进行了全面督导检查。河北开展的基本普及高中阶段教育督导评估、天津开展的普通高中招生情况专项督导工作、海南开展的防欺凌专项督导等活动针对性强，均取得较好成效。

（二）学校督导评估工作向纵深发展

1. "双减""五项管理"督导深入开展

国务院教育督导委员会办公室全力做好中小学生"五项管理"督导工作，促进学生身心健康、全面发展。选配国家督学等106位专家组建16个国家督导检查组赴全国30个省份和新疆生产建设兵团的24个省会城市、45个地市开展实地督导，随机核查417所中小学校、241个校外培训机构，实地访谈2200余名责任督学、校长、教师、家长、学生，发放并回收家长、学生有效问卷45437份，形成《"五项管理"实地督导情况总报告》。同时，印发《关于反馈"五项管理"实地督导意见的通知》（含各省问题清单），提出"八个一"的整改工作要求，重点督办自查、举报、暗访等多个渠道反映的问题；组织责任督学开展日常督导，部署和指导各地责任督学将"五项管理"和"双减"督导作为首要任务，形成《关于责任督学对"双减"和"五项管理"日常督导的报告》，得到教育部领导充分肯定；编印45期督导快报，及时反映各地落实"五项管理"工作中的典型做法、突出问题，有针对性地提出意见建议。协调多家主流媒体参与实地督导工作，先后在新华社、《人民日报》、《解放日报》、《中国青年报》等媒体上刊发相关报道，各地省级主流媒体也相应进行报道，有效扩大了"五项管理"督导的影响力。

国务院教育督导委员会办公室把"双减"督导作为2021年教育督导"一号工程"，充分发挥教育督导的"利剑"作用，确保中央决策部署落实落地。建立了"双减"专项督导半月通报制度，印发专门通知，重点通报作业控制达标学校比例、培训机构压减比例等6项主要指标排名靠后10位的省份。"建立半月通报制度""第1期半月通报"入选两期《教育要情》。建立了"曝光台"通报典型问题，对各地的典型问题特别是"该落实能落实而不落实的工作，或经多次通报仍整改不到位的工作"进行公开曝光，通过曝光一批，警示一片。此外，还针对重点地区存在的突出问题进行专项督办，针对校外培训机构相对集中的10个省份，分别印发督办单，对校外培训机构资金管控、劳动用工风险防范等各项工作提出要求，重点督办；开通"双减"举报平台，累计受理群众举报信息数万条，及时转交地方核查；发布预警，提示家长校外培训缴费风险。

各地积极行动，"双减"督导工作成效显著。如广东省"双减"政策实施以来，各地累计出动3.4万人次，检查整顿校外培训机构超过3.3万家次；发布《广东省教育厅关于校外培训的风险预警》；建立每日监测制度和全省学科类校外培训机构分级标识制度，对校外培训机构实行动态更新和监测；针对存在重大经营风险的培训机构，成立风险防范处置工作专班，建立每周一报制度，定期汇报涉稳风险化解情况；共编制"双减"专报144期。吉林省开展"双减"专项督查。组织各地各校围绕31项重点指标全面开展自查和复查；省级成立7个督查组，随机抽检11个地区20个县（市、区）的45所义务教育学校和50个面向义务教育阶段的学科类校外培训机构；针对督查情况，向省委教育工作领导小组全体会议作了专题汇报，向各地政府印发督查通报和问题清单，督促指导各地彻底整改。

2.学校教育教学评估内涵不断丰富

2021年，教育部相继出台义务教育质量评价、普通高中办学质量评价、中小学校幼儿园校（园）长任期结束综合督导评估、普通高等学校教育教学审核评估等政策措施，各级各类学校督导评估体系更加丰富完善，质量评估主题更加突出。

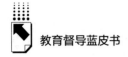

国务院教育督导委员会办公室进一步健全职业教育督导评估制度，不断提高职业院校办学水平，形成了《2020年全国中等职业学校办学能力评估报告》和《2020年高等职业院校适应社会需求能力评估报告》，制定分省份问题清单，拟反馈各省政府，督促指导其整改；对前三轮职业院校评估开展情况进行摸底调研，启动深化职业院校评估改革研究，进一步明确深化职业院校评估改革的思路与方向，为开展第四轮评估奠定良好基础；加强高校本科教学工作合格评估，对未通过评估的5所高校进行严肃约谈、资源调减、限期整改；实施高校评估督导复查，对5所评估整改不力的新建本科院校进行通报批评、减少招生计划和暂停新设本科专业备案；将博士论文抽检问题突出的10所高校，纳入研究生招生计划和推免名额安排、学科评估等负面清单，对12所高校进行督导复查，促其整改。此外，印发《本科教育教学审核评估方案》，正式启动研究生专业学位水平评估，将立德树人成效作为检验学校工作的根本标准，突出人才培养质量评价。严格高校学生学业标准，印发《本科毕业论文（设计）抽检办法》，完善博士硕士学位论文抽检工作，形成了本、硕、博贯通的学业标准监督机制，力促高校狠抓人才培养质量。

各地学校督导评估工作不断向纵深发展，督导评估内容、方式、成效日益丰富。如北京加快建设教育督导评价政策标准体系，研制完成素质教育、体育、劳动教育等方面督导评价方案，逐步构建"1+N"学校督导制度标准体系，开展中小学校全面实施素质教育督导评估和职业院校、市属高校等督导调研。云南组织评估专家组分别开展了一级一等高完中和幼儿园、省级现代教育示范学校（幼儿园）评估认定工作；各州市教育督导部门组织开展了一级二等、三等高完中和幼儿园及现代教育示范学校督导评估。湖南研制印发《湖南省高中阶段学校督导评估方案》和普通高中、中等职业学校两个督导评估指标体系，引导督导评估工作从重点关注示范性普通高中向高中阶段学校全覆盖转变，促进普高与中职、公办与民办协调发展、高质量发展。浙江全面开展学校督导工作，组织等级幼儿园评估和复查，完成一级园评估149所、一级园复核186所、二级园抽查622所、办园行为规范评估26

个县（市、区）及功能区，涉及 1780 所幼儿园；实施现代化学校督导评估；完成对 518 所学校申报现代化学校的网评与实地评估工作，其中幼儿园 98 所、小学 181 所、初中 99 所、普通高中 30 所、中等职业学校 25 所、社区学校 85 所；完善高职院校督导评估指标体系和督导评估办法，面向 48 所高职院校开展网上评估，并在网评基础上对 10 所高职院校开展实地核查，对 2020 年试点的 10 所院校开展"回头看"，构建年度常态化高职院校督导评估工作机制。海南开展对学校省级办学水平督导评估，完成 13 所普通高中"省一级学校"和 42 所义务教育学校"省规范学校"过程性督导评估工作；对 8 所普通高中和 24 所义务教育学校分别开展审核性督导评估，根据督导评估结果授予 8 所普通高中"省一级学校"称号、23 所义务教育学校"省规范学校"称号。江苏根据《江苏省中小学校体育工作专项督导评估实施方案》，组织 13 个督查组实地开展中小学校体育工作专项督导评估，推动中小学校体育工作，提升学生体质健康水平；拓展督导领域，对 25 所高校思政课教师及辅导员队伍建设情况、10 所本科院校学士学位授予质量等开展专项督导。宁夏对相关高校落实自治区九大重点产业高质量发展教育任务情况进行了实地和网上督导，印发了督导评估意见，提出 5 个方面的整改意见，为进一步推进校企合作、产业对接奠定了基础。陕西持续开展高校"一章八制"暨思政课教师、专职辅导员队伍建设专项督导，将高校坚持正确办学方向、加强学校党建工作、依法治校办学作为评价的重点。西藏对全区高校思政工作和师德师风建设工作进行了专项督导检查。

3. 督导责任区及责任督学挂牌督导作用进一步发挥

2021 年，各地继续重视督导责任区及责任督学挂牌制度建设，在疫情防控和"双减"督导中，责任督学发挥了主力军作用。如湖北分基础教育和高校两条线分别对市州和高校进行包保督导，全省 17 个市州划分三大片区 9 个督导组，分别由 3 位厅领导牵头负责，11 位厅级干部参与；129 所普通高校分 31 个督导组，由 13 名厅级干部领衔，厅机关各处室和相关直属单位联系包保若干市州和高校，重点对落实上级教育决策部署、办学行为、安全工作、常态化疫情防控等进行督导。湖南召开全省责任督学挂牌督导和学

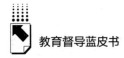

校内部督导工作推进现场会，组织各地参观学习交流，并对全面开拓责任督学挂牌督导工作新局面提出要求，对加强学校内部督导提出指导性意见。贵州组织5812名责任督学，按照一月一次督导的要求有序开展中小学幼儿园挂牌督导工作，累计指出学校问题8450个，发出通报399个，约谈248人次。江西组织责任督学每月到校督导，并将督导情况上传至江西省中小学责任督学挂牌督导平台，确保义务教育学校全覆盖，在漳州市龙文区召开责任督学挂牌督导工作现场会。黑龙江组织全省3673名中小学校责任督学完成4轮全覆盖专项督导，到3191所中小学校实施督导2.8万人次，市、县教育督导部门组织三轮抽检督导千余次，下发整改通知2715份，协调处理解决群众关切问题1060个，学校完成整改问题4670个。辽宁责任督学参加"双减"及"五项管理"督导累计11592人次，对实名举报"凡举必查"，累计指出问题4527个，下发督导通报385份，整改通知652份，约谈814人次，问题整改率达到99.9%。上海围绕儿童青少年近视防控工作总体任务与目标，组织责任督学全覆盖开展"构建视力友好型校园环境"主题性督导，形成情况分析专报，确保青少年学生的近视防控工作取得实效。新疆组织责任督学常态化督导，全区4063名责任督学开展常态化进校督导两轮次，累计查找问题近7000条，下发通报51份，约谈20人次，保证了"五项管理"政策有效落实。重庆责任区督学全年累计入校督导9.4万余次，开展访谈1.5万余人次，针对学生校内作业管控不到位、艺体和心理健康课程开设不足、安全管理措施不精细等突出问题累计约谈168人次，依法督促学校落细各项管理措施，落实各项教育政策。

（三）教育质量监测保障体系更加完善

1.监测制度体系更加完善

按照《国家义务教育质量监测方案》（2021年修订版），新一轮监测由原来的6个学科变为9个学科。2021年，是国家义务教育质量监测第三轮的起始之年，监测学科领域为数学、体育和心理健康；监测内容主要包括学生数学学习质量、体育与健康状况、心理健康状况，以及课程开设、条件保障、教师配备、学科教学和学校管理等相关影响因素；监测形式更加多样，笔试之外还开展了体育与健康的现场测试。2021年国家义务教育质量监测现场测试工作于5月27~28日顺利完成，全国共抽取了334个样本县（市、区）6734所中小学的20万名四年级、八年级学生参加测试，6000余名中小学校长，8万余名班主任和数学、体育、心理健康教育教师通过"国家义务教育质量监测问卷调查系统"接受了问卷调查，平稳地完成了监测数据的现场采集工作。

在国家统一组织义务教育质量监测工作的基础上，各地也积极开发建设本地特色的质量监测项目，监测范围、内容不断扩展。重庆市教委与市委组织部等七部门联合印发《重庆市义务教育质量评价实施方案（试行）》，启动义务教育质量评价工作，在全国率先发布《重庆市"十四五"期间义务教育质量监测方案》，组织开展"双减""五项管理"专项监测，试点开展学前教育质量监测、高中教育质量监测工作，形成全市义务教育质量监测总报告1份、区县报告82份、学校报告977份，《重庆市中小学劳动教育质量状况》《中小学教师科研状况专项报告》等专项监测报告30余份，首次在《重庆日报》发布重庆市2020年义务教育质量监测结果。广西投入义务教育质量监测专项经费1500万元（其中自治区本级经费750万元，各县区配套经费750万元），通过政府购买服务方式，实现111个县（市、区）2233所学校（含教学点）、6.7万名学生、2.6万名教师（含校长）参加全国义务教育质量监测。新疆生产建设兵团自2018年起，通过购买服务的方式连续4年安排专项资金190万元组织开展全覆盖的国家义务教育质量监测。2021年，14个师市及兵直中小学8766名学生、2075名教师及257名校长顺利完成各项监测任务。内蒙古委托自治区教育科学研究和监测评估院首次开展了对5个旗县的义务教育质量监测。湖南通过购买服务的方式，共增加了38个样本县（省本级24个，市州14个）参加义务教育质量监测。天津组织河西、南开、武清、滨海新区、静海、蓟州6个区作为国家样本区，和平区等10个区作为协议委托区参加国家义务教育质量监测，320所义务教育学校的9424名学生和3879名教师（含校长）参加了相关测试和问卷调查。

云南组织全省 127 个县、市、区，1663 所小学、966 所中学，24956 名教师、74954 名学生参加数学、体育、心理健康教育 3 个学科的国家义务教育质量监测工作，顺利完成了 2021 年监测工作。广东全省 125 个县（市、区）2608 所样本校的 3 万多名学生和 8 万多名教师参与现场测试和调查，广东还在博罗县、南雄市分别开展高中教育质量和学前教育质量试点监测预试。浙江开展教育现代化监测工作，形成了 2020 年度县（市、区）教育现代化发展水平监测总报告、山区 26 个县和 1 个市（龙港市）专项报告及各县（市、区）分报告，还开展了县（市、区）基础教育生态监测、长三角教育现代化监测。上海在开展数控技术应用、学前教育（保育员）2 个专业质量监测试点的基础上，新增物流服务与管理、国际商务、计算机应用、中餐烹饪、机电技术应用 5 个专业的质量监测，开展上海市中等职业学校办学质量评价标准研制工作。

2. 强化义务教育质量监测结果运用

2021 年 11 月，教育部基础教育质量监测中心发布了《2020 年国家义务教育质量监测——德育状况监测结果报告》和《2020 年国家义务教育质量监测——科学学习质量监测结果报告》。报告客观呈现了我国义务教育阶段学生德育发展状况、科学学习质量状况，分析了影响相关学科领域教育质量的关键因素，回应了教育热点难点问题。报告显示，我国义务教育德育、科学学科教学及学生学业状况良好，不过也存在家校社协同育人待深入、科学实验教学资源利用率待提高等问题，为教育教学提供了科学的证据支撑。

各地普遍重视义务教育质量监测结果运用，多地召开各种形式的监测结果解读分析会，解读监测结论，深入分析问题原因，部署工作改进。如湖南深入分析国家义务教育质量监测数据和相关情况，形成了《湖南省四、八年级学生科学、德育总体状况对比分析报告》《湖南省第二轮与第一轮义务教育质量监测结果对比分析报告》，为教育决策提供科学依据；审核相关样本县的整改工作方案，印发分析通报并开展跟踪督查，督促指导样本县做好整改工作。福建自主开展义务教育质量监测，首次发布《福建省义务教育质量监测报告（综合版）》，从单学科报告拓展到多学科的综合报告，报告发布的内容和形式更趋成熟，监测结果运用成效进一步显现。山东组织全省各地教育督导、基础教育、教育科研和义务教育学校 500 余人召开国家义务教育质量监测结果解读会，邀请国家基础教育质量监测中心专家对监测结果进行深度解读，提出改进教育教学的建议措施，为教育决策提供科学参考。

（四）教育督导评估机制深度变革

1. 专业化建设迈出新步伐

2021 年，各地进一步加强教育评估监测专业机构建设。调查显示，3616 个被调查单位中，已有 1684 个建立了公办事业单位性质的教育评估监测机构（占比 46.57%），757 个成立了民办社会第三方教育评估监测机构（占比 20.93%）。江西省委编办批准同意成立省教育评估监测研究院（副厅级事业单位），核定编制 116 个。四川成立了教育评估院，北京也成立了教育督导评估院。新疆生产建设兵团成立教育评估与质量监测中心，编制 12 人，每年预算安排经费 237 万元。重庆 23 个区县设立了评估监测中心。此外，还有多个独立建制的公、民办教育评估机构。这些机构主要承担教育督导、教育评估与质量监测研究，决策咨询服务，教育督导、教育评估和质量监测组织实施，为各级各类教育机构提供业务指导和专业服务等职能，为教育督导的专业化提供了全方位专业支撑。

同时，教育督导科研工作也开拓前行。2021 年，国家教育行政学院在督学培训研究、教育督导决策咨询研究的基础上，整合研究力量，成立了教育督导与评价研究中心，系统开展专题研究。福建举办第二届教育督导高峰论坛，设置"分级督政与高质量教育体系建设"主论坛及五个分论坛开展交流研讨，委托闽南师范大学教育督导智库对近 15 年来福建省"两项督导"助力县域教育发展的情况进行总结梳理，形成研究报告。上海研制第四轮（2021~2025 年）对区政府依法履行教育职责评价工作实施意见、义务教育学校发展性督导评价指导意见、普通高中发展性督导评价指导意见、本科毕业论文（设计）抽检实施细则等，通过构建系统完备的教育督导标准体系，不断提升教育督导规范化、专业化水平；举办了专职督学高中发展性督导经验主题研讨会、长三角中职校督导评价研讨会、主题为"迈向高质量发展：高等教育的分类督导与评价"的上海教育督导与评价国际论坛等系列研讨活动。湖南将教育督导研究首次纳入省教育科学"十四五"规划专项课题，立项了 5 个重点课题、16 个一般课题，并组织开展了集中开题答辩，加强教育督导理论研究和政策储备。

2. 教育督导手段进一步丰富

教育督导组织实施中参与主体更加多元，形式和方法更加灵活多样，网评减少现场检查负担。"四不两直"、"回头看"、通报、典型带动、满意度调查、报告公开、提醒函、预警、督办等成为教育督导的常规手段。新疆生产建设兵团人社、市场监管、应急、卫健等部门成立由厅级领导带队的 4 个督导组，对 8 个师市履行教育职责进行实地核查，完成第一轮全覆盖师市履职评价。江苏、福建继续以委派"观察员"的形式督促指导市对县级政府开展履行教育职责督导评价工作。重庆建立督导工作"回头看"机制，开展义务教育发展基本均衡巩固情况复查 2 批次，区县政府履行教育职责评价发现问题整改情况"回头看" 1 批次。北京实施对全市 16 个区政府履行教育职责情况全覆盖回访督导，紧盯教育专项规划、学位供给、师资配备、经费投入等方面整改情况，推动难点问题加快解决。内蒙古多方参与对民办教育进行调研督导。宁夏明察暗访随机督导，采取"四不两直"方式，组织 7 次暗访督查，下发 3 次督导通报，反馈问题 300 余条。

3. 教育督导信息化水平持续提升

2021 年，各地进一步加强教育督导信息化建设，智慧教育督导的步伐更加有力。如新疆生产建设兵团着力构建三级教育督导网络体系，搭建了义务教育优质均衡监测、满意度调查、履职评价等 3 个网络系统开展网上督导，初步建成基于 5G 网络在线视频教育督导平台，实现了兵团、师市、学校三级实时、全覆盖的在线督导，已随机对 5 个师市开展在线督导检查，查出问题隐患 22 个。湖南优化了省教育督导网络平台门户页面，完善了责任督学挂牌督导移动端、市州政府履行教育职责评价等子系统，将平台进一步打造成督导信息化工作阵地和舆论宣传阵地。重庆完成教育督导管理信息系统（三期）项目建设，全面覆盖督政、督学、质量监测主要业务内容，实现了法规政策在线全面共享、督导项目数据资料在线审核、责任督学入校督导全链条记录、系统数据多维度分析等功能，实现41个区县全覆盖，用户中包含挂牌督导责任区督学1976人、各级各类学校8225所，高效完成了区县政府履行教育职责评价自评自查、县域学前教育普及普惠数据监测等工作；各区县运用该系统开展实地督学督导工作近15万次，形成工作记录18万份。海南启动建设海南省教育督导管理系统（一期）项目，开发信息化平台开展对学校办学水平督导评估，逐步实现大数据分析和管理，进一步提高教育督导科学化水平。

4. 教育督导公开化程度进一步提高

2021年，教育督导的开放性、公开化程度进一步提高，"互联网+教育督导"为教育督导带来更大的活力，信息收集、处理、发布更为便捷迅速，教育督导的公信力和影响力进一步扩大。国务院教育督导委员会办公室充分利用"互联网+教育督导"举报平台，收到"双减""义务教育教师平均工资不低于公务员""校园安全"等举报信息5万余条，筛选3500余条有价值的举报信息，分省分类统计成表，定期分转相关单位核处。加强"中国教育督导"微信公众号阵地建设，始终坚持权威发声，回应社会关切，推进监督互动。公众号发布内容紧扣党的教育方针、教育督导问责等工作开展、督导战线经验交流内容；粉丝量达1100多万，共刊发各类文章、信息1200余篇，点击量约5000万次。稳步推进国家教育督导信息化平台建设，深入8个省市实地调研，形成了"国家教育督导信息化平台建设方案"，积极推动平台建设立项工作，着力把教育督导信息化平台打造成"长牙齿"的利器。

地方各级教育督导机构也不断丰富问题举报、信息处理、报告发布的渠道和形式。如广西召开深化新时代教育督导体制机制改革成效暨公布2020年市县政府履行教育职责评价结果新闻发布会，对评价结果进行公布，进一步增强了教育督导的影响力和威慑力。山西为深化新时代教育督导体制机制改革，系统推动教育督导"长牙齿"、上水平，省政府新闻办举行了"深化新时代教育督导体制机制改革"新闻发布会，省教育厅有关领导同志分别介绍了山西深化教育督导体制机制改革的有关情况，并就"深化新时代教育督导体制机制改革的主要目标、主要特点、具体举措、建立和完善督政评价制度、确保改革实施意见真正落实到位"回答了记者的提问。北京在市教委网站公开发布市级督导报告，并将督政、督学及评估监测结果均按照相关程序反馈至区委区政府、区人大、政协、学校等相关单位部门，强化整改落实。山东对市县政府一体化评价，系统制定工作流程，规范组织评价过程，从指标设定、开展自评、组织网评到问题反馈、确定等级、发布报告等12个闭环程序，环环相扣、相互印证，坚持自查与可信度挂钩、网评和实地验证结合，确保评价结果客观公平。其中，评价等级按照分数分为优秀、良好、合格和不合格4个等级，并对评价结果公开发布，得到各方面高度关注。

（五）教育问责激励力度进一步加大

2021年，国务院教育督导委员会出台《教育督导问责办法》，这是新中国历史上首次出台的教育督导问责文件，明确了督导问责的对象、内容、方式和程序，有利于实现教育督导与教育执法、纪检监察的联动，实现了督导问责的规范化，督导的权威性、有效性从制度上真正确立起来，为教育督导"长牙齿"打下坚实的基础。同时，坚持激励与问责并重，在有关督导报告、反馈意见中注意典型经验提炼总结的基础上，2021年4月19日，国务院教育督导委员会办公室参照国务院大督查的相关做法，专门向各省（区、市）政府办公厅及新疆生产建设兵团办公厅发函，印发了2020年对天津、吉林、浙江、江西、云南、宁夏6个省（区、市）实地督察中发现的8个典型工作案例，供各地学习借鉴，起到了很好的指引作用。各地也纷纷推出问责、激励举措，教育督导的实效性、权威性明显增强。

例如，在问责方面，安徽开展教育经费投入约谈专项调度，两次对2020年未实现教育经费支出"两个只增不减"的市、县进行专门约谈，对

2021年教育经费投入存在差距的市进行会议调度，重点查找短板不足，提出针对性措施，压紧压实财政教育投入责任。江西针对义务教育大班额反弹问题，省政府教育督导委员会约谈 10 个设区市政府分管负责同志和相关县政府主要负责同志，通过市区联动、整合资源、加大投入、加快建设，迅速增加学位供给，推动大班额问题有效解决。河北以省政府教育督导办名义，印发了高校离校返乡学生核酸检测及大中小学春季开学疫情防控暗访情况等 4 个通报，会同人事处印发《义务教育教师工资待遇落实情况的通报》《巩固义务教育教师工资收入专项督导工作成果的通知》，配合财务处印发《2020 年全省教育经费投入和使用情况的通报》。广西针对北流市幼儿园师生伤害事件，督促玉林市、北流市迅速查明原因，严肃处理相关责任人，并建议纪检监察部门按照管理权限责成相关单位作出深刻检查，对 20 名党员干部进行问责，立案审查调查 14 人、批评教育 2 人、诚勉谈话 4 人；针对各地推进各项教育工作滞后、政策执行不力等问题，共开展约谈 2 次、通报 4 次，印发督办通知 13 份、提醒函 5 件，有力推动解决履行教育职责不到位问题。内蒙古对在校外培训机构兼职的 51 名中小学在职教师分别给予诚勉谈话、警告、记过、辞退等处罚。广东省政府常务会议审定 2020 年对市县级政府履行教育职责评价结果，向各地级市政府"点对点"反馈评价成绩、区域排名，指出存在的问题，提出整改意见。山西自 2020 年以来，先后下发通报 5 起，下发督办单 8 个，召开问题整改部署推进会 1 次，实施约谈 3 次，对义务教育教师工资待遇保障政策落实不力的 1 个设区市教育局分管领导、8 个县（市、区）政府分管领导进行了约谈；对 1 个县 2 所民办义务教育学校违规组织考试招生、存在民办义务教育占比过高、民办学校超计划招生、盲目扩建民办学校等突出问题进行了实地督查督办并对该县县委书记、县长、现任教育科技局局长进行了约谈；2022 年 1 月 10 日，对 2019 年和 2020 年硕士学位论文抽检中有"存在问题学位论文"的 7 家硕士学位授予单位校长及分管副校长进行了质量约谈。黑龙江对高校本科教学工作合格评估整改不到位的 2 所高校进行约谈；对 3 所 2019 年未通过本科教学工作合格评估的高校进行约谈，责令限期整改，并对专业申报、项目评审等方面采取限制措施，调减招生计划。北京强化教育督导结果应用，坚持报告制度，2021年全年向各区政府和学校发出督导意见900余份，督促整改问题1400余个；健全督导复查制度，对21所市属高校进行审核评估整改工作情况、16个区政府履行教育职责整改情况开展回访督导；压实约谈制度，对硕士学位论文抽检中连续2年出现"存在问题学位论文"的11家学位授予单位进行约谈，压实培养单位主体责任；落实激励制度，将督导结果及整改情况纳入市委组织部对16个区政府（干部）平时考核重要参考事项清单，将督校评估结果作为对学校绩效考核、完善政策的重要依据。

在激励方面，安徽建立教育督导奖励补助机制，省政府教育督导委员会、省教育厅和省财政厅印发《安徽省教育督导评价奖励补助资金管理办法》、《2021年奖励补助资金分配方案》及《2022年实施细则》，依据教育督导评价结果，对合肥等15个市和庐阳区等7个县（市、区）分别予以奖励补助1.2767亿元。广西根据2020年市县人民政府履行教育职责评价办法及评价结果，在2022年度安排教育项目经费时，对排在前3名的南宁市、柳州市、北海市分别给予500万元、300万元、200万元经费奖励；对排在第一名的青秀区给予1500万元经费奖励，对第二名的横州市及并列第三名的兴宁区、良庆区、邕宁区、鱼峰区分别给予1000万元经费奖励。河北发布《关于2021年对县级人民政府履行教育职责评价结果的通报》，对无极县等15个2017~2020年度政府履行教育职责成绩突出的县（市、区）予以通报表扬和奖励。① 重庆印发《重庆市县域义务教育优质均衡发展督导评估工作规划》，建立义务教育优质均衡区县创建奖补制度，对首批申请创建的江北区、沙坪坝区、两江新区、高新区4个区县给予共计6000万元奖补资金。江西将省级消除义务教育大班额专项资金的15%和省级学前教育专项资金的10%，共计4.2亿元，依据考评结果进行分配。

---

① 《河北省人民政府教育督导委员会关于2021年对县级人民政府履行教育职责评价结果的通报》，http://www.hee.gov.cn/col/1405611268996/2022/02/21/1645409701853.html，最后检索日期：2022年3月21日。

三　挑战与展望

2021年是深化新时代教育督导体制机制改革的第二个年头，国务院教育督导委员会、教育部教育督导局和地方各级教育督导机构紧紧围绕《意见》要求和精神，蹄疾步稳履行教育督导职责，以高质量教育督导确保教育高质量发展、落实立德树人根本任务，教育督导工作取得显著成效，教育督导体制机制改革不断深入拓展。但是，也应当清醒地看到，深化新时代教育督导体制机制改革是一项艰巨而繁重的任务，各地各区域在着力推进教育督导体制机制改革过程中，在履行教育督导职责和落实改革任务时，仍然面临一系列重大挑战，需要在深化新时代教育督导体制机制改革的进程中予以高度重视和重点解决。与此同时，按照《意见》要求，2022年是中国特色社会主义教育督导体制机制基本建成之年，如何在短时间内建成全面覆盖、运转高效、结果权威、问责有力的中国特色社会主义教育督导体制机制，唯有进一步深化教育督导体制机制各项改革举措，力争如期实现改革目标。

（一）当前教育督导面临的挑战

1. 教育改革发展提出新要求新任务

《教育督导条例》规定，教育督导是为了保证教育法律、法规、规章和国家教育方针、政策的贯彻执行，实施素质教育，提高教育质量，促进教育公平，推动教育事业科学发展。公平和高质量已经成为新时代教育事业发展的两大主题，教育事业的高质量发展对教育督导提出了新要求新任务。近年来，一些特大城市的学龄人口连续快速增长，在中心城区和教育热点地区，学位供给面临严峻挑战。例如，根据预测数据分析，北京市中小学各学段学位需求均逐年增加，预计2025年全市学位需求比2020年增加40余万个。这一方面要求确保足够的学位资源供给，让每一个适龄孩子"有学上"；另一方面又要不断扩大优质教育资源的供给规模，让所有的孩子"上好学"。尽管近年来北京在扩大优质教育资源、增加学前学位等方面取得了明显成

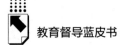

效，但同人民对教育的美好期待相比，与申报国家级义务教育优质均衡发展区、学前教育普及普惠区评估认定的要求相比，依然倍感压力。作为首善之区，北京在新阶段的教育改革发展中尚且面临如此艰巨的任务，全国其他地域的教育改革发展任务之迫切程度可想而知。教育改革发展推进到哪里，教育督导就应当出现在哪里。由此，教育督导既要面对教育改革发展新要求新任务的挑战，也要面对自身体制机制改革的挑战。挑战双重叠加，教育督导改革任重道远。

2. 教育督导管理体制改革推进不一

教育督导管理体制改革是教育督导体制机制改革关键中的关键。从中央到地方，唯有教育督导管理体制顺畅，教育督导机构设置健全，教育督导工作机制创新，教育督导力量充实，教育督导才能真正发挥其应有作用。从中央层面来看，国务院教育督导委员会组成仍未调整到位。2021年12月国务院教育督导委员会对副主任和部分委员作了调整，同2018年7月的调整相比，增加了中央宣传部和共青团中央的有关负责同志，但与《意见》要求相比，目前国务院教育督导委员会仍缺中央组织部、国家体育总局两家单位的有关负责同志。从地方层面来看，教育督导机构尚未健全。教育督导机构作为教育行政部门内设部门，既当"裁判员"又当"运动员"的现象尚未完全消除。地方特别是区县层面，教育督导部门与其他处室合署办公，不能做到相对独立开展工作，有的地方督导机构力量在改革中被合并到其他科室甚至被撤销，机构人员编制不足，且很难增加编制或调整编制。地方教育督导机构人员配备仍未到位，有的地方在省级层面尚未设立专职总督学或副总督学职位，有的地方受区县党政班子换届等因素影响，区县层面总督学、副总督学到2021年底尚未选任到位。总体来看，同新时代教育督导的新任务新要求相比，教育督导管理体制方面的改革仍有一定差距，需要对标对表中央改革精神切实落实。

3. 教育督导运行机制改革有待深化

督政、督学、评估监测是教育督导的三大方面，实施好督政、督学、评估监测是深化教育督导改革的重要内容。在督政方面，国务院和教育部先后印发了《对省级人民政府履行教育职责的评价办法》和《〈对省级人民政府履行教育职责的评价办法〉实施细则》，对省级人民政府的教育督导基本实现制度化和规范化运行。但在地方层面，部分省份对市县人民政府的教育督导仍缺乏成文的制度支撑和规范保障，未能结合地方实际彰显本地教育督导特色。在督学方面，对各级各类学校办学行为的督导评估制度还未形成体系。如何处理好专项督导与经常性督导的关系，既不对学校办学行为构成频繁干扰，又能发挥督导作用引导学校办出特色、办出水平，让督学有精力、有时间为学校持续高质量发展发挥作用，这是一项较为棘手的工作。在评估监测方面，当前义务教育阶段的质量监测已全面展开，其他教育阶段质量监测在部分地方也有实践，但相关的质量监测制度还有待建立完善。同时，第三方评估监测和社会组织的资质监管也应受到重视，万不能让"庸医"大行其道。此外，教育督导方式方法有待改进，目前对人工的依赖程度仍然很大，对信息技术的应用多停留在评估材料的数字化方面，各教育基础信息资源库之间存在壁垒，未形成数据共享"聚合效应"，难以实现教育督导信息化、精准化。

4. 教育督导问责机制改革面临难题

问责是教育督导"长牙齿"的重要改革举措。随着各地教育督导体制机制改革实施方案和问责办法实施细则等文件的相继出台，如何把各项问责举措落实到位成为改革的关键所在。当前，教育督导问责机制主要存在四方面问题。一是问责制度建设进展缓慢。2021年，只有个别省份依据国务院督导委员会《教育督导问责办法》制定了本省的问责细则，少部分省份做了这方面的起草调研工作，大部分省份未启动相关工作，对教育督导问责的落实十分不利。二是问责制度仍须进一步细化。包括问责情形、问责方式、问责程序、组织实施等方面规则需要进一步完善，否则即使规定在文件中，在实际实施中面对移交、追责等情形，仍需进一步协调部门力量、明确责任单位、细化执行程序、建立工作规范。三是问责措施运用偏软。从2021年各地反馈情况来看，约谈、通报、资源调整等是教育督导问责采取的主要形式，与政绩挂钩、与执法联动、公开公示、严肃问责相关单位和人员等措施运用不够，教育督导的威慑力不够大，严肃性不够强，不利于教育督导"长牙齿"。四是督导激励制度推进缓慢。受制于表彰等相关政策，相关激励措施仍需协调后实施，诸如经费奖励、示范授牌等措施也仅在部分省份甚至个别地方实施。上述情况表明，当前问责机制改革实施情况距离形成问责长效机制还有很大差距。

5. 督学队伍素质能力仍需提高

数量充足、结构合理、业务精湛、廉洁高效、专兼结合的督学队伍是有效开展教育督导工作的前提和基础。但是，当前督学队伍建设仍然面临多方面瓶颈，具体表现在三个方面。一是督学数量尚不充足，同繁重的督导工作不相匹配。突出表现在专职督学占比低于兼职督学。加之，专职督学在职称评定和专业发展等方面面临瓶颈，兼职督学待遇保障无法落实等，这些因素叠加进一步制约了督学队伍整体的壮大，以致在青海省一些牧区即便是兼职督学也难以聘到退休人员。二是督学队伍整体专业素质存在一定的不胜任度。一方面，当前各地督导机构人员配备在不同程度上存在年龄结构老化、专业不对口等情况，在数字化、互联网等信息化督导背景下，有些督学难以适应新形势，仍使用听汇报、查档案、看材料等传统方式，督导方式方法相对落后；另一方面，面对突发重大公共卫生事件、"双减"落实等专业性较强的专项督导，现有督学队伍确实力不从心。三是督学队伍保障措施有限。专职督学职称评定能否单独序列开展，单独评定职称需要哪些科学合理的标准条件等问题，目前还缺乏有效解决之策。督学的专业化培训工作尚需体系化完善，督学激励制度有待加强，以便让更多有专业水平和督导能力的人员走上督学岗位。

6. 教育督导保障机制改革进展缓慢

教育督导要想落实到位，对教育督导的保障应当先落实到位。如果说问责实现了教育督导"长牙齿"，那么这个"牙齿"能不能用、敢不敢咬、咬合力多大等均与对教育督导的保障密切相关。实事求是地讲，目前对教育督导的保障尚有不足和短板，主要表现三个方面。一是教育督导法治建设进展缓慢。2021年，中央和地方层面在制度建设上可圈可点，但教育督导立法、修法等法治建设仍显不足。特别是现行《教育督导条例》的修订尚未纳入国务院年度立法计划，绝大部分省份的教育督导条例制定或完善亦过于迟缓，这些都不利于教育督导法治的前提即教育督导立法的有效落实。二是教育督导信息化水平有待提升。信息化关系着现代化，信息化水平关系着教育督导的现代化水平。由于信息化标准不统一，各省份自主建立的督导信息平台内容各具特点，整合性和齐备性较差，作用发挥十分有限。特别是由此造成信息数据的孤岛，在督政、督学、评估监测上不能实现数据共享。三是教育督导经费保障未完全落实。有的省份部分区县因财政困难，教育督导经费拨付不及时，教育督导经费未真正全部落实，划拨到教育行政部门后未明确专款专用，对开展专项督导工作造成不利影响。个别省份因购买服务经费问题至今未开展教育质量省级监测评估工作。受国家规范津补贴发放相关规定制约，《意见》要求地方出台兼职督学工作补助等经费标准难以实现。

（二）未来教育督导改革的展望

1. 加快教育督导立法，健全教育督导制度体系

习近平总书记曾指出："凡属重大改革要于法有据，需要修改法律的可以先修改法律，先立后破，有序进行。有的重要改革举措，需要得到法律授权的，要按法律程序进行。"① 2022 年是深化新时代教育督导体制机制改革的第三个年头，也是中国特色社会主义教育督导体制机制基本建成的收官之年。随着教育督导体制机制改革的逐步深入，改革取得的成果和改革遭遇的触碰均会呈现扩大态势。一方面，需要将改革中的成熟经验和做法，特别是取得的重大成果固化下来，以适当的形式予以制度化、规范化和法律化；另一方面，将教育督导体制机制改革继续引向全面深入，进一步巩固拓展改革成果，也亟须得到法律上的明确支持和强力保障。从这个意义上讲，教育督导的立法重塑和一系列教育督导相关法律法规的立改废释，是检验新时代教育督导体制机制改革成效的标志所在。如果说 2020 年和 2021 年主要功夫用

---

① 习近平：《论坚持全面依法治国》，中央文献出版社，2020，第 35 页。

在落实《意见》等确定的具体改革举措，那么 2022 年必须下大力气加快各层级教育督导立法，为教育督导制度体系完善提供坚实的法治保障。

从立法层级上来看，应当在中央和地方两个级别的多个层次上加快教育督导立法。在中央层级，教育督导立法主要包括全国人大及其常委会制定的法律、国务院制定的行政法规和教育部制定的部门规章三个层次。目前，专门规范教育督导的最高位阶的法律规范是国务院制定的行政法规《教育督导条例》。随着教育督导改革的深化和教育事业的快速发展，一方面，需要提升教育督导条例的法律位阶，将其由行政法规升格为法律，制定我国第一部《教育督导法》；另一方面，在《教育督导法》之下，制定具体、可操作性强的教育督导方面的行政法规和部门规章。从教育法法典化的趋势来看，《教育督导条例》完全可以在总结教育督导改革成果的基础上整合升格，一揽子纳入全国人大及其常委会年度立法计划中，实现教育督导立法重大突破。在地方层级，教育督导立法主要包括享有地方立法权的地方人大及其常委会制定的地方性规范和相应的人民政府制定的地方政府规章，加之享有一般立法权的地方包括省级和设区市两个层级，理论上地方教育督导立法有四个层次。研究注意到，《意见》发布以来，包括西藏、上海、河南等 6 个省份以及浙江省宁波市以地方性法规形式制定或修改了本地教育督导条例，北京、广西等 2 个省份以政府规章形式制定或修改了本地教育督导规定。2022年包括安徽、贵州和山西在内的更多省份将起草、制定或修改本地教育督导条例，地方教育督导立法的进程值得期待。

从立法内容上来看，应当从巩固改革成果、解决改革难题和预留改革冗余三方面加强教育督导立法。具体来说，一是要将教育督导改革成果转化为立法。《意见》确定的教育督导管理体制、运行机制、问责机制、保障机制以及督学聘用和管理等五项改革，在实践中已经或正在逐步得到落实强化，特别是教育督导管理体制的创新、问责办法的出台、督学管理制度的细化等，需要把教育督导改革中的这些成熟做法和良好经验固化为法律规则，以便形成长效机制，为后续的落实执行提供可靠依据。二是要将教育督导改革碰触到的难题通过立法来化解。教育督导改革进展缓慢的地方，往往是受到现有制度政策制约或限制的地方，需要及时将新的改革精神上升到法律层面，作为进一步推进改革的依据，以解决改革中面临的"硬骨头"。诸如激励制度中的表彰、对兼职督学津补贴的发放等，虽然看似简单容易，但在缺乏明确上位法依据下着实难解。三是要为未来的教育督导改革留足立法冗余。一般来说，立法具有相对稳定性，一经确立短时期内就不会轻易更改变动。这就需要在立法之前做好一定的科学前瞻和预期，为未来深入推进教育督导改革提供法律上的指引。

2. 优化督导机构设置，促进督导机构职能落实

教育督导机构是履行教育督导职能的基本组织。根据《教育督导条例》第四条第三款的规定，国务院教育督导机构和县级以上地方人民政府负责教育督导的机构在本级人民政府领导下独立行使督导职能。独立行使督导职能不仅是法律的期待，更应成为现实的表现。独立行使督导职能至少包含两方面含义：一是表明教育督导职能的专属性，即教育督导机构履行督导职能不受其他任何组织和个人的干涉；二是表明教育督导职能的胜任力，即教育督导机构自身有能力履行好法律赋予的全部督导职能。当前，国务院和县级以上地方人民政府设有相应的教育督导委员会，每级人民政府教育督导委员会还设有承担日常工作的办公室。但是，由于教育督导委员会的组成成员来源广泛，且各组成人员均有本职的工作岗位，这就决定了教育督导委员会是一个协调议事虚体机构，而非一个常设性的实体机构，客观上制约了教育督导机构独立履行督导职能。有学者研究认为，2010~2017 年中央政府教育督导的改革进展，处于新型体制的"权威机构授权"（即由国务院教育督导委员会集体决策授权）与传统体制的"行政职责分工"（即由教育部按照部内司局职责进行分工）并存的阶段。① 其实，更进一步地讲，教育督导机构是松散的耦合，督导职能则是耦合的分散。特别是在深化新时代教育督导体制机制改革过程中，一些地方比照国务院教育督导委员会人员构成，对本级教育

---

① 骈茂林：《中央政府教育督导改革的经验研究：2010-2017》，《中国人民大学教育学刊》2018 年第 1 期。

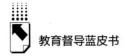

督导委员会组成进行了充实丰富，但从其职能分解上来看，只是各组成单位领走自己应当负责的部分职责，教育督导机构徒有其名。①

2022年是教育督导体制机制改革的关键时刻，要在教育督导机构独立行使督导职能上下功夫。一是要持续推进落实《意见》确定的教育督导管理体制改革举措，特别是配齐充实好国务院和县级以上地方人民政府教育督导委员会的构成成员，通过制定教育督导委员会工作规程界定清楚各成员单位的督导职责，明确各成员单位相应的履职义务和责任，督促各成员单位齐心协力把教育督导职责落实到位。在此基础上，探索将教育督导委员会的组成和职责法律化，为教育督导机构设置提供法律依据。二是要探索建立相对独立的教育督导机构。早在2010年发布的《国家中长期教育改革和发展规划纲要（2010—2020年）》就提出国家教育督导改革目标，即"完善督导制度和监督问责机制，探索建立相对独立的教育督导机构，独立行使督导职能"。理想状态下，县级以上人民政府教育督导委员会应当成为一个独立的实体性机构，不再是各成员单元的松散组合，看似集合各成员单位力量，实则各成员单位均使不上劲。作为实体性机构，中央层面的教育督导委员会应被明确赋予部门规章的制定权，从而可以解决政策文本和规范性文件在现实改革进程中的软弱无力问题。三是要加强上级教育督导机构对下级教育督导机构的指导和管理。目前，县级以上人民政府的教育督导委员会上下级之间的指导与管理关系不甚明显，可从对教育督导委员会办公室的指导和管理上加强，从法律制度上明确上下级教育督导委员会办公室的关系。四是要充实教育督导机构的力量，从督导机构编制和职数上给予切实保障，选配专业素质过硬的人员充实到教育督导机构的相关岗位。

3. 做好督导评估监测，提高教育督导运行效能

推进"双减"等重点工作专项督导。一是持续做好"双减"专项督导。2021年，中共中央办公厅、国务院办公厅印发了《关于进一步减轻义务教

---

① 参见《关于成立县人民政府教育督导委员会的通知》，http://www.pingyao.gov.cn/zwgk/fdzdgknr/zfwjf/xxzfbwj/content_ 134105，最后检索时间：2022年7月25日。

育阶段学生作业负担和校外培训负担的意见》，要求切实提升学校育人水平，持续规范校外培训，有效减轻义务教育阶段学生过重作业负担和校外培训负担。教育部也把"双减"督导作为教育督导"一号工程"列入2021年工作要点。《教育部2022年工作要点》显示，2022年继续把"双减"督导作为教育督导"一号工程"，加大督办、通报、约谈和问责力度。各地也积极响应，各省份明确将各地落实"双减"工作情况及实际成效，列入2022年设区市人民政府履行教育职责评价重要内容。二是持续做好"五项管理"专项督导。要贯彻落实国家关于作业、手机、睡眠、课外读物、健康等在内的"五项管理"要求，持续组织开展专项督导，形成常态化督导态势，促进"五项管理"要求全面落实落地。三是对大班额化解、城镇小区配套幼儿园治理、义务教育教师工资收入保障、教育财政投入、学校安全等重点难点问题进行跟踪督导，巩固成效。

加强督政工作，推动地方政府全面准确履行教育职责。一是要一级督导一级，层层传递督导压力，推动教育职责落地见效。国务院教育督导委员会要做好省级人民政府履行教育职责评价，继续把"双减""两个只增不减"和落实义务教育教师工资收入"不低于"情况作为评价重点。省级人民政府教育督导委员会要做好设区市人民政府履行教育职责评价，督促指导设区的市开展对所辖县区政府履行教育职责评价。二是要完善优化政府履行教育职责督导评价体系。做好全面督政和重点考核相结合，既要对各级政府全面履行教育职责进行评估评价，又要紧扣党中央、国务院重大教育决策部署，坚持问题导向，对重点目标任务完成情况进行督导考核，形成科学的评价机制和体系。三是要运用好督政结果，把正向激励与监督问责有机结合起来。依据教育督导评价结果，既要奖励先进，激励做出重要贡献的有关人员；又要鞭策后进，综合运用好约谈、通报等问责举措，切实推动各级政府全面履行教育职责。

加强督学工作，引导各级各类学校健康有序发展。一是要完善学校督导的政策和标准。覆盖公办民办学校，贯穿学前教育到高等教育，合理区分学校类型，科学细分教育阶段，分级分类制定学校督导的评价标准，形成覆盖

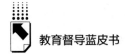
各级各类学校，具有针对性和可行性、科学合理的学校督导评价体系。二是要突出督导重点。紧紧围绕立德树人这个根本任务，对学校党建及党建带团建队建、教育教学、科学研究、师德师风、资源配置、教育收费、安全稳定等情况开展经常性督导，引导学校办出特色、办出水平，促进学生德智体美劳全面发展。同时，要注意督导频次和督导方式方法，尽可能不对学校正常的教育教学秩序造成干扰。三是要充分发挥责任督学作用。持续做好责任督学的选配工作，充实责任督学力量，落实督学责任区制度，为规范学校办学行为提供常态化督导。对于督导过程中发生发现的典型案例，国务院和省级人民政府教育督导委员会要进行科学评选，在全国或全省范围内进行宣传推广。

加强评估监测工作，促进各级各类教育高质量发展。教育质量评估监测是教育评价的重要内容，开展教育质量评估监测有助于客观反映教育状况，促进教育生态向好发展。做好教育评估监测工作，要着重从以下方面着手。一是要建立健全各级各类教育评估监测制度。针对不同的教育类型、教育层次，制定相应的评估指标体系和监测标准体系，进而依照相应的指标和标准，周期性地对各级各类教育作出科学合理的评估监测。二是要做好各学段教育质量监测。持续做好义务教育质量监测，研究开展高中教育质量监测试点，开展中等职业学校和高等职业院校办学能力评估，持续实施高等教育评估，探索开展质量监测预警。三是要积极探索建立各级教育督导机构通过政府购买服务方式、委托第三方评估监测机构和社会组织开展教育评估监测的工作机制。对于目前第三方评估监测机构资质问题，政府有关部门要加强监管，通过负面清单采取准入限制，为教育督导机构提供可信可靠的评估监测机构。

4. 改进问责机制导向，强化教育督导结果运用

强化结果运用是深化新时代教育督导体制机制改革的突破口之一，结果权威和问责有力是中国特色社会主义教育督导体制机制的两大标志性特征。虽然《意见》以"进一步深化教育督导问责机制改革"为标题，但问责机制实则包括了报告、反馈、整改、复查、激励、约谈、通报和问责等八项具

体制度。随着 2021 年《教育督导问责办法》的发布实施，各地对于教育督导问责高度重视，无论是实践上还是制度建设上均以问责为导向，在很大程度上助力教育督导权威的恢复甚至增强。然而，从教育督导体制机制改革的大背景来看，问责并不是教育督导的必然工作，有针对性地综合实施各种形式的教育督导结果运用才是改革的最终目的所在。在这个意义上，未来要改进教育督导问责机制导向，强化教育督导结果运用。此举并非否定问责制度对于教育督导的重大意义和价值，而是要全面激活教育督导结果运用的八种制度。毕竟，教育督导的目的不仅仅是问责被督导单位或相关负责人，问责甚至称不上是教育督导的直接目的之一。如果问责成为教育督导的目的所在，那么教育督导必然没有光明前途。

改进问责机制导向，就是要改变以问责为导向的问责机制改革，将其迁移到质量激励的导向上来。一是明确把问责作为教育督导结果运用的后手。在 2021 年工作的基础上，相关省份应当对标《教育督导问责办法》，加快制定出台本省的教育督导问责办法实施细则或相关规范性文件，细化问责情形，明确问责对象，规范问责程序，压实被督导对象和有关人员的相应责任。二是聚焦新时代教育高质量发展这一主题，以激励教育质量发展增量作为教育督导问责机制导向。以义务教育为例，随着 2021 年底县域义务教育基本均衡发展目标的全面实现，国家义务教育工作的重心已经由"基本均衡"转到"优质均衡"上来。一方面，国务院教育督导委员会办公室建立了年度定期监测复查制度，防止基本均衡达标县域教育质量滑坡；另一方面，早在 2019 年就启动县域义务教育优质均衡发展督导评估，推动各级政府更加注重教育内涵发展和质量提升。三是要处理好问责机制和结果运用之间的逻辑关系。"问责制度"、"问责机制"和"结果运用"三者之间的关系应当厘清，从《意见》的行文来看，"问责制度"是作为"问责机制"的一种，而"结果运用"则是对应"问责机制"。为避免机制、制度上的混乱，可以明确用"结果运用"替换"问责机制"。

强化教育督导结果运用，旨在最大限度地发挥教育督导结果的价值，彰显教育督导的作用。《意见》之所以明确教育督导问责机制改革的八项制

度,就是要全面地发掘教育督导结果的作用。一是要制定教育督导结果运用规程。由国务院教育督导委员会就八项制度作手册指南式的运用规范指引,统一全国教育督导结果运用形式,避免运用的泛化和随意,造成各地使用上的不严谨甚至混乱。二是要把传统运用方式用好。报告、反馈、复查、约谈等制度是教育督导结果运用的常见形式,只有把这些传统运用方式使用到位,才能充分发挥出其应有作用。以报告制度为例,应确立"公开为原则、不公开为例外"的理念,主动接受社会监督。三是要在新运用方式上大胆创新。诸如激励、问责制度,在实践中确实有政策上的不允许情形,或者与其他相关部门的协调难度,但可以充分发挥教育督导委员会的作用,采取可行的激励措施,加强部门间的问责协调,就可以顺利实现相应的结果运用。四是要综合多种运用方式,形成督导结果运用合力。教育督导问责机制的八项制度实际上是一个相互关联的体系性制度,一项制度往往会触发另一项制度的启动,或者一项制度需要另一项制度的配合。由此,在教育督导实践中,必须有意识地综合使用多种督导结果运用方式,避免单打一。

5.加强督导队伍建设,提升督学专业履职能力

督导队伍是督导工作的直接承担者和实施者,没有一支数量充足、素质过硬的督导队伍,很难实现高质量的教育督导,进而也会影响后续的教育督导结果及其运用。从这个意义上讲,督导队伍建设是教育督导工作的基础性工程。《意见》为督导队伍建设设定了基本要求,即要数量充足、结构合理、业务精湛、廉洁高效、专兼结合。2022年,县级以上人民政府及其教育督导委员会办公室需要继续按照《意见》明确的要求和举措加以落实,实现量质并重、结构优化、胜任督导、专兼有度,从根本上使教育督导队伍建设得到全面加强,通过加强选、育、管、用等各环节,切实提升督学履职能力和专业胜任力。

坚持数量与质量并重,配齐配强各级督学。一是合理确定督校比例。按照《教育督导条例》和《督学管理暂行办法》及地方相关配套法规制度的规定,在督学与学校要求比例范围内,确定各级督学规模,确保数量充足。各省份在确定具体比例时,应当优先满足客观需要,综合考虑督导任务、地理环境和交通条件等因素，并可以根据实际情况的变化对比例进行动态调整，比例一旦确定后应当及时向国务院教育督导委员会办公室报备，以便国家监督管理。二是不断优化督学结构。逐步提高专职督学比例，控制压缩兼职督学比例，探索增设按照专职督学对待的兼职督学，可以从现职学校领导、教师中交流任职。控制好督学的年龄结构，老中青形成较为有序的搭配比例，让督学队伍建设持续加强。三是注重督学队伍质量建设。严格按照督导工作需要的要求和标准配置督学，打造督学队伍良好形象，做好选聘人员宁缺毋滥，聘任人员都能忠诚履职。四是探索东西部协作，建设督导队伍。借鉴东部发达地区教育人才"组团式"帮扶西部欠发达地区特别是国家级深度贫困县有效模式，西部地区跨区域从东部地区选聘年富力强的督学，充实本地督学队伍。

严把选育管用环节，提升督学履职能力。在督学选聘方面，作为督导队伍建设的第一关口，要进一步完善选聘标准，健全遴选程序，综合考虑应当考虑的各种因素，不受其他不应当考虑的各种因素的干扰，最终形成长效机制固定下来，不断把符合要求、善于督导、热爱督导的人员选聘到督学队伍中来。在督学培育方面，要从两个方面发力。一方面，要把现任督学从新任到提升等各环节需要的专业能力进行系统化设计、长期性培养，通过灵活多样的培训学习不断提升现任督学的履职能力；另一方面，要有意识、有计划地培育后备督学力量，将学校内部的督导人员纳入督学培育中来，还可与有关高校或科研机构合作，培养相应的专门人才。在督学管理方面，既要让督学队伍政治素养过硬、职业道德出众，始终做到依法文明督导，又要落实好督导队伍的保障待遇，管理好督学的工作生活，让督学心无旁骛地、全身心地投入督导工作。在督学使用方面，要根据督学所长和督导事项特点，做到二者相适配，在督导工作中发挥督学的专业优势，激发督学的成就感和获得感，也让督导工作得到专业性的解决。

6. 加大协同支持力度，全面落实教育督导保障

教育督导工作是一项包罗广泛的事业，牵涉的领域多、部门多、事务多，需要有关各方加大协同支持力度，为教育督导提供坚实保障，确保教育

督导事业行稳致远。这也是各级人民政府教育督导委员会组成单位来源广泛的原因所在。相应地，要落实好教育督导保障，就需要充分发挥教育督导委员会各成员单位的作用，使各成员单位心往一处想、劲往一处使。从各省份上报的 2021 年度教育督导工作总结中反映的问题和提出的建议来看，当前和今后一段时期需要着力解决的教育督导保障的难点和短板主要包括三方面内容，即充裕的专项财政经费保障、教育督导信息化平台保障和教育督导研究保障。

其一，加大教育督导专项财政经费保障。一是切实落实法律法规要求，把教育督导所需全部经费列入本级政府财政预算，做到专款专列专用。原则上，根据《教育督导条例》第 5 条规定，县级以上人民政府应当将教育督导经费列入财政预算。但在实际执行中，有的地方会出现有法不依、列支不明的情况，极易造成对教育督导经费的挤占挪用，使教育督导工作开展捉襟见肘。二是明确相关保障标准，把教育督导保障机制改革"最后一公里"所需要的"最先一公里"彻底打通。《意见》指出，"按规定妥善解决教育督导工作人员尤其是兼职督学因教育督导工作产生的通信、交通、食宿、劳务等费用"。目前的"规定"要么缺失，要么不能解决甚至形成限制，亟须发挥国务院教育督导委员会职能，联合人力资源和社会保障部、财政部等部门出台专门文件，对教育督导经费和教育督导工作人员尤其是兼职督学因教育督导工作产生的通信、交通、食宿、劳务等费用予以明确，为地方提供上位政策依据和支撑，便于各地合规落实执行。

其二，加快教育督导信息化平台建设。《意见》明确，要整合构建全国统一、分级使用、开放共享的教育督导信息化管理平台，逐步形成由现代信息技术和大数据支撑的智能化督导体系，提高教育督导的信息化、科学化水平。2022 年，"实施教育数字化战略行动"被写入教育部年度工作要点，需要在数字战略行动中统筹谋划教育督导信息化管理平台建设，力争把教育督导信息化管理平台纳入国家教育治理公共服务平台和基础教育综合管理服务平台建设中，不断提升教育督导的数据治理、政务服务和协同监管能力。同时，要建立健全教育督导信息化标准规范体系，将分散于地方各级教育督导机构近乎孤岛的教育督导信息化系统进行统一整合，尽快形成教育督导的"全国一张网"，探索教育督导的智能实施，实现教育督导信息的实时传输、教育督导结果的泛在共享。通过教育督导信息化平台建设，最大限度推进无纸化台账，切实减轻基层负担。

其三，加大教育督导研究支持力度。教育督导是一项专业性很强的工作。一方面，教育督导实践需要科学理论的指导；另一方面，也需要科研力量加大对教育督导实践的理论探究。中国特色社会主义教育督导体制机制的基本建成，没有一定厚度的理论研究成果作为支撑是经不起检验的。未来要加强教育督导研究，可从三方面入手。一是有组织地开展教育督导领域重大问题研究。可以教育督导委员会或其办公室名义，以专项经费招标对当前和未来教育督导中的重大问题进行理论研究和前瞻性研究。二是有计划地支持有关高校和科研机构持续开展教育督导研究。在国务院和省级人民政府教育督导委员会层面，支持全国建设 2~3 家国家级研究机构、每省份建设 1 家省级研究机构，支持它们循序渐进地开展教育督导系统研究。三是以专项课题形式鼓励相关有兴趣有能力研究力量开展教育督导研究。通过教育督导分会发布课题方式，推动教育督导研究深入开展；另外，在每年的全国教育科学规划课题和省级教育科学规划课题中，设立若干项关于教育督导的研究课题，可指定选题，也可自主选题，培育壮大教育督导研究力量，产出一定的教育督导研究成果。相信经过 5~10 年的培育，教育督导研究力量必然能形成一定的稳定规模，研究成果也会随之而来。

参考文献

何秀超：《教育督导推进教育"管办评"分离的思考》，《教育研究》2019 年第 2 期。

田祖荫：《深化教育督导体制机制改革　为教育改革发展保驾护航》，《中国教育报》2020 年 12 月 9 日。

田祖荫：《出台〈教育督导问责办法〉　为督导"长牙齿"提供有力制度保障》，

教育部网站，2021年9月1日。

苏君阳：《新时代我国教育督导职能定位的基本原则及其内容未来建构》，《教育学报》2020年第5期。

徐文涛等：《教育督导新论》，人民教育出版社，2015。

周世祥：《用好教育督导这把"利剑"》，《光明日报》2021年9月2日。

分 报 告
Topical Reports

B.2
2021年度全国中小学责任督学
挂牌督导报告

樊平军*

摘　要：　责任督学挂牌督导制度作为落实各级教育政策的"最后一公里"和及时发现解决学校教育教学实际问题的"排头兵"，为推进教育管办评分离，推动教育治理体系和教育治理方式现代化，加强对学校的经常性监督、检查和指导发挥了重要作用。本研究通过分析国务院教育督导委员会2022年3月编印的《2021年度全国中小学校责任督学挂牌督导典型案例》发现，2021年挂牌督导呈现三大特点，即坚持问题导向，紧扣政策精准督导方向；坚持多元导向，多措并举精选督导方式；坚持效果导向，强化整改精细督导过程。为深入推进中小学责任督学挂牌督导工作，还需要政府层面尽快健全制度、加强组织领导，

* 樊平军，教育学博士，研究员，国家教育行政学院教务部主任兼远程培训部主任、教育督导与评价研究中心主任，主要研究领域为学校管理、教育行政、教育督导等。

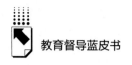
学校层面加强内外联动、强化结果运用，责任督学层面努力修炼内功、提升履职能力。

关键词： 中小学 责任督学 挂牌督导 督学责任区

自 2013 年国务院教育督导委员会办公室《中小学校责任督学挂牌督导办法》提出实行挂牌督导以来，经过近十年的实践，责任督学挂牌督导制度作为落实各级教育政策的"最后一公里"和及时发现解决学校教育教学实际问题的"排头兵"，通过将教育督导改革顶层设计和基层探索相结合，为推进教育管办评分离，推动教育治理体系和教育治理方式现代化，加强对学校的经常性监督、检查和指导等方面发挥了重要作用。

一 中小学责任督学挂牌督导制度的顶层设计

2012 年 5 月，教育部印发《关于加强督学责任区建设的意见》，明确指出督学责任区建设是教育督导制度建设的重要组成部分，加强督学责任区建设是推进督学工作制度化、常态化的有力举措，要求在全国范围内正式开展督学责任区建设；9 月，《关于进一步加强中小学校督导评估工作的意义》指出，推行督学责任区制度，对责任区域的中小学校进行经常性督导，实行归口管理制度；10 月，国务院颁布《教育督导条例》，要求县级人民政府负责教育督导的机构根据本行政区域内的学校布局设立教育督导责任区，指派督学对责任区内学校的教育教学工作实施每学期不少于 2 次的经常性督导，首次从行政法规的层面，为设立教育督导责任区、指派督学对责任区内学校的教育教学工作实施经常性督导提供了法律保障。

2013 年 10 月，国务院教育督导委员会办公室印发实施《中小学校责任督学挂牌督导办法》，明确指出实行挂牌督导是转变政府管理职能、加强对学校监督指导的重要举措，也是加强与学校和社会联系、办人民满意教育的有效方式，对于及时发现和解决学校改革发展中出现的问题、推动学校端正办学思想、规范办学行为具有重要意义。所谓挂牌督导，即县（市、区）人民政府教育督导部门为区域内每一所学校设置责任督学，标明责任督学的姓名、照片、联系方式和督导事项，并由其实施督导。责任督学就是从督学队伍中选聘，承担挂牌督导工作的督学人员。一般而言，责任督学由教育督导部门聘任，颁发督学证，实行注册登记，责任督学与学校的配比数约为1：5。该制度的出台标志着我国正式建立了责任督学挂牌督导制度。同年12月，为推进落实《中小学校责任督学挂牌督导办法》，国务院教育督导委员会办公室印发《中小学校责任督学挂牌督导规程》和《中小学校责任督学工作守则》，明确了责任督学的职责要求及挂牌督导工作的任务、方法、流程等，为规范中小学责任督学开展挂牌督导工作提供指引。

2014年2月，国务院教育督导委员会办公室印发《深化教育督导改革转变教育管理方式的意见》，进一步明确责任督学挂牌督导的职责范围和工作要求，要求各地将责任督学挂牌督导作为教育督导改革的重点内容抓紧抓实。

2015年3月，《中小学校责任督学挂牌督导创新县（市、区）工作方案》，从8个方面39个考核点明确了全国中小学责任督学挂牌督导创新县（市、区）的评估认定标准；5月，教育部印发《关于深入推进教育管办评分离促进政府职能转变的若干意见》，明确要求强化国家教育督导，加强各级教育督导工作力量，健全管理制度，提高督导工作专业化水平。同时明确依法对各级各类教育实施督导和评估监测，实行教育督导部门归口管理。这对于调动县级人民政府工作积极性、激发各地加强挂牌督导工作动力、保障中小学责任督学挂牌督导工作的深入开展有着重要价值和意义。

2018年4月，国务院教育督导委员会办公室发布《关于补充全国中小学校责任督学挂牌督导创新县（市、区）评估认定内容的函》，在原方案的基础上增加了督导效果指标，重点对责任督学挂牌工作在规范学校管理、促

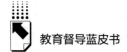

进教育公平、提升教育质量方面取得的实际效果进行核查。在此基础上，国务院教育督导委员会办公室于同年7月制定并出台了《全国中小学校责任督学挂牌督导创新县（市、区）评分标准》，进一步明确了考核评估的8个方面46个考核点及3个一票否决事项。

2020年2月，中共中央办公厅、国务院办公厅印发实施的《关于深化新时代教育督导体制机制改革的意见》提出，要加强对学校的督导，完善督学责任区制度，落实常态督导，督促学校规范办学行为，进一步强化了责任督学挂牌督导工作的重要性、必要性。同时，从完善报告制度、规范反馈制度、强化整改制度、健全复查制度、落实激励制度、严肃约谈制度、建立通报制度、压实问责制度等方面，要求进一步深化教育督导问责机制改革，为责任督学挂牌督导强化结果运用提供了根本遵循。

由此可见，制定施行中小学责任督学挂牌制度是贯彻落实教育规划纲要，把教育督导触角延伸到"最后一公里"、延伸到教育最基层，践行党的群众路线的具体体现，是搭建的政府、学校和社会联系沟通的平台，对于促进学校规范管理、提高教育为民服务水平有着重要意义。为贯彻落实上述文件精神，各省、市、县立足区域实际，因地制宜，不断细化。比如，广东在修订教育督导条例时专门增加了督学责任区和中小学校挂牌督导制度的内容，并制定出台了《广东省教育厅关于建立和实施督学责任区制度的意见》。① 天津出台《进一步加强中小学校责任督学挂牌督导工作的意见》，对专兼职督学培训、工作经费、督学津贴待遇、设施设备购置、信息系统完善、责任督学考核标准等方面给予明确，要求各辖区编制《责任督学工作指南》和《责任区督学工作手册》，明确督学职责和工作流程。② 由此而构建起的多层级制度体系，有力地解决了如何聘任责任督学、如何开展挂牌

① 《贯彻落实党的十九大精神　扎实开展责任督学挂牌督导工作》，http：//www.moe.gov.cn/jyb_ xwfb/moe_ 2082/zl_ 2017n/2017_ zl76/201803/t20180320_ 330697.html，最后检索时间：2022年7月2日。

② 《全国中小学校责任督学挂牌督导工作国家督导报告》，http：//www.moe.gov.cn/jyb_ xwfb/gzdt_ gzdt/s5987/201703/t20170303_ 298094.html，最后检索时间：2022年7月2日。

督导、如何运用督导结果等问题，实现了中小学责任督学挂牌督导有章可循。

二 2021年度全国中小学责任督学 挂牌督导工作的实践经验

为全面梳理、深入分析2021年度全国中小学责任督学履行挂牌督导职责情况，本研究以国务院教育督导委员会2022年3月编印的《2021年度全国中小学校责任督学挂牌督导典型案例》为样本，从督导内容、督导方式、督导过程等三个方面，对100份样本进行内容分析（见表1）。①

表1　样本案例来源情况

单位：份

区域	数量	区域	数量
北京	7	山东	3
天津	6	河南	2
河北	3	湖北	4
山西	4	湖南	1
内蒙古	4	广西	2
辽宁	7	重庆	3
吉林	4	四川	4
黑龙江	7	云南	1
上海	4	陕西	4
江苏	3	甘肃	5
浙江	5	青海	1
安徽	3	宁夏	3
福建	3	新疆生产建设兵团	3
江西	4		

---

① 本研究案例均来自国务院教育督导委员会办公室组织编写的《2021年度全国中小学校责任督学挂牌督导典型案例》，http://www.moe.gov.cn/s78/A11/s8393/ztzl_09/202203/W020220630316275891530.pdf，最后检索时间：2022年5月30日。

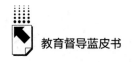

（一）坚持问题导向，紧扣政策精准督导方向

2021年1~4月，教育部先后印发五个文件，对中小学生手机、睡眠、读物、作业、体质健康管理作出规定；5月，国务院教育督导委员会办公室印发通知明确中小学校"五项管理"（即作业、睡眠、手机、读物、体制管理）督导全覆盖，要求各省（区、市）教育督导部门要提高政治站位，将"五项管理"督导作为2021年责任督学重要内容；6月，国务院教育督导委员会办公室组织16个督查组，采取"四不两直"方式，对全国除了有疫情的广东省以外的30个省（区、市）和新疆生产建设兵团"五项管理"规定落实情况进行了实地督查；7月，中共中央办公厅、国务院办公厅印发实施《关于进一步减轻义务教育阶段学生作业负担和校外培训负担的意见》，要求各地区各部门结合实际，有效减轻义务教育阶段学生过重作业负担和校外培训负担，并对学生作业、校外培训、课后服务、考试压力、质量评价等方面作出了部署。

样本案例中的责任督学及时跟进党中央、国务院的决策部署，将2021年度开展挂牌督导的任务聚焦于贯彻落实"双减"政策精神，具体内容主要围绕作业专项督导、课后服务专项督导、体质健康专项督导、睡眠专项督导、手机专项督导、课外读物专项督导、"五项管理"常规督导、家校关系专项督导、办学治校能力常规督导以及督学自身能力提升几个方面展开描述。在此基础上，作为课程与教学活动的重要有机组成部分，作业是学生在非课堂教学时间完成的专门性智力活动，对于学生建构生活意义、增进学习体验、优化师生关系具有积极效用。[①] 与此同时，开展中小学生课外服务，提升课后服务质量，对于增强教育服务能力、改善保障民生具有重要意义。因此，"减轻学生过重的作业负担""提升学校课后服务水平"作为"双减"和"五项管理"政策聚焦的问题，以作业管理和课外服务为切入口开展"双减"和"五项管理"督导，成为2021年度中小学校责任督学挂牌督

---

① 罗生全、孟宪云：《新时代中小学作业问题的再认识》，《人民教育》2021年第Z1期。

导的"主旋律"。

梳理发现，以作业为小切口对学校开展专项督导的案例有45篇，其内容主要从如何促进学校更好地落实作业管理相关规定，如何让家长了解"双减"政策，并通过家校协同共同落实作业管理政策两个方面展开，具体包括对作业公示栏作业公示情况的督导、作业总量控制情况的督导、作业内容与形式的督导、作业难度情况的督导等。以课后服务为主题开展专项督导的样本案例共14篇，另有6篇案例在重点描述关于课后服务督导的基础上，兼谈了有关作业管理的督导。整体而言，这些案例主要从课后服务的"质"与"量"双重层面予以探讨。此外，以"五项管理"为主题的案例有7篇，以学生体质为主题的有4篇，以睡眠为主题的有3篇，以手机为主题的有2篇，以课外读物为主题的有1篇，以家校协作为主题的有3篇。

总体上，为贯彻落实"双减"政策和"五项管理"政策要求，各学校高度重视，采取了一系列卓有成效的措施开展工作，但受主客观因素的影响，部分学校仍存在政策落实不到位的情况，主要表现为政策理解不到位、学校管理存在疏漏两大方面。因此，责任督学在挂牌督导时将问题聚焦于此，有针对性地开展督导活动并进行有效指导，有力地推进了政策的落地落实。

1. 聚焦政策理解不到位开展督导，指导相关主体增强行动共识

"五项管理"是全面贯彻党的教育方针、落实立德树人根本任务的重要举措，是规范学校办学行为、构建良好教育生态的重要载体，是解决广大家长急难愁盼、促进学生健康成长和全面发展的具体行动。但通过案例发现，部分老师未能及时更新观念，认为只要高考的指挥棒不变，就要从小打好基础，不能懈怠；部分家长表现出学业焦虑，对孩子要求过高，一定程度上影响了政策落地。具体表现如下。

一是家长不了解政策内容，支持度不高。如有外出务工家长反映，"平常都是通过手机和留守孩子进行沟通交流的，现在不让学生带手机进学校了，孩子又那么小，在学校住宿，想听听孩子的声音，想和孩子视频都不行"。有督学在查阅"家校联系本"时发现"家长布置了作业"登记在册，经了解后发现"学校减负，家长焦虑了，家长在课后给孩子布置教辅资料、

练习卷等作业的现象还是存在"。可以看出，尽管家长认可"五项管理"政策初衷，但因担心孩子成绩受影响，很难做到真正的理解和支持，甚至出现了不少家长还要额外给孩子布置作业的衍生状况。

二是学校管理者和教师未吃透政策精神，消极应对。督学人员在实地督查时发现，有老师表示，"课后延时服务一下子将在校时间拉长了两个小时，可以在这个时段加课时、加作业，解决以往教学上紧赶慢赶的状态"。有责任督学还在入校督导时发现，"课间操活动时间，把学生留在教室补作业；午间，原本是师生休闲阅读的时间，却有一些学生因为作业没完成被老师请进办公室"，问卷调查显示，责任区学校"21.23%的学生每天平均书面家庭作业时间超过了国家规定的90分钟，29.14%的学生不能在校内完成大部分书面作业"，等等。

2. 聚焦学校管理不规范开展督导，指导学校强化监督反馈

挂牌督导发现，部分学校缺少关于"五项管理""双减"的整体规划，未形成明确的工作要求，导致老师们疲于应对指令，没有形成完整的工作意识。具体表现为两个方面。

其一，管理制度不健全。总体上，虽然学校制定了有关"双减"方面的制度，但这些制度缺乏有效的具体操作指导，缺乏管理细则及考核评价制度，导致实用性差、可操作性不强。如有督学在访谈教师、学生时发现，虽然提供了学校课后服务，但"周一、周三、周五课后服务时间，内容就是写作业与阅读，阅读仅限于完成作业的孩子们进行。周二、周四课后服务时间一至三年级学生是特长，四、五年级学生仍然是写作业与阅读"。

其二，管理过程较为粗放。如在作业管理方面，"查看学校教学常规检查反馈表，表中没有体现对学生作业总量监督管理""监管责任只是落实到班主任和教师层面，领导分管责任不够具体"。在课后服务方面，有家长反映学校"课后看护工作不到位，教室里只有一名学生被看护"，责任督学联系校长时发现，"课外看护管理记录缺失，征询工作在开学做了之后再没做过"，甚至还有督学发现，学校"因新冠肺炎疫情停课多而影响教学质量，故将课后社团活动挤占挪用于上课"及"强制学生参加课后服务，借此收

取补课费"，严重违背了课后服务相关文件精神。还有督学发现，虽然学校按照相关要求制定了一些具体举措，但农村大量的留守儿童假期学习生活的管理确实依然存在巨大的漏洞，无节制玩手机、看电视、深夜不眠、假期作业敷衍了事等问题依然存在。

（二）坚持多元导向，多措并举精选督导方式

《中小学校责任督学挂牌督导规程》指出，责任督学可事先不通知被督导学校，随机实施经常性督导；也可根据督导需要，提前要求学校就有关事项进行准备，协助开展工作，其具体督导方式包括校园巡视、推门听课、查阅资料、问卷调查、座谈走访等。研究发现，2021年全国中小学责任督学在开展挂牌督导时坚持多元导向，结合工作实际，深入责任学校，灵活选用随机听课、查阅资料、座谈走访、问卷调查、校园巡视等多种方式，全面深入了解学校落实"双减""五项管理"政策的实际情况。

1.定期督导与随时督导相结合

在深入挖掘样本案例时发现，责任督学除了按照责任督学的既定督导活动安排定期入校进行常规挂牌督导外，还主动通过开展不定期的督导全面掌握工作情况，分析研判工作形势。比如，内蒙古赤峰市敖汉旗、福建省龙岩市上杭县、江西省南昌市东湖区、湖北省武汉市新洲区、广西壮族自治区桂平市等多个地方的责任督学在接到学生家长反映的学生作业、课后延时服务等问题后，立即带着问题入校了解具体情况；内蒙古乌海市海勃湾区、吉林省伊通满族自治县、云南省昭通市绥江县等地方的责任督学为了看到学校执行政策的真实情况，在没有提前通知学校的情况下开展临时督导；江苏省无锡市锡山区责任督学路经挂牌督导学校时，随机观察学校放学情况，了解学校落实作业管理成效，并在观察后择日挂着督学证，在未通知学校领导的情况下入校督导；等等。

2.团队督导与个人督导相结合

梳理发现，样本案例以责任督学单人对学校进行挂牌督导为主，也有组成督学团队进行挂牌督导。比如，江西省赣州市章贡区以责任片区督导小组

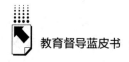

的形式，对水西镇永安村教学点和凌源教学点两所学校进行了"五项管理"专项督导；四川省泸州市龙马潭区责任督学与安宁街道的两位同志组成教育督导组入校开展挂牌督导；青海省西宁市城东区责任督学和区教育局督导室两名专职督学一起持证入校对挂牌责任校开展专项督查；天津市河北区责任督学和片区长一起对"双减"工作进行挂牌督导；等等。各地积极发挥集体督导的作用。

3. 定性督导与定量督导相结合

样本案例中约有97%的责任督学深入校园督查政策落实情况或在发现问题后及时入校核查。约有90%的责任督学在入校后通过随机访谈学生、家长、教师、校长或专门召开座谈会的形式，了解情况、商讨对策。约有56%的责任督学在入校督查时查阅了与学校相关的制度和方案、作业公示栏、档案资料、课程表、作息时间表等文件材料。约有26%的责任督学以问卷调查的形式深入了解问题，如有督学站在学生立场设计了"'五项管理'、'双减'学生测评表"，旨在从督导的角度寻找"双减"落地过程中的困难与问题，继而帮助学校寻找相应策略与方法；有督学为了解学校睡眠工作的推进情况，针对学生和家长做了"五项管理"网上问卷调查。

（三）坚持效果导向，强化整改精细督导过程

分析样本案例发现，2021年全国中小学责任督学在挂牌督导过程中，精心设计督导方案，针对发现的问题提出改进建议，形成反馈意见，及时和学校沟通交流，并督促学校整改完善，把"督前准备—发现问题—及时沟通—有效指导—督导复查—问题解决"贯穿于挂牌督导始终，既在"督"的过程中发现问题，也在努力做好"导"的引领，形成了闭环督导。

在督导前，各责任督学认真学习领会相关政策文件精神，研究制定督导计划，通过对标对表政策要求或在处理家长投诉的过程中，敏锐识别学校存在的问题，有针对性地开展挂牌督导。比如，北京市丰台区责任督学每到出台作业相关文件政策时，都会第一时间学习、分析文件精神，并与以往作业管理的要求进行比对，发现"不同点"与"生长点"，明确督导的侧重点，再在"五项管理"专项督导中,对标对表进行作业督查,找出学校存在的问题。天津市西青区责任督学结合"五项管理"重点工作,在参加专项培训和学习文件精神的基础上,在入校前有针对性地设计了校长教师访谈提纲,带着这份提纲访谈了包括班主任、年级组长、学科组长、图书管理员在内的教师群体,探寻学校工作的不足之处。

在督导中,中小学责任督学针对发现的问题,及时通过与学校领导沟通、与管理者和教师召开座谈会等各种形式进行交流,提供具体的指导、帮助、策略。比如,天津市和平区责任督学在督查中建立问题清单,并将问题反馈给校领导,同时又与学校相关负责人、教师交流在"双减"政策背景下,如何进行作业改革,切实发挥学校作为教育主阵地的作用,并在交流后找出症结,提出对策建议。辽宁省盘锦市大洼区责任督学对挂牌责任校开展专项督查发现问题后,立即与学校领导、教师、学生深入交流,就几个方面问题逐一剖析,针对问题的症结和根源所在,和学校领导、教师讨论,最终达成了共识,拿出初步整改举措。陕西省西安市灞桥区责任督学在接到家长反映问题的电话后,制定了"四步走"的工作计划,即一是入班观察,了解真实情况;二是与学生交流,倾听内心想法;三是和老师沟通,探寻破解之道;四是家校会面,重聚教育合力。

在督导后,责任督学通过再入校复查等形式,继续跟进问题解决的实际效果。比如,吉林省吉林市舒兰市责任督学将问题梳理清楚后及时向该校责任校长和主管领导进行反馈,提出改进意见,限定学校在一周内完成整改任务,并在一周后对整改情况进行了回头查。黑龙江省七台河市责任督学在给学校提出有关课后服务管理的意见建议后,时隔一个月再次来到学校进行专项问卷调查,并带着问卷调查结果与校领导进行深入交流,在肯定学校做出的诸多努力并已初见成效之后,又适时提出了希望学校能够发挥好"家长学校"作用等建议,进一步助推学校做好家校协同工作。四川省遂宁市蓬溪县责任督学按照学期初的安排,每月一个主题、一个重点,加强对挂牌学校的反馈与督导:9月主要督导学校的方案建设与制度订立情况,领导班子的运行情况,调查师生家长的知晓度;10月主要督导学校课后服务的动作

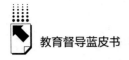

情况，实际学生的作业量情况，学生参加课外培训机构与线上培训的情况；11月开展调查问卷，调研"双减"及课后服务工作的落地情况；12月准备对课后服务的情况进行满意度测评、学校服务费的管理与使用情况及学校课后服务的展示情况进行专项督导。四川省泸州市合江县责任督学在督导结束后，继续多次深入课堂听课，与老师沟通，与业务领导交流，积极主动参与到学校的以"如何设计作业"为主题的交流研讨会、课改推进会等，共同探讨进一步优化作业的策略。

三 深入推进中小学责任督学挂牌督导工作的建议

实行责任督学挂牌督导制度，是国家教育治理和教育督导改革的重大制度创新，是对督学责任区建设的深化和完善，实现了教育督导工作的常态化，有利于保障教育改革发展、提高教育质量、促进教育公平。从2021年全国中小学责任督学挂牌督导实践来看，进一步加强中小学责任督学挂牌督导工作仍需政府、学校、责任督学共同努力。

（一）政府层面：健全制度，加强组织领导

健全的责任督学挂牌督学制度是中小学责任督学实施挂牌督导的基本前提。自《中小学校责任督学挂牌督导办法》正式颁布实施以来，有关责任督学挂牌督导的制度体系不断完善，各级政府相继成立了教育督导委员会及其办公室指导责任督学规范开展挂牌督导活动，基本形成了挂牌督导有法可依、有章可循的局面。但从纵向来看，这些制度出台时间较早，主要集中于2013~2015年。随着我国各级各类教育改革发展的逐渐深入以及教育新形势新任务新矛盾的不断变化，尤其是面对《关于深化新时代教育督导体制机制改革的意见》提出的新要求，这些制度愈发凸显出滞后性和不完备性，其理念、内容和方法难以满足教育督导高质量发展的需要。对此，需进一步优化制度供给，做好相关制度的修订与废止工作，增强责任督学挂牌督导的权威性。

1. 在中央政府层面，进一步加强顶层设计

一是加强统筹谋划。坚持党对责任督学挂牌督导工作的全面领导，进一步转变政府职能，从立德树人的角度改革创新教育管理方式和教育督导工作思路，明确责任督学挂牌督导工作对我国教育事业的重要意义，是促进构建新时代责任督学挂牌督导体系的应有之义。此外，中央政府还需要加强对地方教育督导机构工作的统筹管理和全面指导，理顺工作机制，引导各地进一步加强挂牌督导的组织领导、统筹协调，完善挂牌督导工作链条，切实保证工作质效。

二是补齐制度空白。随着各地督学责任区建设的不断完善和挂牌督导制度的不断推进，绝大多数区县已形成学校督导工作制度。总体来看，尽管《中小学校责任督学挂牌督导办法》明确了责任督学的基本职责和经常性督导事项，但仍缺乏国家层面关于何谓责任督学的具体界定，缺乏对责任督学资格认定、聘用等方面的原则要求，缺乏对挂牌督导工作奖惩的具体规定，使得责任督学挂牌督导仍存在不统一、不规范甚至不到位、不作为、乱作为等问题，中央政府需尽快制定出台有关办法弥补制度空白。

三是注重制度衔接。如《关于深化新时代教育督导体制机制改革的意见》明确要求充分利用信息技术手段开展督导评估监测工作，而作为关于责任督学挂牌督导专门规章的《中小学校责任督学挂牌督导办法》所提及的督导方式只是传统的一些常规性方法，难以契合时代发展需求。因此，应及时修订和完善有关办法，将上位政策精神落实到位。

2. 在地方政府层面，进一步细化行动方案

为避免出现政策执行层层衰减问题，地方政府要充分发挥各级教育督导委员会作用，在严格落实国家政策要求这一"规定动作"的基础上，结合实际进一步研究制定配套政策这一"自选动作"。

一方面，因地制宜细化政策要求。比如，《中小学校责任督学挂牌督导办法》从原则上规定了责任督学挂牌督导的五项基本职责和八项经常性督导内容，《中小学校责任督学挂牌督导规程》提出责任督学通过校园巡视、推门听课、查阅资料、问卷调查、座谈走访等方式实施挂牌督导，在此基础

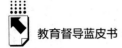

上，各级教育督导机构可以根据实际，结合每年度教育工作重点，进一步明确和统一所在地区每个阶段的挂牌督导内容；从如何履行工作职责、如何加强服务指导、如何开展约谈、如何严格记录等方面，进一步明确责任督学的具体工作要求；也可以进一步明确不同督导方式的工作要求，研制相关工作流程或操作细则，促推挂牌督导工作更加制度化、更加规范化。再比如，《教育督导条例》规定县级以上人民政府应当将教育督导经费列入财政预算，《关于深化新时代教育督导体制机制改革的意见》要求督导经费纳入各级政府本级财政预算，要妥善解决教育督导工作人员尤其是兼职督学因教育督导工作产生的通信、交通、食宿、劳务等费用。针对此，地方政府应进一步强化挂牌督导条件保障，明确责任督学工作产生的通讯、交通、食宿、劳务等费用的列支渠道、发放标准和依据，保证教育督导各项工作有效开展。

另一方面，因事制宜优化工作方案。《中小学校责任督学挂牌督导办法》规定责任督学挂牌督导的经常性督导事项包括校务管理和制度执行，招生、收费、择校，课程开设和课堂教学，学生学习、体育锻炼和课业负担，教师师德和专业发展，校园及周边安全、学生交通安全，食堂、食品、饮水及宿舍卫生，校风、教风、学风建设等八项，囊括了学校教育教学的硬件建设与软件提升等多个方面。但从人员构成情况来看，责任督学队伍一般由在职和退休的校长、教师、教研人员和行政人员组成，教师或教研人员往往更擅长于某一方面或与自己相关专业的督导，这就需要政府部门在制定工作方案时，通过适当的人员互补等组团方式，进一步优化工作方案，确保挂牌督导工作的科学性和有效性。

（二）学校层面：内外联动，强化结果运用

《中小学校责任督学挂牌督导办法》明确要求，学校必须接受责任督学的监督和指导，按要求提供情况，并进行整改；对不按要求接受督导和整改的，要予以通报批评并责令改正。《中小学校责任督学挂牌督导规程》明确责任督学在实施督导前，可提前要求学校就有关事项进行准备，协助开展工

作，并要求学校应根据督导意见认真进行整改。由此可见，有关制度明确了挂牌督导过程中，积极配合责任督学开展工作并落实责任督学提出的问题建议，是学校应尽的责任和义务。为切实保障挂牌督导工作顺利开展，确保挂牌督导作用的发挥，学校应加强和责任督学的沟通交流，共同推动学校内涵式发展。

1. 主动融入挂牌督导，与责任督学建立良好合作关系

挂牌督导前，一方面，学校可以主动向责任督学反映学校教育教学存在的问题，帮助责任督学把脉问诊；另一方面，责任督学提前要求学校准备有关事项时，学校应积极主动配合，自觉协助责任督学开展有关工作。挂牌督导中，学校应主动加强和责任督学的沟通交流，通过及时组织座谈会等形式，与责任督学共同分析问题存在的原因、研究提出对策方案，找到解决问题的切入口。挂牌督导后，学校要高度重视督导结果运用，做好问题整改"后半篇文章"。对于责任督学挂牌督导发现的问题与提出的整改建议，要主动在规定的期限内，按照要求、结合实际积极整改；对于难以整改的，要及时向责任督学反馈，争取得到更进一步的指导。此外，还可以通过教职工大会、学生家长会，介绍责任督学挂牌督导工作情况，使学校教师、家长等主动支持和配合工作，并将挂牌督导结果与干部教师的综合评价考核结合挂钩，加大教育督导问责力度。

2. 建立健全学校自我督导体系，与挂牌督导相互结合

推进责任督学挂牌督导与学校自我督导的"双轮驱动"督导机制，是深入推进教育督导改革，建立现代学校制度，完善学校内部治理结构，促进学校自我监督、自我改进、自我提升、自我发展的重要手段。2014年，国务院教育督导委员会关于《深化教育督导改革转变教育管理方式的意见》要求建立学校视导员制度，加强学校内部督导工作，为学校有效开展督导提出了原则性要求。2020年，《关于深化新时代教育督导体制机制改革的意见》提出要指导学校建立自我督导体系，优化学校内部治理，进一步明确了学校加强自我督导的重要性。近年来，学校视导员制度作为各地学校加强

自我督导的有益尝试，有力地促进了学校实现自我监督、自我激励、自我发展。① 鉴于此，在总结凝练学校视导员制度建设的基础上，学校还需要进一步明确校内督导机构、督导计划与实施方案、督导考评办法等内容，通过将学校自我督导工作与学校总体工作相结合、与学校教研工作相结合、与责任督学挂牌督导工作相结合，构建以学校自评为基础、内部评价与外部评价相结合的学校自我督导体系，及时发现学校工作存在的问题，不断提升学校治理能力和育人水平。比如，可以借鉴参考成都市少城小学的做法，专门成立学校督导部门，由校长牵头成立自我督导体系建立领导小组，设立督导室，负责学校督导室的具体工作，督导室独立、公正地开展工作；制定学校督导实施方案，明确督导室主要职责、开展督导工作的方式及条件保障等。②

（三）责任督学层面：修炼内功，提升履职能力

高素质、科学化、专业化的督学队伍是做好挂牌督导工作的关键。挂牌督导制度施行以来，各地按照严格选聘、配优配强的要求，组建了一支以学校校长为"主力军"、以学科名师和教研人员为"常规军"、以教育行政管理人员和社会人士为"生力军"的责任督学队伍，稳步推进关于学校规范办学、师德师风、校园安全、学生欺凌以及社会关注等重点热点难点问题的督导，在保障学校规范办学、依法治校和安全稳定等方面发挥着积极作用。③ 然而，在实际操作中也发现，专业化不强、权威性不够、任职门槛不高等问题，在一定程度上影响了挂牌督导的针对性、有效性。为进一步提高挂牌督导质量和水平，责任督学还需要不断修炼内功，着力提升自身的履职能力。

---

① 《全国中小学校责任督学挂牌督导工作国家督导报告》，http：//www.moe.gov.cn/s78/A11/s8393/ztzl_09/201703/t20170303_298094.html，最后检索时间：2022 年 7 月 5 日。
② 《成都青羊第五责任区督学督导少城小学自我督导体系建设情况》，http：//edu.china.com.cn/2021-12/15/content_77932312.htm？f＝pad&a＝true，最后检索时间：2022 年 7 月 5 日。
③ 《教育监管的"千里眼顺风耳好帮手"》，http：//edu.people.com.cn/n1/2018/0207/c1053-29810903.html，最后检索时间：2022 年 7 月 5 日。

1. 强化责任意识，明确角色定位

责任督学履职尽责的根本点在于监督指导学校贯彻党和国家的教育方针和各项规章，帮助干部教师树立正确的教育理念；基本点在于监督指导学校提高办学质量。从严格意义上讲，责任督学是代表政府对所挂牌学校行使监督、指导责任的执法者，其身份特殊，既是协助政府及其教育管理部门监督、管理、评价、指导学校工作的第三方，也是帮助学校改革发展的助手。但中小学校责任督学的明面角色偏位和内隐责任旁落，导致责任督学的特质价值模糊乃至丧失。① 因此，责任督学必须进一步明确自己对上、对下的使命责任，本着对国家、对教育高度负责的态度，严格按照国家教育督导工作部署、《中小学校责任督学挂牌督导办法》和其他配套政策规定的职责、督导事项和程序，协调好各方面的关系，做到决策者、监督者、执行者的有机结合，不"越位""超位""缺位""让位"，成为强化教育监管的"千里眼"、反映情况的"顺风耳"、推动工作落实的"好帮手"。②

2. 主动加强学习，提高能力素养

责任督学挂牌督导强调依法对中小学校进行监督和指导，督导事项多、任务实、要求高，不仅要求责任督学能够解读各种教育法规、政策，还要熟悉各种教学方法和教学理念，同时具有发现问题、分析问题、解决问题的能力。因此，需要责任督学通过参加培训、加强与同行的沟通交流、网络自学等方式加强学习，尤其是学懂吃透《教育督导条例》《关于深化新时代教育督导体制机制改革的意见》《关于加强督学责任区建设的意见》《中小学校责任督学挂牌督导办法》《督导问责办法》等与挂牌督导相关的重要政策文件精神，以及关于学校管理、办学治校能力、督导业务等方面的知识，不断更新理念，着力培养自己敏锐的洞察力，提升发现问题、亮点、细节以及解决、分析问题的能力。

---

① 陈仁飞、舒家华：《中小学校责任督学的特质审议与重构》，《上海教育科研》2021 年第 5 期。

② 《教育监管的"千里眼顺风耳好帮手"》，http://edu.people.com.cn/n1/2018/0207/c1053-29810903.html，最后检索时间：2022 年 7 月 5 日。

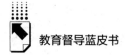

3. 创新方式方法，加强智慧督导

《关于深化新时代教育督导体制机制改革的意见》专门要求要改进教育督导方式方法，充分利用信息技术手段开展督导评估监测工作。从样本案例反映的情况看，案例中的责任督学主要还是采用传统入校巡视、查阅资料、座谈研讨等形式实施挂牌督导，缺少应用互联网平台开展网络督导，利用大数据和云计算进行跟踪监测、决策分析，并根据结果进行持续反馈等"互联网+督导"的积极尝试。对此，一方面需要责任督学增强应用信息技术开展督导的意识，有针对性地提升自己的信息化应用能力；另一方面也需要督学充分运用各地开发建设的信息化平台开展工作。比如，疫情期间，北京市围绕督导数据采集、教育督导评估、督学责任区网格化管理、教育舆情监测、教育决策支持开发建设了北京市教育督导信息管理应用系统，全市1400 余名责任督学依托系统平台开展挂牌督导，精准有效地推动学校落实疫情防控专项要求，为市、区疫情防控部署和教育决策提供重要参考。①

参考文献

何秀超：《教育督导推进教育"管办评"分离的思考》，《教育研究》2019 年第2 期。

陈仁飞、舒家华：《中小学校责任督学的特质审议与重构》，《上海教育科研》2021年第5 期。

张彩云、燕新、余蓉蓉：《我国责任督学挂牌督导实施现状及其对策建议——基于全国六个区县的实地调查》，《当代教育科学》2019 年第11 期。

---

① 梁燕：《我国学校督导的政策现状与优化对策——基于8 省（直辖市）〈教育督导条例〉等政策文本的分析》，《北京教育（高教）》2022 年第4 期。

B.3
2021年中国督学培训进展报告

郭　璨*

摘　要： 督学是各级政府按照法定程序聘任的对下级教育行政部门及本辖区内的各级各类学校的教育教学工作进行监督、检查、指导和评价的工作人员，是教育督导工作的具体实施者。开展督学培训，是加强教育督导队伍建设的应有之义与必然选择。调查发现，当前各级政府把督学培训作为加强督导队伍建设的切入口，在培训机会、内容、方式等方面取得了一定成效，但仍然存在政府部门制度体系不完善，培训保障难以满足；督导机构重视程度不一，培训要求未能落实；培训机构缺乏需求调研，跟踪评估指导乏力；部分督学参训意愿不强，学习内驱力不足等问题。为进一步加强我国督学培训力度、广度、深度、精度和效度，还需要政府部门和督导机构做好系统谋划，落实培训要求；培训机构突出效果导向，确保培训质效；督学个人更新理念观念，提升学习内驱力。

关键词： 教育督导　督学培训　督导队伍

从行政层次的角度来说，我国督学可分为国家督学、省级督学、地市级督学和县级督学。截至2021年2月，我国地方教育督导队伍合计17万余人，专职督学近2.5万人，兼职督学14.5万余人，已基本建成一支专兼结

---

* 郭璨，教育学博士，国家教育行政学院副研究员，主要研究领域为教育政策与法律、教育管理。

合、以兼为主的督学队伍，其素质和专业能力直接影响着督导工作质效。[①]
为全面了解2021年度中国督学培训进展，本研究面向31个省（自治区、直辖市）和新疆生产建设兵团各级教育督导机构人员开展了问卷调查，并结合32份2021年省级教育督导机构工作总结报告及国家级网络和面授培训具体案例予以分析，以期为我国督导队伍建设提供依据和参考。

一 2021年中国督学队伍培训调查

（一）调查设计与实施

1.问卷编制说明

2014年出台的《深化教育督导改革转变教育管理方式的意见》提出要加强督学队伍建设，完善督学管理制度，加强督学队伍培训。2016年出台的《督学管理暂行办法》对于培训的对象、方式、学时、主要内容、组织实施机构以及培训记录等进行了要求。为全面了解2021年度中国督学培训进展，本研究根据《教育督导条例》《督学管理暂行办法》，结合有关督学资格能力要求，编制形成"中国督学队伍培训情况调查问卷"。本研究的自编问卷由个人基本信息与问卷的主体内容两大部分组成。第一部分主要调查填卷者的基本信息，包括个人基本信息和从事督导工作的相关信息，如所在省份、类别、工作时间、任职途径等，旨在掌握我国督学队伍的整体概貌。第二部分调查督学的培训情况，包括培训机会、培训动机、培训收获、培训考核与管理、培训需求、培训满意度等六个方面的内容，以封闭式问题的形式获取被测者对该题的客观、准确回答。开展调查分析前，本研究对问卷各维度进行了信效度检验，检测结果表示问卷可用于进一步的研究与分析。

2.调查样本描述

为确保调查对象的广泛性，本研究采用目标式非概率抽样方法，于

---

① 樊平军主编《教育督导蓝皮书：中国教育督导报告（2021）》，社会科学文献出版社，2021。

2022年4~5月，面向31个省（自治区、直辖市）和新疆生产建设兵团各级教育督导机构有关人员发放了调查问卷①。截至2022年5月27日，共收回调查问卷3616份，剔除无效问卷521份，剩余有效问卷3095份（见表1）。样本构成如下：在年龄层面，35岁及以下督学147人，36~45岁督学833人，46~55岁督学1811人，56岁及以上督学304人；在类别层面，国家督学15人，省级督学185人，地市级督学924人，县级督学1971人；在工作时间层面，3年及以下1214人，3~6年（含6年）909人，6年以上972人；在任职途径层面，政府任命1515人，聘任制854人，其他726人（见表2）。

表1　样本来源情况

单位：份，%

省份	小计	占比
河　南	187	6.04
山　东	171	5.53
广　西	110	3.55
江　西	107	3.46
浙　江	94	3.04
广　东	144	4.65
内蒙古	164	5.30
江　苏	117	3.78
重　庆	35	1.13
辽　宁	115	3.72
河　北	148	4.78
天　津	8	0.26
湖　北	93	3.00
宁　夏	27	0.87
安　徽	122	3.94
北　京	28	0.90
黑龙江	127	4.10

①　本研究的调查问卷与总报告调查问卷同渠道同步发放。

续表

省份	小计	占比
福　建	102	3.30
陕　西	122	3.94
吉　林	73	2.36
甘　肃	89	2.88
四　川	190	6.14
云　南	143	4.62
青　海	55	1.78
新　疆	127	4.10
贵　州	76	2.46
山　西	87	2.81
海　南	17	0.55
上　海	26	0.84
西　藏	59	1.91
湖　南	132	4.26

注：新疆数据包含新疆生产建设兵团数据，下同。

表2　研究对象基本情况

单位：人，%

项目	维度	被试数	占比
年龄	35岁及以下	147	4.75
	36~45岁	833	26.91
	46~55岁	1811	58.51
	56岁及以上	304	9.82
类别	国家督学	15	0.48
	省级督学	185	5.98
	地市级督学	924	29.85
	县级督学	1971	63.68
工作时间	3年及以下	1214	39.22
	3~6年(含6年)	909	29.37
	6年以上	972	31.41
任职途径	政府任命	1515	48.95
	聘任制	854	27.59
	其他	726	23.46

（二）调查结果

调查发现，当前我国督学队伍培训呈现培训项目有，但培训机会不均衡；"碎片化"培训多，但体系性培训项目少；常规培训多，但多样化培训少等特点。具体情况如下。

1.培训机会

在岗前培训方面，《督学管理暂行办法》要求各级教育督导机构按照职责负责组织督学的岗前及在岗培训，新聘督学上岗前应接受培训。调查显示，73.15%的被调查者表示在上任前参加过专门的督导人员培训，26.85%的表示未参加过培训。分地区看，西部地区督学上任前参加专门培训的比例最高，为26.43%，其次依次为东部地区（21.36%）、中部地区（17.77%）和东北地区（7.59%），各省份情况详见图1。从类型看，入职3年及以下的督学参加上岗培训的比例为26.95%，高于3~6年（含6年）（22.49%）和6年以上工龄的督学（23.72%），具体情况详见图2。

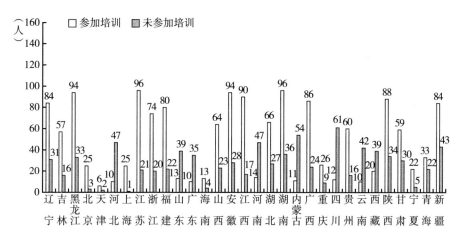

图1　各省份督学上任前参加专门督导培训的情况

就在岗培训而言，本研究对2017~2021年参加与督导业务直接相关培训的有关情况进行了调查。调查显示，督学参加与督导业务直接相关的培训的比例从高到低依次为地市级培训（62.55%）、省级培训（61.62%）、国

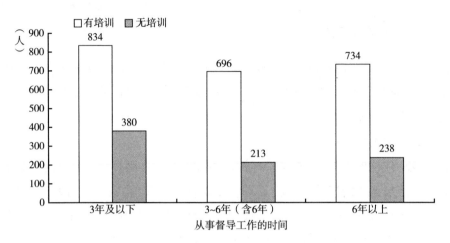

图2 不同工龄督学上任前参加专门督导培训的情况

家级培训（51.11%）、县级培训（46.85%），另有7.69%的被试者表示
2017~2021年未参加过任何相关培训（见图3）。分地区看，西部地区督学
参加国家级培训和省级培训的比例最高，分别为8.28%和9.45%；东部地
区参加地市级培训和县级培训的比例最高，分别为10.18%和7.23%。各省
份督学参训具体情况见图4。

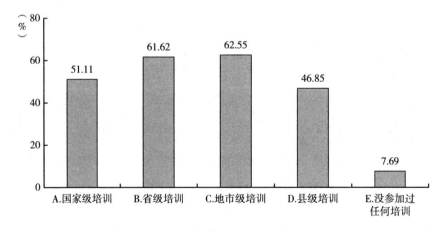

图3 2017~2021年督学参加培训的类型

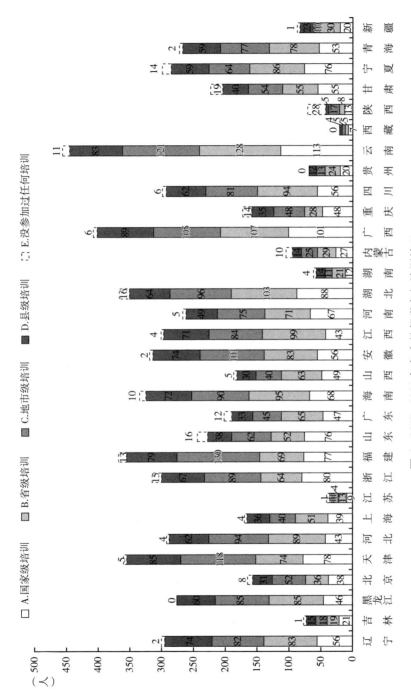

图 4 2017~2021 年各省份督学参加培训情况

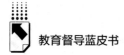

其中，在面授培训方面，51.42%的被试者表示参加与督导业务直接相关的面授培训频次为 1 次/年，17.05%的表示参加面授培训的频次为 2 次/年，16.66%的表示参加面授培训的频次为 2 次以上/年，14.88%的表示未参加过面授培训（见图 5）。在网络培训方面，60.97%的被试者表示参加与督导业务直接相关网络培训的频次为 1 次/年，15.75%的表示参加网络培训的频次为 2 次/年，14.53%的表示参加网络培训的频次为 2 次以上/年，8.75%的表示未参加过网络培训（见图 6）。

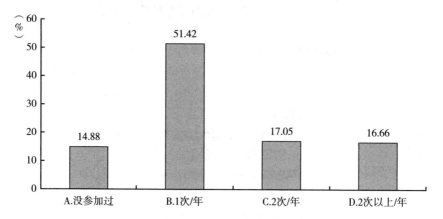

图 5　2017~2021 年督学参加有关面授培训的频次

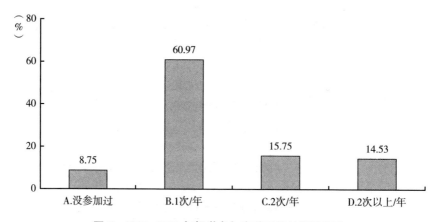

图 6　2017~2021 年督学参加有关网络培训的频次

就培训时间而言,《督学管理暂行办法》规定督学每年参加集中培训的时间累计应不少于 40 学时。调查发现,46.9%的被调查者 2017~2021 年平均每年参加集中培训(面授培训)的学时高于 40 学时,23.52%的为 30~40 学时,29.58%的为 30 学时以下。分地区看,西部地区达到 40 学时培训要求的比例(16.45%)略高于东部地区(15.82%),东北地区最低(4.24%);在培训学时不足 40 学时的调查中,西部地区比例最高(21.07%),其次分别是中部地区(13.16%)、东部地区(12.99%)、东北地区(5.88%),详见图 7。

2.培训目的

调查显示,85.04%的被试者认为参加培训的首要原因是提高自身能力与水平,其次分别为满足教育行政部门、学校的要求(7.63%),增加与同行专家交流的机会(6.43%),以及符合职务晋升、职称评定需要(0.90%)。具体而言,在关于希望通过哪种培训提高自己的能力与水平的调查中,被试者选择的答案从高到低依次为面授培训(56.87%)、面授或网络培训(23.75%)、混合式培训(17.29%)、网络培训(1.97%),还有 0.13%的被试者表示不希望通过培训提升自己的工作能力。

3.培训成效

调查显示,在面授培训方面,51.86%的被试者认为线下督学培训的实效性很强,38.29%的认为实效性较强,9.37%的认为实效性一般,0.48%的认为实效性不强;在网络培训方面,15.12%的被试者认为督学网络培训的实效性很强,37.74%的认为实效性较强,39.13%的认为实效性一般,8.01%的认为实效性不强、培训的形式大于内容(见图 8)。这说明,相较而言,被调查者普遍更认同面授培训,对于面授培训实效性很强的认可度显著强于网络培训。

具体来看,在内容上,被调查者认为线下培训能够解决学习督导相关理论(排序综合得分为 2.72)、了解政策(2.72)、提升实践操作能力(2.39)和加强同行交流联系(1.51)等困惑和问题(见图 9)。

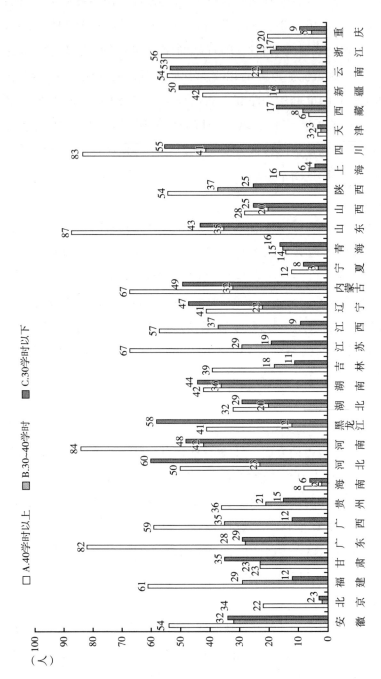

图 7　各省份督学参加集中培训（面授培训）的情况

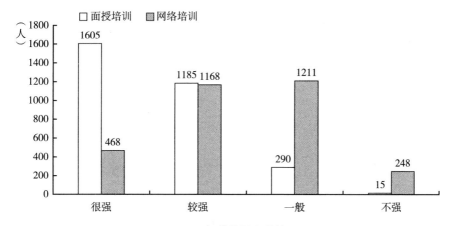

图8 督学培训实效性

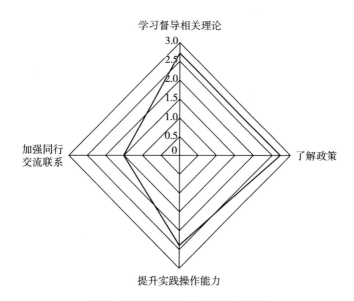

图9 线下培训解决的困惑和问题

在培训形式上（见图10），被调查者认为效果最好的培训形式是案例分享（排序综合得分为4.84），其他从高到低依次为研讨交流（3.85）、跟岗学习（3.66）、理论讲解（3.29）、行动学习（2.30）和其他培训形式（0.30）。

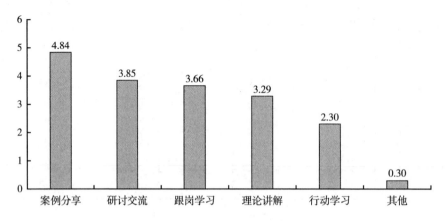

图10 不同培训形式的效果情况

4. 培训考核与管理

调查发现，52.15%的被调查者表示所在地区已建立分层分类的督学培训体系，但还有37.54%的表示未建立，10.31%的表示不清楚是否已建立。在培训过程中，35.67%的被调查者表示培训有固定教材和课程大纲，54.11%的表示没有，10.22%的表示不清楚。对于培训考评形式和结果运用而言，被调查者表示培训机构主要通过出勤情况、撰写论文或心得、学时三种形式进行考核（见图11），45.53%的被调查者表示所在地区对培训有评估、有运用，但还有25.14%的表示有评估、无运用，29.34%的表示无评估。

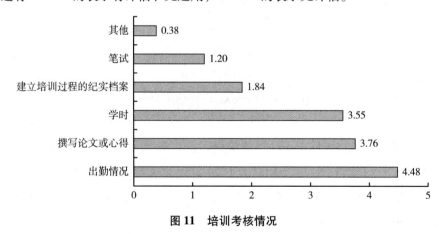

图11 培训考核情况

5. 培训需求

调查发现，被调查者最希望通过培训提升督导相关理论（如教育学、心理学、教育管理、学校管理、应急处理与安全防范等）知识方面的素养（排序综合得分 5.57），其次分别是政策水平，督导实施、督导规程和报告撰写等业务知识，评估与监测理论、问卷与量表等工具开发使用，指导学校改进的能力，现代信息技术应用能力，交流沟通能力等（见图 12）。

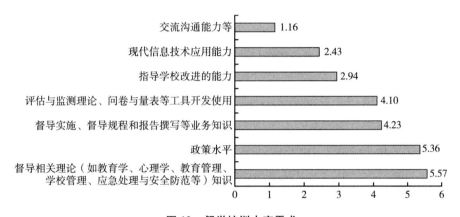

图 12　督学培训内容需求

6. 培训满意度

调查发现，被调查者普遍认为缺少培训机会（排序综合得分为 4.19）和培训时间短、内容多是其参加培训的主要障碍，工学矛盾（2.98）、领导不重视（1.58）、培训承办单位管理体制不规范（0.78）、认为参加培训没意义（0.25）也是影响其参加培训的原因。

从培训管理的维度来看，63.46% 的被调查者认为所在的教育督导机构或单位缺少激励机制；57.58% 的表示所在单位培训经费短缺；53.51% 的表示所在单位缺少督学培训总体规划；44.30% 的表示工学矛盾突出，不好安排培训；38.16% 的表示单位领导不够重视；23.72% 的表示督学个人无积极性，具体见图 13。

在关于培训单位存在的主要问题的调查中，被调查者表示存在的主要问

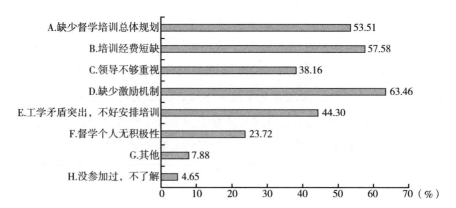

图13 所在教育督导机构或单位在督学培训方面存在的主要问题

题为培训方法单一（53.83%）、培训前缺少需求调研（52.25%）和培训缺少后续跟踪指导（51.83%），其次分别为培训内容与实际脱节（33.12%）、培训时间安排不合理（16.77%）、培训考核制度不健全（16.64%）、培训者水平不高（11.79%），具体见图14。

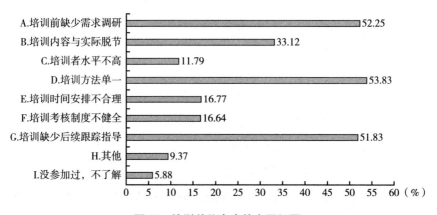

图14 培训单位存在的主要问题

就具体的培训项目而言，被调查者认为存在的最主要问题是培训课程侧重理论讲授，难以转化、解决工作中的困惑（平均综合得分为6.36，显著高于其他选项），其次为培训内容针对性不强，培训目标难以实现、不可操作，培训未提供符合学员特点的培训材料，培训主题不符合学员需求，培训目标不明确、不具体，培训方案设计不科学、不完整，培训未提供符合培训计划、任务的课程教学资源，培训内容脱离于培训目标以及授课师资专业化水平不高（见图15）。

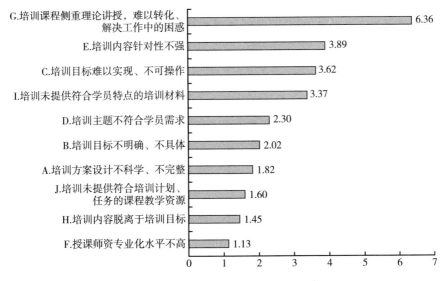

图15 参加过的培训（含网络培训）存在的问题

二 2021年中国督学培训典型案例分析

2021年，各级教育督导机构积极组织相关人员参加国务院教育督导委员会办公室举办的线上、线下培训和国家教育行政学院督学网络学院自主规划的有关网络培训。其中，全国各地参加国家教育行政学院主办的"督学履职能力提升培训"的学员共6617人，参加"责任督学挂牌督导专题网络培训"的学员共664人，参加"义务教育优质均衡发展督导评估专题网络培训"的学员共761人，参加"学前教育普及普惠暨幼儿园办园行为督导评估专题培训"的学员共413人，参加"中小学（幼儿园）视导员岗位能力提升专题网络培训"的学员共250人。

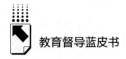

部分省份还专门组织了面向全省督学、督导干部的专题培训。例如，北京创新培训模式方法，先后开展 4 期线上督学大讲堂、6 个班次专题培训，覆盖督学 1200 余人。新疆生产建设兵团对近百名新任督学进行通识培训，着力提升新任督学的任职水平。福建举办第 14 届省政府督学培训班，130 多名督学参训；举办全省中小学幼儿园责任督学示范培训班及责任督学论坛，200 名责任督学参训。江西开展教育督导专题培训，举办 3 期省督学和督导评估专家培训班，省教督委成员单位负责同志以及督学、责任督学代表 600 余人参加培训。陕西举办两期 200 余人的省级督学素质提升培训班，邀请了教育部督导局两位领导做专题报告和现场交流。上海探索运用在线培训方式，完成 189 名督学资格人员的培训和资格认定，并开展了教育督导部门负责人和新任督学网络培训、督学年度培训等，提升督学专业素养和能力。湖南举办全省教育督导人员专业能力提升网络研修班，进一步提升督学专业能力。[①]

基于案例材料的代表性、典型性和可获得性等方面的综合考虑，本研究主要对国务院督导委员会办公室主办的"第十一届国家督学培训班"和"全国骨干督学教育评价改革专题网络高级研修示范班"予以重点分析。

（一）基本情况

为认真贯彻落实《关于深化新时代教育督导体制机制改革的意见》（以下简称《意见》），引领国家督学全面领会学习新时代教育督导改革发展形势、任务和要求，切实提升履职尽责的能力水平，按照国务院教育督导委员会办公室的统一部署，根据《教育督导条例》《国家督学聘任管理办法（暂行）》要求和教育督导工作需要，2021 年 4 月 19~22 日，受国务院教育督导委员会办公室委托，国家教育行政学院承办了第十一届国家督学培训班。本次培训共有 207 位国家督学及来自全国各省（自治区、直辖市）、新疆生

---

① 以上数据均来自各省级教育督导机构呈报国务院教育督导委员会办公室的 2021 年教育督导工作总结。

产建设兵团的教育督导室主任参加。项目结束后，国家教育行政学院采取网络评估的方式对本班的培训教学工作进行评估，调查显示，学员的总体满意度为99.27%。

在面授培训之外，为深入贯彻《深化新时代教育评价改革总体方案》精神，国务院教育督导委员会办公室同时委托国家教育行政学院面向全国各级教育督导机构负责人、骨干督学，举办了全国骨干督学教育评价改革专题网络高级研修示范班。本次培训共有31个省（自治区、直辖市）1891人参与学习，总体学习参与率为100%。学员共完成网络课程学习3233610分钟，人均1710分钟，约38学时。其中，北京、山东、天津、辽宁、湖北、黑龙江等6省市人均最高学时为40学时；必修课整体完成率为93%，北京、山东、福建、天津、辽宁、湖北、重庆、云南等8个省市学员的必修课完成率为100%；研讨交流整体完成率为91%，北京、安徽、辽宁、湖北、重庆等5个省市学员的研讨交流完成率为100%；研修总结完成率为90.4%，北京、安徽、辽宁、湖北、重庆等5个省市学员的完成率为100%。项目结束后，国家教育行政学院督学网络学院面向全体学员发放学员满意度调查问卷，调查显示，学员总体满意度达到94.67%，整体满意度较好。

（二）成效特色

整体而言，以上两个培训项目综合体现了如下三个特色。

1. 紧跟形势政策，培训主题鲜明突出

两个培训项目均以深入贯彻《深化新时代教育评价改革总体方案》精神，进一步落实《关于深化新时代教育督导体制机制改革的意见》要求为主线研发培训项目。其中，"第十一届国家督学培训班"主要聚焦于切实提升国家督导队伍职履责的能力水平；"全国骨干督学教育评价改革专题网络高级研修示范班"主要在于引领地方骨干督学全面把握教育改革发展形势任务，深入认识教育评价改革的政策要求，更新教育评价理念，明确评价改革工作重点和要求，提高教育督导评价工作能力，推动各地各校建立健全立德树人评价机制，促进教育高质量发展。

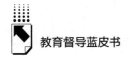

2.实效时效兼具，培训内容权威丰富

为确保培训课程"对胃口"，国家教育行政学院在培训前期开展了广泛的需求调研，切实将组织需求、岗位需要和个人需求有机结合。经过需求调研和教育督导局指示要求，"第十一届国家督学培训班"共设有10个专题报告。教育部领导、国家总督学出席培训班并作了题为"新时期督导工作应该做什么？"的专题报告、教育部有关司局主要负责同志就深入学习领会习近平总书记关于教育的重要论述、贯彻落实深化新时代教育评价改革总体方案、我国教育投入及经费使用管理、基础教育综合改革、职业教育改革、"十四五"教育规划及新时代教师队伍建设改革做了政策解读。

"全国骨干督学教育评价改革专题网络高级研修示范班"邀请了教育部领导、教育督导局领导、高等院校专家学者、地方一线教育督导实践者等，从不同角度解读了督导法规政策，培训内容聚焦新时代教育评价改革任务要求，设置了教育评价改革政策与理论、教育改革形势任务、政府履行与用人评价、学校治理与学校评价、教师素养与教师评价、全面培养与学生评价等模块课程。培训内容既有顶层理念引领，又有理论探讨案例实践；既有政策解读，又有方法传授；既有宏观阐释，又有中观介绍和微观分析，为学员提供了专业、系统的学习内容。

3.学习载体灵活，培训方式方法多样

"第十一届国家督学培训班"除了开设专题报告，还专门设计了分组研讨，研讨内容包括如何贯彻落实《意见》，充分发挥国家督学作用；如何修订完善《教育督导条例》；如何修订完善《关于开展中小学幼儿园校（园）长任期结束综合督导工作的意见》三个方面。在分组研讨中，学员积极参与研讨，展现出教育督导"国家队"的专业精神和使命担当，并紧扣当前教育督导工作面临的重点问题，阐述了很多具有建设性的意见建议。通过研讨交流，进一步明晰了当前教育督导工作的总体思路，催发了国家督导深入探究教育督导新方式新方法的热情。

"全国骨干督学教育评价改革专题网络高级研修示范班"运用现代化教育理念，运用电脑PC终端和督学网络学院"教育公社"手机App

终端的同步在线功能，充分发挥信息技术的优势，让督学足不出户、不影响工作，并能根据自己的工作特点，合理安排学习时间，适时掌握学习进度，突破时间、地域的限制，既充分体现了学习的主观能动性，也避免了时间、精力、金钱的多重浪费。学习中，督学们可以通过在线交流，探讨问题，把自己学习过程中形成的观点、见解发布到班级中互动研讨，获得愉悦感和成就感，进一步激发了学习兴趣、增强了求知欲和创新意识。在项目设计上，除了常规的网络课程点播，还结合教育督导热点难点话题专门搭配了直播辅导课程，有效地推动了网络学习动起来、活起来、实起来。

三 进一步加强中国督学培训的意见建议

根据问卷调查结果，结合 2021 年中国督导工作实际发现，为落实教育督导"长牙齿"、树权威的指示要求，各级政府以切实提升督导队伍专业知识与水平为抓手，日愈重视健全督学培养培训体系，并取得了一定的成就。就督学自身而言，绝大多数督学已经认识到参加培训有助于专业成长，希望通过培训更新专业知识、提升工作能力与水平。就培训成效而言，近九成的督学认可面授培训的实效性，近六成的督学认可网络培训的实效性。但总体而言，面对教育督导工作发展中的新形势、新要求，目前的督学培训还处于"跟跑"状态。从组织、任务和人员三维角度分析显示，导致督学培训效果不如预期的原因主要表现在政府部门制度体系不完善，培训保障难以满足；督导机构重视程度不一，培训要求未能落实；培训机构缺乏需求调研，跟踪评估指导乏力；部分督学参训意愿不强，学习内驱力不足等四个方面。

为进一步加强我国督学培训力度、广度、深度、精度和效度，还需要政府部门、督导机构、培训机构及督学个人从以下三个方面，打出"组合拳"，切实提高督学培训质效。

（一）做好系统谋划，落实培训要求

1. 加强理论研究，把握新时代督学培训的使命价值

督学培训是有目标、有计划、有指导地组织督学按要求参加相关学习的活动，是促进督学专业发展的有力举措。党的十九大报告作出我国经济已由高速增长阶段转向高质量发展阶段的重大判断。经济转向高质量发展阶段，教育必须基于与经济的生态网络关系主动因应。在局部意义上，就是建设现代化经济体系对教育的影响与需求；在关系意义上，就是要做到教育系统各级各类教育发展的高质量，做好"教育引导"和让"人民满意"的工作；在整体意义上，就是新时代"人民"当家作主和"社会主义"建设对教育提出的新要求，它涵盖政治、文化、经济乃至教育本身的高质量对教育发展提出的要求。[①]　就此而言，各级督学作为教育系统的关键群体，需要督学培训工作更好地为教育高质量发展提供支撑。这就需要进一步培育教育督导研究队伍，鼓励开展关于新时代督学角色、督学职责、督学的知识与能力框架等方面的研究，着力优化督学培训在课程、资源、方式方法等方面的有效供给，形成具有先进培训理念、科学内容体系、健全组织架构、高效运行机制的新时代中国特色社会主义督学培训体系。

2. 加强制度供给，为落实督学培训要求提供制度保障

督学培训制度作为教育系统干部教育制度的有机组成部分，有别于公务员培训制度和全口径的干部教育培训制度，是贯彻落实《教育督导条例》《关于深化新时代教育督导体制机制改革的意见》《督学管理暂行办法》等政策文件，关于加强各级督学这一"关键少数"进行专门培训的有关制度体系。从培训的全流程看，为把督学培训要求落到实处，一要建立健全督学培训需求调研制度，明确需求调研是督学培训的必经环节，提升督学培训供给与需求的匹配度。二要建立健全督学培训管理制度。其一，建立健全教学

---

① 蔡宗模等：《"高质量发展"对教育提出了什么要求——基于十九大报告的文本解读》，《当代教育论坛》2018 年第 6 期。

教务管理制度，注重对督学培训教学过程的管控，加强对督学培训的教学形式、内容、效果等进行全方位管理，切实提高督学培训的课堂教学效果；其二，建立健全学员管理制度，根据《干部教育培训学员管理规定》的有关要求，进一步明确教育督导队伍参加培训的纪律要求，以严格的培训纪律保障培训目标的实现；其三，建立健全督学培训考核管理制度，把各级督学参加培训的情况与年度考核评先评优挂钩，作为各级党组织选拔任用的重要参考，增强督学培训与干部选拔任用的相关性。

（二）突出效果导向，确保培训质效

1. 加强需求分析

培训需求分析是在培训规划之前确定是否需要培训、谁需要培训以及需要何种培训的一种活动，它既关注参训对象的主观愿望，又重视绩效差距及其原因的客观分析。[①] 但需要注意的是，培训需求分析不等于培训愿望分析，而要从组织、任务和人员等三个层面予以综合、系统考虑。调查发现，五成以上的督学表示培训单位在培训前缺少需求调研，三成以上的督学认为培训内容与实际脱节。从已实施的督学培训项目，尤其是网络培训项目来看，为满足学员个性化学习提供资源便利的需要，项目积极为学员提供了大量的课程学习资源，一定程度上体现出"求广求全"的现象，但所提供内容多属于资源堆砌，而非精准推送。这在一定程度上反映了项目实施前的需求分析工作的缺位和不到位。针对此，为进一步增强培训的针对性，使培训更加贴近党中央精神、贴近工作实际、贴近干部需求，还需要做好深入细致的需求分析工作。

一是加强对相关政策文件的学习，围绕组织任务有针对性地研发培训项目，确保培训工作的正确方向。以《关于深化教育督导体制机制改革的意见》为核心，为切实推进教育督导体制机制改革，近年来，我国相继出台了《县域学前教育普及普惠督导评估办法》《本科毕业论文（设计）抽检办

---

① 赵德成、梁永正：《培训需求分析：内涵、模式与推进》，《教师教育研究》2010 年第 6 期。

法（试行）》《普通高等学校本科教育教学审核评估实施方案（2021—2025年）》《义务教育质量评价指南》《教育督导问责办法》等系列政策文件，并结合某一阶段的教育工作重点，印发诸如《2021年对省级人民政府履行教育职责评价的方案》《关于开展"五项管理"实地督查工作的通知》等文件，对督导工作需要关注的重点、难点问题指明了方向。为此，培训机构在开发有关培训项目时，要进一步加强对相关政策文件的学习，吃透吃准政策要求，在项目设计时，有针对性地搭配政策要求的学习内容，真正起到贯彻落实的作用。

二是加强对督学队伍开展情况的调查，结合岗位和个人需求开设分类培训项目。通过召开座谈会、发放问卷、个别访谈等方式，深入调查各级督学的培训需求，定期对专兼职督学队伍状况进行摸查，分析各级督学在素质和能力方面存在的主要问题。例如，本研究问卷调查发现，国家督学和省级督学认为政策水平是其最希望提升的素养，而地市级督学和县级督学认为督导相关理论知识是其最希望提升的素养，这就需要培训机构在制定培训方案时，有倾向性地为不同行政级别的督学安排不同的培训课程。再如，入职3年及以内的督学对于网络培训的接受度和认可度高于入职3年以上的督学，[①] 这说明在研发培训项目时，面向新任职督学研发网络培训会优于其他督学。

2.创新培训形式

培训方式是督学培训的重要方面，根据培训目标，结合培训需求，以灵活、多样的培训方式实施培训项目，能够激发督学的学习热情和学习动力，促进督学提升学习成效。通过问卷调查和典型案例分析可以看出，尽管施训机构在积极尝试增设分组研讨、直播答疑等培训环节，但培训项目仍然以专题报告为主，案例教学、互动研讨、工作坊等培训形式较少，培训方式比较

---

① 在关于希望通过面授培训提升工作能力的调查中，从事督导工作3年及以内、3~6年（含6年）和6年以上的督学占比分别为54.86%、57.54%、58.74%；在关于网络培训实效性不强的调查中，从事督导工作3年及以内、3~6年（含6年）和6年以上的督学占比分别为7.66%、8.47%和8.02%。

单一。对此，可从以下三个方面予以优化。

一是丰富面授培训环节，除理论学习、政策宣讲类专题报告，还可以增加案例教学、分组研讨，并通过搭配实地考察、现场教学等环节，提高研究式、案例式、模拟式、体验式、互动式教学的比例，丰富面授培训形式。如南京市有针对性地组织各区教育督导室负责人、责任督学约150人次，先后赴北京、大连、广州、深圳、厦门、宁波、杭州、青岛等地进行责任督学挂牌督导工作、义务教育优质均衡等专题考察学习，汲取各地推动督导工作发展的有益经验。①

二是加大网络培训力度，充分利用现代信息技术开展督学培训，既有利于创建灵活多变的培训环境，满足督学随时、随地的学习需求，解决工学矛盾，又有利于优化培训资源，为各级各类督学提供海量优质课程，满足其个性化、终身化学习需求。从长远看，加大网络培训力度是满足大规模、个性化培训需求的必然选择。这就需要培训机构加强网络专题报告、慕课、微课、富媒体课程等网络教学资源开发，满足督学的个性化学习需求，缓解督学工学矛盾。

三是提升网络培训和面授培训的融合度。目前由技术平台支撑性不强而导致网络培训存在互动性不足、情境性不强等问题，单一网络培训的认可度和实效性还有待提高。就此而言，可以通过构建网络个人空间、工作坊、研修社区的"点""面""体"相结合的社会化交互空间结构，通过"远程培训+集中培训+实时混合研修/非实时混合研修"三个阶段，实现传统面授与远程培训的结合、虚拟和现实的结合，② 即利用网络平台开展督导理论与业务知识、政策宣讲等方面的知识讲授性课程的学习，在集中面授培训阶段主要开展督学实地考察与观摩、交流研讨、团队建设等活动。在此基础上，结合项目需求，通过研究平台，进一步为不同督学推送具有针对性和差异性的个性化资源，并搭建研修讨论平台，加强督学之间的随时交流、即时互动，最大限度地实现其培训效益。

---

① 田家英：《制度重构推进督导队伍专业化》，《中国教师报》2021年7月14日。
② 陈恩伦、郭璨：《以教师精准培训推动教育精准扶贫》，《中国教育学刊》2018年第4期。

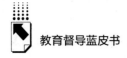

3. 做好评估反馈

建立健全督学培训考核评价制度是提升督学培训质量、加强教育督导队伍建设的关键。调查发现，关于所在地区政府或单位，29.34%的督学表示所在地区没有关于培训的考核评估，45.53%的督学表示所在地区有培训考核评估，但评估结果并未得到实质性运用；关于培训机构，16.64%的督学认为培训单位存在的主要问题是培训考核制度不健全，51.83%的认为培训缺少后续跟踪指导。就此而言，进一步加强督学培训的考核评估，可以从以下三个方面切入。

一是在内容上，加强考核评估的全面性。唐纳德·L. 柯克帕特里克（Donald. L. Kirkpatrick）于1959年提出的"反应—学习—行为—结果"四级评估法是在国际上得到广泛认可和应用的培训评估法。基于柯氏四级评估理念，为实现对督学培训全过程的评估，可以把督学培训项目的方案设计、培训实施情况、培训服务保障、培训效果等四个维度作为评估体系的一级指标。在此基础上，把培训目标设定、培训课程设置、培训时间与进度、培训师资配备、培训考核安排作为培训方案设计维度的二级指标；把教学内容、教材资料、教学水平、教学方法、教学组织管理、教学实效性作为培训实施情况维度的二级指标；把教学设施、食宿条件、服务质量、培训收费作为培训服务保障维度的二级指标；把培训目标实现程度、相关理论知识提升情况、理念和工作态度转变情况、业务能力和综合素质提升情况作为培训效果维度的二级指标。针对网络培训项目，可视情况把培训资源供给、培训平台操作与运行等作为培训服务保障维度的二级指标。

二是在方法上，注重考核评估的科学性。调查显示，目前的培训考核评估主要采用以出勤率为重点的过程性评价，与以学时、写心得体会为重点的结果性评价为主，对于参训督学个体在知识、技能、态度方面的变化、隐性贡献度、培训成果的质量等方面的考核不足。在具体手段上，往往只采用网络问卷的形式对培训满意度进行调查。为进一步加强考核评估的科学性，需因应时代要求，把"改进结果评价，强化过程评价，探索增值评价，健全综合评价"的新时代教育评价理念贯彻落实于督学培训评价考核中，把过程性评估与总结性评估相结合、定性评估与定量评估相结合、静态评估与动态评估相结合、自评与他评相结合、评价与指导相结合等，[①] 实现评估主体的多元化和评估手段的多元化。

三是在结果上，加强考核评估的反馈应用。实践中，目前的督学培训一般只在评估工作结束后，把评估结果存档管理，鲜少把结果反馈给相关主体，及基于评估结果对项目进行优化调整。对此，建议培训机构建立督学培训质量评估结果反馈应用机制，及时将评估结果反馈给授课教师及其他相关主体，真正发挥好以评促改、以评促建的作用。

（三）更新理念观念，提升学习内驱力

教育督导在现代教育治理中发挥着广泛又重要的作用，教育督导工作的开展需要广大督学予以推进。但相较于教育行政干部、教师等教育工作者而言，督学既要行使行政监督与检查的职能，又要对被督导对象进行专业评估并给予指导，特殊的角色定位决定了督学工作的复杂性和专业性。

关于督学的角色定位，《教育督导条例》指明督学是代表同级政府部门和教育行政部门行使督导权力的人员，并从围绕思想品德、专业技能、身体素质等方面对督学的角色提出了六个要求。在此基础上，《督学管理暂行办法》对督学角色要求进行加强与补充，并明确了督学的权力和义务。但研究发现，在工作实践中，督学仍然存在专业问题不熟悉、职责范围不清楚以及工作方法不明确等角色不明，以及督导工作量大和工作要求高等角色负担过重的问题。[②] 尤其是随着教育进入高质量发展阶段，面对健全公平优质的基础教育服务体系、构建支撑技能型社会建设的职业教育体系、构建更加注重内涵式发展的高等教育体系、构建服务全民终身学习的教育体系等各级各类教育高质量发展要求，对于督导队伍专业性的需求也越来越高。但就目前的队伍建设情况而言，仍然存在兼职督学多、专职督学少、督学年龄大等现

---

① 杜华：《教师培训评估及考核体系探微》，《黑龙江高教研究》2007年第9期。
② 于志强：《督学角色不适与调适研究》，上海师范大学硕士学位论文，2022。

实问题。针对此，除了通过外部力量不断补充督学队伍人员，优化督学队伍结构外，更需要督学自身提高思想站位，要在参加培训的时候，从固定型思维转化为成长型思维，把"要我学"变成"我要学"。通过制定自我专业发展规划，明确个人成长需求与目标，用好各种线上、线下学习资源，自主学习有关教育法律法规、教育管理前沿理论、教育督导实务等方面的知识，增强专业发展自觉性，着力提升自己的专业素养和履职能力，做到依法督导、依规督导、科学督导、专业督导。

参考文献

田祖荫：《深化教育督导体制机制改革　为教育改革发展保驾护航》，《中国教育报》2020年12月9日。

张彩云、武向荣、燕新：《我国督学队伍现状及发展策略——基于16个省的实证分析》，《教育科学研究》2020年第11期。

程蓓：《欧洲国家督学队伍培训工作经验及对我国的启示》，《外国中小学教育》2019年第5期。

B.4
2021年中国教育督导结果运用情况报告

赵 玄*

摘 要： 强化结果运用是与优化管理体制、完善运行机制并列的深化新时代教育督导体制机制改革的三个突破口之一，而教育督导结果运用情况是考量新时代教育督导体制机制改革成效的重要维度。通过研究各地2021年度教育督导工作总结报告，梳理教育部和各省级教育行政部门网站相关公开信息表明，无论是中央层面的国务院教育督导委员会办公室，还是地方层面的各省（自治区、直辖市）和新疆生产建设兵团教育督导委员会办公室，2021年在教育督导结果运用方面都做了富有成效的工作和有益探索，极大地推进了教育督导结果运用的制度化、规范化、常态化和创新化。面向2022年基本建成全面覆盖、运转高效、结果权威、问责有力的中国特色社会主义教育督导体制机制的改革目标，教育督导结果运用的未来值得期待。

关键词： 教育督导 问责办法 奖励机制 考核办法

2021年是深化新时代教育督导体制机制改革的第二个年头，在中央和地方的共同努力下，《关于深化新时代教育督导体制机制改革的意见》（以下简称《意见》）所明确的各项改革任务得到进一步推进和落实。与此同时，作为深化新时代教育督导体制机制改革的重要突破口之一，教育督导结

---

* 赵玄，法学博士，国家教育行政学院助理研究员，主要从事教育政策与法律研究。

果运用也得到进一步重视和强化，提升了教育督导权威，增强了教育督导效果，在新时代教育督导体制机制改革进程中可圈可点。按照中央确立的教育督导体制机制改革目标，全面覆盖、运转高效、结果权威、问责有力的中国特色社会主义教育督导体制机制应在 2022 年基本建成。其中，结果权威是改革目标达成的重要指标之一。而所谓结果权威，至少有两层含义：一方面是指教育督导结果本身应当具有权威性，经得起历史和实践检验；另一方面更是指让教育督导结果发挥出权威，进而彰显教育督导权威，体现并实现教育督导的价值和意义。

如果把教育督导结果比作教育督导"长牙齿"，那么教育督导结果运用就是教育督导"用牙齿"。教育督导不仅要"长牙齿"，关键更在于"用牙齿"；只有通过"用牙齿"，才能体现教育督导的权威，发挥教育督导的应有作用。至于"用牙齿"干什么，则是教育督导结果运用的具体形式和表现形态。本研究通过抓取各省（自治区、直辖市）和新疆生产建设兵团教育督导委员会办公室 2021 年教育督导工作报告中有关教育督导结果运用的信息，梳理国家和地方教育行政部门网站相关公开信息，总结过去一年中教育督导结果运用取得的成效，分析当前教育督导结果运用中存在的不足，尝试为 2021 年中国教育督导结果运用整体情况画像。[①] 在此基础上，锚定教育督导体制机制改革总体目标，对完善教育督导结果运用提出针对性建议。

一 2021年教育督导结果运用概况

2021 年，国务院教育督导委员会和各省级政府教育督导委员会紧紧围绕确保教育高质量发展、落实立德树人根本任务，扎实履行教育督导职责，坚持守正创新，推进教育督导结果运用的法制化，增强教育督导结果运用在制度规范中的显示度，切实发挥教育督导结果运用常规方式

[①] 鉴于部分地方将报告日前 2022 年的有关延续性工作归入 2021 年度教育督导工作报告中，研究予以尊重并将其中涉及教育督导结果运用的内容纳入 2021 年教育督导结果运用整体情况中。

作用，大胆探索教育督导结果运用奖惩方式使用，教育督导结果运用成效显著。

（一）教育督导结果运用制度化水平显著提升

制度建设具有根本性、全局性、稳定性和长期性的显著特征。新时代教育督导体制机制改革的持续推进，必须以制度建设作为引领和保障。2021年，教育督导结果运用制度化水平显著提升，在法制化、政策化和规范化方面均有进步。

1. 整体法制化持续推进

法者，治之端也。教育督导结果运用成效如何，很大程度上取决于其转化为法律进而受法律保障的程度。自 2021 年以来，河南、天津、江苏和安徽四省市以及浙江省宁波市相继制定或修改了作为地方性法规的本地教育督导条例，广西和北京两区市分别制定和修改了作为地方政府规章的本地教育督导规定，其中均有对教育督导结果运用不同程度的规定，提升了教育督导结果运用的法制化水平。具体而言，教育督导结果运用的法制化主要表现为两种形式。一是把"结果运用"作为一个独立章节写入法律中。[①] 例如，《河南省教育督导条例》和《北京市教育督导规定》的第四章标题均为"督导结果的运用"，《江苏省教育督导条例》和《安徽省教育督导条例》的第四章标题均为"督导结果运用"。二是把教育督导结果运用的相关方式以条款形式集中在法律中规定。其中，《天津市教育督导条例》、《广西壮族自治区教育督导规定》和《宁波市教育督导条例》就采用的此种形式。例如，《广西壮族自治区教育督导规定》第 24 条至第 28 条分别规定了反馈、整改、复查、报告、激励、约谈、通报等教育督导结果运用方式。虽然两种形

---

① 值得注意的是，"结果运用"作为一个法律用语，始于 2015 年 4 月 1 日制定的地方性法规《重庆市教育督导条例》。后续，《四川省教育督导条例》和《浙江省教育督导条例》分别于 2018 年和 2019 年以专章对"督导结果运用"作了规范。2020 年 3 月 27 日制定的《西藏自治区教育督导条例》是《意见》印发以来首个单独设章明确规范"结果运用"的省级地方性法规。

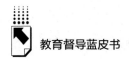

式看似主要是立法体例上的区别，但也能反衬出对教育督导结果运用的专门性和重要性的认识程度和重视程度。

2.政策显示度明显提高

政策对教育治理有着至关重要的作用。随着结果运用越来越受到重视，其在教育政策中的显示度也越发凸显。以 2021 年中央层面发布的 8 项教育政策为例，按照政策对结果运用的重视程度高低，可归结出三种显示方式。一是"指导思想+结果运用"组合模式，它显示了政策对教育督导结果运用的高度重视。一方面，强化结果运用成为该事项指导思想的重要组成部分，另一方面，政策还以独立的章节对结果运用给予专门规定。其中，《义务教育质量评价指南》和《普通高中学校办学质量评价指南》即属于此。二是"结果运用"单列模式，即未将结果运用写入政策的"指导思想"，只是把"结果运用"作为独立的部分写入政策。其中，《2021 年对省级人民政府履行教育职责评价的方案》、《国家义务教育质量监测方案（2021 年修订版）》和《关于开展中小学幼儿园校（园）长任期结束综合督导评估工作的意见》属于此种模式。三是"结果运用"融入模式，即把"强化结果运用"字样写在政策的督导评价部分中。其中，《关于推动现代职业教育高质量发展的意见》、《关于深入推进义务教育薄弱环节改善与能力提升工作的意见》和《深化新时代学校民族团结进步教育指导纲要》即为此种。

3.单行性规范实现突破

教育督导结果运用方式多样，既需要综合性制度统一规范设计，也需要单行性规范具体指引。2021 年，教育督导结果运用单行性规范实现多方面突破，为教育督导"长牙齿"发挥了重要保障作用。在中央层面，国务院教育督导委员会制定的《教育督导问责办法》于 2021 年 9 月 1 日正式实施，详细规定了被督导单位、被督导单位相关负责人以及督学、教育督导机构及其工作人员的相应责任，强调了教育督导结果在问责中的重要作用。在地方层面，专门针对问责、奖励、考核、监测结果运用等的规范性文件相继制定或修改完善，为推动教育督导结果运用落实见效增添了保障力量。其中，问责性规范有《陕西省教育督导问责实施细则（试行）》和青海省的《贯彻落实〈教育督导问责办法〉实施细则（试行）》；奖励性规范如《安徽省教育督导评价奖励补助资金管理办法》；考核性规范有《福建省县（市、区）党政主要领导干部抓教育工作督导考核办法（修订）》；监测结果运用规范有《内蒙古自治区国家义务教育质量监测结果运用制度》。值得注意的是，重庆、天津、山西、广东、广西、内蒙古等省份2021年已经启动教育督导问责办法细则的研制、起草等工作。

（二）教育督导结果运用实践水平稳中有进

1. 总体运用全面实践

2021年，在加强教育督导结果运用制度建设的同时，教育督导结果运用的实践表现也十分抢眼。从总体上看，《意见》明确的教育督导问责机制改革涉及的报告、反馈、整改、复查、激励、约谈、通报、问责等8种制度，在31个省（自治区、直辖市）和新疆生产建设兵团教育督导工作中均有不同程度的体现。以各项制度的实践来看，对相关教育督导结果进行报告或公布和将教育督导结果反馈给相关单位的各有17个省份，要求被督导单位整改的有26个省份，对相关教育督导整改事项开展复查的有18个省份，对教育督导结果优秀者给予激励的有7个省份，对相关被督导单位或其主要负责人开展过约谈的有18个省份，对相关教育督导结果予以通报的有23个省份，根据教育督导结果对相关单位或责任人实施问责的有5个省份。以各省份具体实践来看，有22个省份运用了4种及以上的教育督导结果运用制度。其中，居于前列的陕西、上海、安徽、重庆等4省市均运用了7种制度，北京、天津、辽宁等3省市均运用了6种制度，广西、湖南、贵州等6省区均运用了5种制度，湖北、山东、内蒙古等9省区均运用了4种制度。

2. 常规运用可圈可点

在中央层面，国务院教育督导委员会2021年组织对广西、西藏、四川、新疆、内蒙古、甘肃等6省区的94个县（市、区、旗）义务教育均衡发展水平进行了国家督导评估认定，第一时间在教育部网站公布了反馈意见。国务院教育督导委员会办公室对作为年度"一号工程"的"双减"和"五项

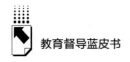
管理"，加大了督办、通报、约谈和问责力度。在地方层面，从前述各省份2021年教育督导结果运用的总体实践来看，报告、反馈、整改、复查、约谈、通报等常规运用频次较高，有不少亮点呈现。例如，在报告方面，重庆首次在《重庆日报》发布了本市2020年义务教育质量监测结果，实现了报告面向社会公开。在反馈方面，各地一般采取"一对一"方式将教育督导结果反馈给被督导单位，北京还将有关教育督导结果反馈给区党委、区人大和区政协，天津还抄送给市纪委监委、市委组织部等部门。在复查方面，河北认定1个县政府履行教育职责回访结果为不合格，在该省教育督导史上尚属首次。在约谈方面，江西省人民政府教育督导委员会年初即对10个设区市政府分管负责同志和相关县政府主要负责同志进行约谈，推动了"大班额"问题有效解决；山西省人民政府教育督导委员会因违规组织招生考试等突出问题对吕梁市岚县县委书记、县长及教育科技局局长进行了约谈。

3. 奖惩运用力度空前

纵观教育督导结果运用方式，作为奖惩运用的激励和问责两项制度，与其他常规运用相比，其实践与运用要做好相当不易。2021年，北京、安徽、海南等7个省份对教育督导结果运用了激励，广东、广西、陕西等5个省份根据教育督导结果启动了问责。在激励方面，有的纳入干部考核，如北京将督导结果及整改情况纳入市委组织部对16个区政府（干部）平时考核重要参考事项清单；有的给予资金支持，如安徽依据教育督导评价结果对15个市和7个县（市、区）给予奖励补助1.2767亿元，广西依据政府履行教育职责评价得分对3个市和6个县（市、区）给予经费奖励7500万元；有的授予荣誉称号，如海南2021年2月根据教育督导评估结果授予1所普通高中"省一级甲等学校"称号，授予4所义务教育学校"省级规范学校"称号。在问责方面，一是针对严重事件的问责，如根据国务院教育督导委员会办公室挂牌督办有关要求，广西对北流市幼儿园师生伤害事件和钦州市灵山县学生溺水事件进行了查处问责。其中，就幼儿园师生伤害事件对北流市、新丰镇20名党员干部进行了问责，立案审查调查14人、批评教育2人、诫勉谈话4人。就学生溺水事件对灵山县、檀圩镇和相关学校的有关领导和相关责任人共 18 人给予党内严重警告、诫勉等处分或处理。二是针对违规情形的问责，如内蒙古对在校外培训机构兼职的 51 名中小学在职教师分别给予诫勉谈话、行政警告、记过、免职处分、辞退等处理，有偿补课行为得到有效遏制。

二 2021年教育督导结果运用评析

2021 年，国务院教育督导委员会办公室和各省级政府教育督导委员会办公室认真贯彻落实《意见》，持续推进新时代教育督导体制机制改革向纵深发展，在强化教育督导结果运用上呈现注重制度创新引领、注重发挥协同效用、注重强化问责机制等三方面特点。当然，对标中央改革要求和时代需要，教育督导结果运用仍存在一些不足，顶层设计有待优化、区域落实有待深化、运用导向有待转化。

（一）教育督导结果运用的特点

1. 注重制度创新引领

2021 年，教育督导结果运用的首要特点，主要表现为无论是中央层面还是地方层面，均积极在制度建设上保障教育督导结果的运用，实现了制度创新引领。一是制度建设意识明显增强，强化结果运用被明确写入法律法规、写入政策文件、写入其他规范性文件中。据不完全统计，有 8 个省份已经完成或启动了本地教育督导条例或规定的制定或修改工作，有 12 个省份已经制定或启动起草了本地教育督导结果运用的单行性规范。二是制度创新意识表现明显，突出了教育督导结果运用的地位。如 2021 年新修订的《北京市教育督导规定》，改变了 1998 年旧的立法体例，把结果运用和督导实施区分开来，专门增设一章"督导结果的运用"。三是制度地方特色有所显现，显示了地方对教育督导结果运用的积极性和主动性。如《广西壮族自治区教育督导规定》将为督导报告设置了三重义务，既要向本级人民政府提交，又要向上一级人民政府教育督导机构备案，还必须通过政府网站、新闻媒体等向社会公开，

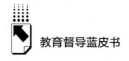

没有添加"适当方式"的顾虑。再如《福建省县（市、区）党政主要领导干部抓教育工作督导考核办法（修订）》，总结了本地的实践经验，提出"既要督导最终结果，也要考核努力程度及进步发展；既要强化问题整改与约谈问责，也要注重典型推广与激励表彰"的先进理念。

2.注重发挥协同效用

教育督导结果运用要充分发挥其应有作用，各种运用方式的协同配合至关重要。2021年的实践表明，绝大部分省份有意识地发挥了结果运用的协同效用。一是注重教育督导结果运用方式之间的协同。《意见》明确的8种结果运用方式本身就有内在的联系，一种方式的效用发挥需要其他一种或几种方式的协同运用。特别是对"双减"和"五项管理"的督导，几乎都运用了整改、约谈、通报甚至问责。二是注重督导结果与运用方式之间的协同。教育督导结果优秀的，就通过授予荣誉称号、通报表扬、资金支持、经费倾斜等方式加以激励；教育督导结果不合格的，则要予以通报批评、约谈或问责相关负责人；对于评估性督导结果，则主要采用结果公开、结果解读、给予改进建议等方式。三是注重运用方式与运用对象之间的协同。各地面对督政、督学、评估监测产生的督导结果，根据对象的不同，采取针对性的运用方式。在督政方面，加强对党政主要领导的考核、资源配置等的挂钩，如福建省在2021年修订县级党政主要领导抓教育工作考核办法后，以省委组织部、省委教育工委和省教育厅名义联合发文，增强了对督导结果运用的针对性和协同性；在督学方面，运用方式强化问题改进、正面激励和对学校及其主要负责人的影响；在评估监测方面，注重对监测结果的分析运用，旨在更好地指导未来的教育教学工作，如云南省专门召开监测报告解读会，通报全省义务教育质量状况，分析影响义务教育质量的相关因素，对教育教学工作提出整改要求。

3.注重强化问责机制

2021年，"问责"是教育督导结果运用的关键词。特别是在《教育督导问责办法》发布后，"问责"的制度建设和运用实践都成为教育督导体制机制改革的热点之一。一是把问责作为督导结果运用的整体取向。受《意见》和

《教育督导问责办法》的影响，督导结果运用整体上带有明显的问责取向，诸如反馈、整改、复查、通报、约谈、问责等制度本身即有问责意思在内，即便是激励制度也被拓展了"限制或调减"的问责方式。二是把广义问责作为制度建设的重点。根据《教育督导问责办法》，有8个省份报告了已经制定或正在研制本地问责办法细则。《陕西省教育督导问责实施细则（试行）》按照分级问责思路，对三类六种问责对象进行厘清，细化了48项问责情形，制定了针对政府、学校和督学的三类问责负面清单。三是把狭义问责作为督导结果运用的后手。教育督导"长牙齿"以树立起应有权威，狭义问责不可或缺。无论是河北省首次给予一县复查"不合格"，还是重庆市首次在报刊发布监测结果，抑或福建省首次发布《福建省义务教育质量监测报告（综合版）》，2021年教育督导结果运用实践中多项首次纪录的诞生，都因为教育督导有了"狭义问责"这个关键后手，教育督导结果运用才能更加得心应手。

（二）教育督导结果运用的不足

1. 顶层设计有待优化

当前，教育督导结果运用在中央政策和地方性法规层面已经有了明确的表述和相关的规则，但与目前的期待相比（见表1），仍须在顶层设计上加以优化。一方面，要解决以什么为载体来设计。不少省份反映，教育督导结果运用存在激励受表彰政策限制、权威性尚未树立、问责威慑力不够等严重问题。这些问题在《意见》和《教育督导问责办法》形成的新改革制度框架中并不能得到有效解决，关键在于二者均不属于国家法律法规，不能形成制度的刚性约束。习近平总书记反复强调："凡属重大改革都要于法有据。"[1] 教育督导结果运用作为新时代教育督导体制机制改革的重大改革突破口，应当于法有据，顶层设计应当以法律法规为载体。另一方面，要解决好如何来设计结果运用。在地方性法规层面，独立设置"督导结果运用"已经成为教育督导条例或规定立新修旧的主流选择。未来在顶层设计中，应

---

① 习近平：《论坚持全面依法治国》，中央文献出版社，2020，第35页。

当吸收地方立法好的经验做法，将《意见》中问责机制、问责制度与结果运用间不甚清晰的关系作一廓清，以"督导结果运用"来统摄，让"问责机制"更加明确，让"问责制度"更为规范。

表1 目前教育督导评价制度中最紧缺制度调查情况

单位：人次，%

内容	选择人次	所占比例
机构设置制度	1328	36.72
队伍建设制度	1015	28.07
工作规程	176	4.87
结果运用制度	1097	30.34
合计	3616	100

2.区域落实有待深化

教育督导结果运用关键是要"用"起来，真正落实到教育督导体制机制改革实践中。从各省份实践情况来看，结果运用的区域落实仍有待深化。一是结果运用在各省份间并不平衡。个别省份在其2021年度教育督导工作总结中仅涉及1项制度的运用情况，与运用了7项制度的省份形成巨大反差。当然，这与各省份对督导结果运用方式的主观偏好和习惯有关，也与各省份是否吃透了政策精神、把握了结果运用的要点有关。将来要树立起制度执行的刚性，而不能任凭主观自由裁量，对督导结果该运用时就应当运用。二是各省份在运用方式上也存在一定程度的例行公事之嫌。从形式上看，绝大多数省份都运用了多项制度。但细究发现，大部分运用都有方式集中和事项集中的特点，即主要集中运用几种常规方式，主要集中在"双减""五项管理""春秋季开学"等专项督导，而教育教学经常性督导的结果运用相对偏少。三是结果运用方式理解上存在一定偏差。以通报为例，《意见》规定的通报制度针对的是整改，即适用于整改不力或没完成整改等情形，而有些省份未严格使用，将本应属于督导问题反馈的称作通报。由此带来的是结果运用方式的混乱，形式上有其名，实质上完全不同。

3. 运用导向有待转化

教育督导结果运用应服务于教育督导的目的，教育督导的目的应当成为教育督导结果运用的目的。《意见》在主要目标部分明确，督政旨在督促政府履行教育职责，督学旨在提高教育质量，评估监测旨在为改善教育管理、优化教育决策、指导教育工作提供科学依据。归结起来，无论是督促政府履职，还是提供科学依据，其实也都是为了提高教育质量，这也是《教育督导条例》第一条明确的立法目的。但是，当前教育督导结果运用具有明显的问责导向，借以树立教育督导的权威，让教育督导发挥震慑作用。然而，只要追问一下，问责究竟是为了什么？显然不仅仅是为了处分或处理相关责任人这个直接目的，必然是为了提高教育质量这个根本目的。因此，问责不应成为教育督导结果运用的常态化导向，把其作为当前的一种权宜之计较妥。事实上，教育督导的权威不会也不应当通过作为后手的问责来实现，而应当由其自身的价值所彰显。随着教育督导体制机制改革的深入，若仍将教育督导结果运用的导向置于问责，教育督导可能会偏离根本而陷于细末，改革成果的拓展也会受其阻碍，甚至受到反噬。

三　深化教育督导结果运用改革展望

2022年是《意见》确定的全面覆盖、运转高效、结果权威、问责有力的中国特色社会主义教育督导体制机制基本建成之年，也是《加快推进教育现代化实施方案（2018-2022年）》的收官之年。教育督导结果运用作为中国特色社会主义教育督导体制机制的重要组成部分，对中国教育现代化阶段性任务的督导评估也将发挥重要作用。在此意义上，教育督导结果运用改革仍须持续深化。

（一）加强顶层设计

深化教育督导结果运用改革必须加强顶层设计。经过2020年以来的改革实践，教育督导结果运用已经有了一定的成熟经验和地方立法先例。

2022 年，已经有省份制定或修改了本省的教育督导条例或规定，预计年内还会有更多省份跟进这方面的立法，这将为国家层面的立法提供可借鉴的先行经验。同时，在全面依法治国的大背景下，教育发展新形势也要求未来应当通过国家立法对教育督导结果运用进行完善和规范，为改革提供坚实的法律保障，为地方立法和实践提供明确的上位法依据。从立法模式来看，主要有两种。一是单行性立法，即专门就教育督导结果运用制定法律或行政法规。从立法资源和相对重要性来看，此种模式不具有现实可行性。二是嵌入式立法，即将督导结果运用作为教育督导法律规范的组成部分。可修订《教育督导条例》，在其中设置"督导结果运用"专门章节，相对来说具备较高的可行性。当然，也可按此模式争取将《教育督导条例》进一步升格为法律，以抬升督导结果运用的效力位阶。从内容设计来看，应包括教育督导结果的形成和质量保障、结果运用的具体类型和相应的实施程序、结果运用过程中的异议复核、申诉和救济机制、结果运用的保障监督机制等，可吸收借鉴现行法律政策中好的规定和改革中的成熟做法来具体完善。

（二）健全质保机制

深化教育督导结果运用改革必须健全质保机制，保障督导结果质量。督导结果是进行结果运用的前提条件和依据所在。中国特色社会主义教育督导体制机制的特征之一是结果的权威，结果的权威源于结果的客观公正。可以说，没有客观公正的督导结果，就没有高质量的权威结果，也就形不成结果运用的权威。健全教育督导结果质量保障机制，既与督导的实施密切相关，又与督导结果的形成直接相关。为此，要做好两方面的工作。一方面，要科学设计教育督导实施机制。在现有法律规定下，《教育督导条例》和有关地方性法规均对督导实施作了较为全面的规定，要科学设计组织实施好教育督导，但在细节上还应当进行优化。如督导小组三名及以上的督学怎么样科学合理地确定，如何保证所选督学与督导事项的专业相关，如何客观公正随机地选出督学，等等，都需要完善的制度体系跟进保障。另一方面，要完善教育督导结果形成机制。明确督导小组形成初步督导意见、接受被督导单位申辩、教育督导机构形成正式督导意见的事实、理由、依据、时限等要素，明确初步督导意见和申辩意见对形成正式督导意见的作用，明确申辩的组织和程序，增加督学各业务委员会对督导意见进行评议等，为高质量的教育督导结果提供充分保障。

（三）改进运用导向

深化教育督导结果运用改革必须改进运用导向。面向 2035 年中国教育现代化，高质量、优质均衡、更加公平等已成为当前和未来一段时期教育发展的关键词。教育督导结果运用应当主动适应和服务中国教育高质量发展的新形势、新要求，从问责导向转为质量激励导向。所谓质量激励，就是要求督导结果的运用应以有助于提升教育质量为最终目标，运用的方式应当以激励作为主要取向，同时，激励应聚焦于教育督导结果的实质改进增量和质量提高幅度。一是把提升教育质量作为督导结果运用的根本目的。教育督导的实施应当把发现问题和发掘典型结合起来，督导结果的形成应当把指出问题和总结典型结合起来，督导结果的运用应当把改进问题和推广典型结合起来，从而将发现问题、推动整改、提升质量贯通起来。二是把激励作为督导结果运用的基本取向。在教育高质量发展的新阶段，特别是义务教育由基本均衡转向优质均衡的新形势下，"激励"越来越受到重视。如重庆 2021 年就建立了义务教育优质均衡区县创建奖补制度，对首批 4 个申请创建区县给予 6000 万元奖补资金。三是把问责作为督导结果运用的重要后手。强化质量激励的督导结果运用导向，并不是不再重视发挥问责的作用，更不是将问责排除在督导结果运用之外。恰恰相反，质量激励的督导结果运用导向仍然要依靠问责作为最后的强力保障，发挥其应有的震慑作用。

（四）规范运用方式

深化教育督导结果运用改革必须规范运用方式。《意见》为教育督导结果运用规定了八项制度，每一项制度都有相应的实施主体、实施对象和实施内容等明确要求。但实践中仍有认识不清晰、执行不到位、落实不得效的情况存在。面向中国特色社会主义教育督导体制机制，教育督导结果运用的方式仍须加以规范。一是要统一界定运用方式的名称和内涵。为保证全国教育督导结果运用的一致性，避免各地出现执行偏差，发生名实不副的现象，必须对结果运用方式进行科学准确界定。要明确督导结果运用方式的种类有哪些，每一种运用方式的命名要规范，每一种运用方式的内涵不存在任何歧义。二是要健全完善运用方式的内容要素。既包括每一种运用方式的行为模式，即行为依据、行为主体、行为内容和行为对象；也包括每一种运用方式的适用情形，最好形成一定形式的运用清单或适用指南。三是要规范设置运用方式实施程序。可以概括规范适用于所有运用方式的一般程序，也可专门规范适用于某一种或几种运用方式的特殊程序。同时，要明确设置各环节的期限要求，以保证程序运行的效率。四是要增加对督导结果运用方式的监督。既要防止不进行结果运用的消极不作为（见表2），也要防止运用方式的不当选择、恣意使用，设置相应的法律责任和监督措施。

表2 2021年度对整改不力督办限期整改情况

单位：人次，%

是否发过督办单	选择人次	所占比例
是	2570	71.07
否	817	22.60
不清楚	229	6.33
合计	3616	100

（五）提高运用水平

深化教育督导结果运用改革必须提高运用水平。新时代的教育事业和教育督导对督导结果运用水平提出更高要求，低水平的督导结果运用不能显著提高教育质量，促进教育事业发展，反而会适得其反违背教育督导的本来目标。提高督导结果运用水平，要从以下几方面着力。一是提高实施主体的运用能力。作为结果运用的主要主体，教育督导机构及其工作人员应不断提高自身组织建设和能力建设，健全常态化学习培训机制，让每名工作人员都能熟练掌握全部督导结果运用方式，实现能够准确灵活地实施相关运用方式开展工作。二是提高运用的针对性。督政、督学、评估监测有着不同的督导标准和要求，相应的督导所得到的督导结果亦不相同，同时也有着不同的直接目的导向，所针对的督导对象也不尽一致，要实现相应的结果运用目标，就应当在选择运用方式时倍加注意适配性的考量，以尽可能地发挥出督导结果的最大效用。三是提高运用的协同联动合力。教育督导是一项综合性工作，需要包括教育行政主管部门在内的众多相关部门的协作，《意见》关于国务院教育督导委员会的组成就是最好的例证。相应地，教育督导结果运用时也应当充分发挥各级教育督导委员会成员单位的作用，形成协同运用、联动运用，不断增强运用的合力，提高运用的水平。

（六）增强运用成效

深化教育督导结果运用改革必须增强运用成效。运转高效是中国特色社会主义教育督导体制机制的特征之一。教育督导结果运用也应当实现运转高效，只有实现了高效运转，才能体现出结果运用的成效。若督导结果被束之高阁，或者仅作常规性的低效运用，将极大地违背深化新时代教育督导体制机制改革的初衷。为此，可以从三方面增强督导结果运用成效。一是提高增强运用成效这一目标导向意识。督导结果运用成效在一定程度上关系着新时代教育督导体制机制改革的成败。因此，各级教育督导机构必须把增强运用成效的理念意识贯穿于督导结果的形成和运用中，增强"用要有效"和"用必有效"的决心和信心。二是强化对结果运用的保障。首先是立法保障，要尽快从国家法律法规层面对督导结果运用作出明确规范，增强结果运用的法定效力；其次是组织保障，各级教育督导委员会及其办公室的组织构成应当协同有力，权责相适应，能够有效担负起督导职责；最后是财政保障，特别是在质量激励导向下的奖励补助资金和经费支持保障。三是增加对结果运用成效的评估。督导结果运用的完成并不意味着一次教育督导的完结，要定期对督导结果运用成效开展独立的客观公正的评价。独立是相对于教育督导而言的，此种评价将是由专业第三方机构而非教育督导机构作出的非教育督导的成效评估。

专 题 篇

Special Reports

B.5

职业教育第三方评估的
几个问题初探

陈寿根　邢　晖*

摘　要：《职业教育法》、党和政府职业教育改革发展的一系列法规规章，对建立中国特色职业教育第三方评估制度作出了规定、提出了要求。第三方评估指社会评价组织接受政府委托、购买政府服务开展的教育质量评估活动，具有独立性、专业性和公信力等特点。美国、英国和日本等发达国家第三方评估的经验，为我国第三方评估制度建设提供了借鉴。当前我国职业教育第三方评估存在制度政策缺失、组织发展缓慢、文化支撑不足和理论指导乏力等四大困境，针对此，可以在完善制度政策、提高组织能力、推动内外联动和强化理论研究方面予以突破。

---

* 陈寿根，江苏城乡建设职业学院副院长、研究员，研究方向为高职教育质量保障、高职院校治理；邢晖，国家教育行政学院职业教育研究中心主任，研究员，研究方向为职业教育政策与管理。

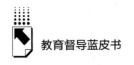
关键词： 职业教育　第三方评估　人才培养

《国家中长期教育改革和发展规划纲要（2010—2020 年）》提出"促进管办评分离，形成政事分开、权责明确、统筹协调、规范有序的教育管理体制"以来，第三方评估就始终是党和政府教育改革文件的话题。遗憾的是，十多年来政府主导的职业教育人才培养工作评估渐渐退出了舞台，而第三方评估却迟迟没有明显进展，探索第三方评估可谓时代的呼唤。本文试图从政策导向、内涵特征、国际经验、现实困境、突破策略等方面，对职业教育第三方评估进行初步探索。

一　职业教育第三方评估的政策导向

2014 年 5 月，国务院印发的《关于加快发展现代职业教育的决定》强调，定期开展职业院校办学水平和专业教学情况评估，通过授权委托、购买服务等方式，将相关职责转交给适宜的行业组织承担，积极支持第三方机构开展评估。

2015 年 6 月，教育部印发的《关于深入推进教育管办评分离　促进政府职能转变的若干意见》要求，依法实施督导和评估监测，完善督导和评估监测报告发布制度，健全问责机制，提高督导的权威性和实效性。大力培育专业教育服务机构，整合监测评估机构，完善监测评估体系，发布监测评估报告。

2017 年 9 月，中共中央办公厅、国务院办公厅印发的《关于深化教育体制机制改革的意见》明确，建立健全教育评价制度，建立完整的教育质量监测评估体系，健全第三方评价机制。

2019 年 2 月，国务院印发的《国家职业教育改革实施方案》明示，以学习者的职业道德、技术技能水平和就业质量，以及产教融合、校企合作水平为核心，建立职业教育质量评价体系。完善政府、行业、企业、职业院校等共同参与的质量评价机制，积极支持第三方机构开展评估，将考核结果作为政策支持、绩效考核、表彰奖励的重要依据。

2020年2月，中共中央办公厅、国务院办公厅印发的《关于深化新时代教育督导体制机制改革的意见》提出，建立国家统筹制定标准、地方为主组织实施，对学校进行督导的工作机制；建立教育督导部门统一归口管理、多方参与的教育评估监测机制，为改善教育管理、优化教育决策、指导教育工作提供科学依据。

2020年10月，中共中央、国务院印发的《深化新时代教育评价改革总体方案》明确，健全职业学校评价。重点评价职业学校德技并修、产教融合、校企合作、育训结合、学生获取职业资格或职业技能等级证书、毕业生就业质量、"双师型"教师队伍建设等情况，扩大行业企业参与评价，引导培养高素质劳动者和技术技能人才。

2022年4月，新《中华人民共和国职业教育法》规定，县级以上人民政府教育行政部门应当会同有关部门、行业组织建立符合职业教育特点的质量评价体系，组织或者委托行业组织、企业和第三方专业机构，对职业学校的办学质量进行评估，并将评估结果及时公开。

中国特色社会主义进入新时代，政府、行业企业、社会公众和学生（家长）等利益相关者对职业教育质量的诉求与日俱增，职业院校服务党和政府"五位一体"总体布局、"四个全面"战略布局，服务产业结构调整、生产技术升级、经济社会发展方式转变；解决高等教育大众化向普及化发展中出现的生源数量不足与质量下降、教师能力不足与实践保障不力，社会公众对职业教育认可度、行业企业参与人才培养积极性不高等问题，都需要人们转变质量管理观念，创新质量管理方式，党和政府对此高度重视。

建立政府宏观管理、学校自主办学、社会第三方评估的职业教育质量保障体系，是职业教育质量治理历久弥新的经验，更是党和政府推动职业教育高质量发展的战略部署。当前，职业学校自主办学的意识和能力不断提升，而第三方评估制度建设的推进措施则相对薄弱、实践进展

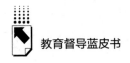

异常缓慢，补齐短板、健全质量保障体制机制是职业教育质量治理的当务之急。

二 职业教育第三方评估的内涵特征

第三方和第三方评估是赋予了特定含义的两个概念。第三方指独立于职业院校和政府，具有独立法人资格、掌握精湛评估技术、形成了良好社会声誉的非营利社会组织。第三方评估则是指第三方机构接受政府委托或购买政府服务，开展的专业、独立、公正和透明的教育质量评价活动，本文语境中的第三方评估特指职业院校评估和专业认证。第三方评估是提升人才培养质量行之有效的手段，当前，建立第三方评估制度更是贯彻落实《深化新时代教育评价改革总体方案》，实现职业院校人才培养过程评价与结果评价、增值评价与综合评价有机统一的理想选择。究其本质，第三方和第三方评估具有以下特征。

一是独立性。首先，主体地位的独立性，即第三方机构依据国家法律法规建立，具有自己的名称、驻所、资产、财务和章程，独立履行组织职责、承担民事责任。其次，决策权力的独立性，即第三方机构依法确立价值理想、发展愿景和工作理念，独立选择发展模式和成长路径，不唯政府指令是从，不受学校喜好左右工作。再次，运行经费的独立性，即第三方机构通过代理政府的委托项目获取收入，独立核算成本，实行自负盈亏，与评估学校之间没有任何费用瓜葛。最后，评估活动的独立性，即第三方评估遵循技术技能人才成长规律、教育质量生成规律，在评估的指标及标准设计、过程与方法策划、专家人员安排、评估报告撰写和评估结论发布等方面，始终秉承自主立场，不受外界的影响和干涉。

二是专业性。首先，第三方机构以评估理论为指导，综合应用管理学、教育学、统计学、信息技术学和组织行为学等学科知识谋划工作、制定方案，评估是建立在专业理论基础上的实践活动。其次，评估由学有专攻的专家操作，实施院校评估和专业认证的人员都是教育、产业和质量管理领域的专家，他们掌握专业知识和技能，熟悉评估理论和技术，具有职业道德和操守。最后，应用合理公正技术，第三方评估以国家职业教育质量治理政策为依据，以现代质量管理思想为指导，借鉴国内外教育评估先进经验，评估基于科学标准、真实信息、严密流程、细致观察和审慎分析，能够深入发现学校质量管理和建设中存在的问题，使评估成为总结经验、发现并解决问题，最终提升人才培养质量的过程。

三是公信力。首先，体现在价值定位的公益性上，第三方机构以服务职业院校人才培养质量提升、增强职业教育适应性为宗旨，恪守非营利性发展理念，努力以评估的独立、专业、客观和透明赢得政府、学校和社会公众的认同。其次，体现在评估的公正性上，评估专家笃信学高为师、身正为范，坚持学术为本、人格至上，具有抵御外来权力干扰和利益诱惑的定力，评估过程与结果公平、公正、公开，受到利益相关者普遍接受和认可。再次，体现在评估结论的建设性上，第三方评估专家撰写评估报告时集思广益、反复推敲，针对亮点、问题和改进策略突出重点、抓住关键，评估报告是学校发挥成绩、消除缺陷的"良方"。最后，体现在评估的透明性上，第三方评估的标准、过程、方法和结果都在适当范围内公开，全过程接受利益相关者的评价和监督，专家组随时回应利益相关者的疑问和质询。

三　职业教育第三方评估的国际经验

（一）美国社区学院的第三方评估

美国职业教育第三方评估基于《帕金斯法案 IV》规定，其主要形式包括质量问责、"增进就业"评估和社区学院学生参与度调查。

1. 质量问责

社区学院教育质量问责指标涵盖五个方面：一是学生在州政府举办或产业认可的技术评估中的通过率；二是学生获得的产业管理或者协作组织认可的证明、证书或文凭的比例；三是学生中继续留校就读或转读学士学位学生

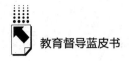

的比例；四是学生继续接受更高等教育和高级培训、服兵役或就业的比例；五是非传统领域就业率。

社区学院教育质量评价的问责过程方法重点是三个环节：一是由州政府制订计划，明确未来两年本州计划构建的问责指标体系、具体测量方式、达到的绩效标准；二是在全州范围内开展职业教育质量问责，每年向教育部上交问责报告；三是由联邦教育部对问责报告进行深入分析、反馈，未达到计划绩效水平90%的州，需要在下一年度实施"改善计划"，对未实施"改善计划"或同一个核心指标连续3年未达到绩效水平90%的州，教育部将部分或完全收回该州所获得的资助。

2."增进就业"评估

"增进就业"评估的指标标准有二：一是学校证明当前实施的"增进就业"培训项目都满足州政府及联邦政府的许可和认证要求；二是衡量"增进就业"项目达到"学生债务偿还额度与收入之比"的最低要求。

"增进就业"评估的过程方法有三个要点：一是所有院校根据教育部提供的信息公开模板，向公众公开所有项目实施的全过程绩效数据、项目开展情况及实施取得的成果等；二是接受第三方评估机构的评估，取得培训项目实施报告；三是应用评估结果，对达不到合格要求的学校将停止援助。

3.社区学院学生参与度调查

社区学院学生参与度调查是以学生为中心、注重过程评价与结果评价相结合的质量评价工具，接受国家咨询委员会的领导。

社区学院学生参与度调查从五个方面展开。一是主动参与课堂内外合作频次、辅导其他学生频次、课堂提问与展示频次、参与作为课程内容的基于社区知识频次、学生与家人朋友同事讨论想法频次。二是使用电子邮箱与教师沟通交流频次、与教师谈论职业生涯规划频次、与教师讨论课堂阅读频次、除作业外多久与教师共同完成一项活动。三是想象努力多久才能满足教师期望、考试挑战程度如何、课程是否强调分析一个理论基本要素、是否会用一种新方法合成信息、是否会对所学理论作出价值判断、是否会应用所学理论去解决实践问题、是否会用所学知识完成一项新的技能任务、阅读了多少指定的教科书和其他阅读材料、完成论文或报告的数量、学院如何鼓励学生把时间用在学习上。四是一年中为丰富自我阅读过多少书籍、一周通常有多少时间花费在学习上、准备一篇论文或两个及以上的草案需要多长时间、做一个需要整合各类观点的项目需要多长时间、多久会有一次准备不足的上课、多久会有一次家庭服务、多久会去一次技能实验室、多久会去一次计算机实验室。五是学院是否会鼓励不同种族民族背景学生之间交流与联系、学院是否对学生的成功提供必要支持、学院能得到多少来自社会各界支持、学院会为学生提供多少助学金、学生多久会进行一次学业咨询和职业咨询活动、学院是否会帮助学生应对来自非学习方面的问题。

（二）英国职业教育第三方评估

1. 评估标准

英国对职业教育的第三方评估奉行统一的标准，标准依据国家职业资格开发，国家职业资格则是由国家职业资格委员会，组织行业协会、行业组织以及教育培训机构专业人士组成的产业指导机构制定的，指导机构在分析岗位职业能力的基础上开发职业资格证书系统，经过反复征求意见、试点验证、修正完善后向社会发布。

2. 学校内部自我评估

学校内部自我评估重点围绕学生学习成绩和综合表现、教师教学工作效能、学校与行业企业的合作等展开。学生成绩和综合表现涵盖学习的每个过程、学习机会的获得、学习后获得就业机会和继续学习的机会等；教师教学工作效能每年评估两次，由学校内部专家评定课堂教学的等级；学校与行业企业合作主要考察教学资源是否充足，员工的学历和经历是否达到标准，学校与地方企业、教育机构的合作开展教学是否深入、是否达到预设的目标，学校近年来取得的显著进步、存在的主要问题。自我评估必须抓住问题提出切实可行的改进意见。

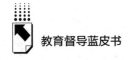

3.第三方外部评估

第三方外部评估由教育标准办公室具体负责，办公室遴选行业企业大师级匠人、职业院校管理者组成专家团队，专家团队基于学校自我评估资料深入细致开展调查研究，通过进入课堂听课，查看教学资源，访谈教职员工、学生和相关管理官员，形成评估报告，给出评估结果。评估结论为不合格的学院不给予拨款，直到通过评估；评估结论为优秀的学院下次评估可以推迟到 6 年后进行，极大地强化了学院执行国家标准、重视第三方评估的意识。

（三）日本短期大学第三方评估

日本的《学校教育法》明确规定，从事职业教育的所有学校必须接受外部评价，由独立于政府和学校的第三方评价机构，包括大学基准协会、国家大学评价与学位授予机构、高等教育评价机构等承担。第三方评价机构必须在接受了文部科学省的认证之后，方可承担职业教育质量的外部评价工作。

1.第三方评价机构及其评价对象

表1　第三方评价机构及其评价对象

评价机构	评价对象
短期大学基准协会	短期大学
大学基准协会	短期大学
高等教育评价机构	短期大学、高等专门学校
大学评价与学位授予机构	短期大学、高等专门学校

2.评估指标

短期大学基准协会的评估指标包括规定部分和自选部分。

规定部分有 4 项一级指标 12 项二级指标。主要是：办学精神与教育效果，包含办学精神、教育效果、自我检查与评价；教育课程与学生支援，包含人才培养方案设置的课程学校为学生提供的支援；教育与财政资源，包含人力资源、物质资源、以技术资源为首的其他教育资源、财政资源；领导力和统治力，包含理事长的领导力、校长的领导力和统治力。

自选部分有 3 项一级指标 13 项二级指标。主要是：教养教育的组织，包含确定教养教育的目标、实施内容与方法、评价效果及改善策略；职业教育的组织，包含明确短期大学的职业教育角色、技能及其担当的任务，将职业教育与后期中等教育的顺畅衔接作为目标，职业教育的内容和实施体制，为学习者再次学习提供的条件，努力提升担当职业教育教师的资质（实务经验），对职业教育的效果测定和评价；地域贡献，包含实施面向社会的公开讲座、生涯学习讲座，正规授课的开放等，开展与区域内工商业、教育机构及文化团体等交流活动。

3. 评估程序

评估的基本程序包括学校申请、基准协会审核、学校缴费、学校自评、评估小组书面资料调查和实地考察、评估结果（草案）内部公示、理事会认定评估结果公布等环节。

发达国家职业教育质量保障的经验与启示如下。

第一，立法是质量保障的前提。职业教育质量保障依赖于职业院校利益相关者的共同参与，政府、行业、企业、社会相关组织和学校在质量保障中的职责、权利、义务、利益等需要法律和政策界定。

第二，标准是质量保障的基础。利益相关者履行质量保障责任需要标准，建立标准是职业教育质量保障的基础性工作，标准既是职业院校质量实践的依据和指南，也是学校内部评估、社会第三方评估机构外部评估的标尺和准绳。

第三，建立内部质量保障体系是质量保障的关键。职业院校是质量保障的第一责任人，质量归根到底是职业院校"生产"出来的，建立职业院校内部质量保障体系应当成为职业教育质量保障的出发点和落脚点。

第四，第三方评估是质量保障的重要议题。外部评估的独立、专业、公平和公正，是具有信度和效度的质量管理举措，是推动职业院校内部质量保障体系建设，进而提升职业院校办学质量的强大动力。

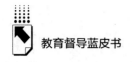

四　职业教育第三方评估的现实困境

教育部先后于 2004 年、2008 年启动了职业教育人才培养质量评估，分别是高职高专院校人才培养工作水平评估和高等职业院校人才培养工作评估，两轮评估对改善办学条件、提升办学能力和提高人才培养质量发挥了重要作用。但由于此两轮评估的组织者是依附于政府的评估院，而不是独立的第三方，严格意义上都不是真正的第三方评估。而评估专家又以高职院校或本科院校的领导干部居多，他们非常熟悉学校办学规律，但对评价的技术并不十分清楚，因此，评估的公信力受到了一定程度的影响。

《国家中长期教育改革和发展规划纲要（2010—2020 年）》的颁布，特别是《关于深化新时代教育督导体制机制改革的意见》印发以后，第三方评估再次引起职业教育管理者、研究者和实践者的关注，北京、上海、山东等十多个省（市）制定了地方法规或规章，围绕第三方评估制度建设提出了具有地方特色的设想。北京国展兴泰教育科技研究院等第三方机构，组织专家学习国家政策、开发评估方案，在北京、陕西和河南等地职业院校开展教育质量评估，评估工作受到了评估学校的欢迎和赞许。

整体而言，职业教育第三方评估制度建设进展缓慢，推动工作存在诸多亟待突破的困境。

（一）制度政策缺失

国家法律法规具有强制效力和公共权威，是落实多元利益主体责任、平衡多元利益主体诉求、推动多元主体共同治理的利器。作为涉及政府、学校、行业企业、社会公众和评价组织的职业院校第三方评估，需要法律法规的规制和支撑。新《职业教育法》、《国务院关于加快发展现代职业教育的决定》、《国务院关于印发国家职业教育改革实施方案的通知》、《中共中央办公厅、国务院办公厅关于印发深化教育体制机制改革的意见》等一系列文件明示：积极支持第三方机构开展评估。

　　显而易见，国家法律法规高度概括性的命令和规定，国家政策宣示性的号召和呼吁，如果缺乏实体性、程序性的规章或规范性文件固化，第三方评估是无法落地落实的。当前，教育行政部门因"管办评分离"职权转移，不再过问职业院校评估和认证，职业院校忙于上级"质量工程"繁杂的建设、评估和验收，无力顾及系统性的质量评估，业已存在的第三方评估机构由于争取项目困难，纷纷改弦更张，其根本原因在于，作为教育评估归口管理部门的地方政府教育督导办公室，尚未形成第三方评估的制度规范，教育行政部门、职业院校在教育质量评估中的职权不明确，第三方评估机构的身份、资质、职责、权利、义务、利益、管理和发展扶持更是一头雾水，如此境地下，第三方评估无从说起。

（二）组织发展缓慢

　　第三方机构独立、专业和具有公信力的组织性质，对其自身建设提出了严格要求，第三方机构只有拥有、建立了合法的身份、明确的目标、清晰的战略和严密的管理，聚集式和规范化的专家队伍发展制度，科学性和实践性统一的评估方法和技术，适应性的组织生态和文化，才能客观公正、富有实效地对职业院校的教育质量建设作出评价和指导，才能被社会各界认同和接受。

　　目前，从事职业教育评估的第三方机构主要有三种类型：第一类是具有半官方性质的教育行政部门直属单位——教育评估院；第二类是实施教育质量评估研究的大学学术机构；第三类是由民政部门批准设置的社会组织、民办非企业，在工商部门登记注册的民营企业。不同类型的评估机构存在不同的问题：半官方评估组织是政府"代言人"，评估方案、过程和结果无不受到政府职能部门影响，大部分专家又是职业院校行政领导，受心理首因效应、晕轮效应、近因效应影响，价值判断缺乏中立性。大学学术机构的经费投入捉襟见肘，评估方案模仿本科教育，有时为了承接项目和获得资助，不惜丧失独立性，评估公信力不足。社会组织、民办非企业和民营企业营利目的明显、商业气息浓厚，为了降低成本，对评估方案拼凑组合、不经论证就

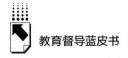

加以运用，评估专家临时聘请、不加培训，缺乏评估经历和实践经验者居多，评估的科学性无法保证。三种类型第三方机构在独立性、专业性和公信力上不同程度地存在"硬伤"，不做深入改造难以提供令人信服的质量评估。

第三方机构的数量不足与质量不高一样是突出问题，当前职业教育领域的高水平院校、高水平专业和创新教学团队等遴选，依然只能由教育行政部门负责，大量的质量评估无法实现主体转换，国家和地方教育行政部门多次提及并期待的专业评估，仍然是"只听楼梯响、不见人下来"，"管办评分离"质量治理战略迟迟不能落地。

（三）文化支撑不足

文化环境是制度创新的重要变量，评估变革需要与之相适应的环境和场域，否则无法得到利益相关者的理解、认同和支持，难以取得预期的成效。抑或受传统观念与思维方式影响，在政府主导评估向第三方评估的变迁过程中，利益相关者的价值取向、信仰和偏好表现出异常强烈的文化抗性。

《教育部关于深入推进教育管办评分离　促进政府职能转变的若干意见》，对政府、学校和社会评价组织的职权进行了明确界定，或许是传统管理思想变革需要时日，或许是政府职能部门担心第三方机构的能力不足，教育督导部门授予、教育行政部门让渡第三方机构评估权力显得犹豫不决，为第三方机构创设的制度创新空间不够开阔，而没有政府职能部门的授权和让权，就没有第三方机构的接权，缺乏政府部门的环境营造，第三方机构寸步难行。

（四）理论指导乏力

科学理论基于规律、可以预见实践发展的过程和结果，是实践活动的先导和指南，缺乏科学理论指导的实践是盲目的实践。近几年，职业教育第三方评估研究取得了长足进步，但相关成果的系统性不够、操作性不强，这是当前第三方评估战略上摇摆不定、战术上办法不多、心理上患得患失、行动上犹豫不决的重要原因。

第三方评估的基本理论和技术问题至今没有形成定论，诸如如何统一和解释评估的专业词语，形成第三方评估普遍认同的话语体系；如何借鉴发达国家成熟理论和技术，构建切合我国职业教育实际的评估制度；如何发挥评估委托者、评估对象、评估实施者和其他社会力量作用，实现评估提升质量、服务改进、强化问责、传播经验的目标；如何形成多元主体、科学标准、规范过程、合理方法，实施基准比对、痕迹追踪、证据分层、理性分析；如何弥补正式契约不足、规避可能的道德风险，在社会公众中建立公信力等，都还没有系统全面、合乎逻辑的答案。一言以蔽之，我国职业院校第三方评估的理论成果，难以引领和支撑评估实践的行稳致远。

五　突破职业教育第三方评估困境的策略与建议

突破职业教育第三方评估困境，加快建立第三方评估制度需要在完善制度政策和标准、提高组织能力、推动内外联动、强化理论研究上协同发力。

（一）完善制度政策和标准

《关于深化新时代教育督导体制机制改革的意见》明示，教育质量评估监测由教育督导部门归口管理，国家和地方政府督导组织应当以法律法规为依据，理直气壮地统筹协调第三方评估的规章制度建设，承担引导、规范和监督第三方评估的责任。

第三方评估规章制度至少要明晰以下问题：一是第三方机构的法人性质，包括组织属性、宗旨使命、目标任务、业务范围、工作准则、职责权力、运行逻辑和支持政策等；二是理顺政府教育督导部门、教育行政部门、职业院校和第三方机构彼此之间的关系，厘清职责和权力边界；三是建立第三方机构及其专家人员的资质框架，明确评估机构及其专家人员的准入条件、任职资格，明确资格认证的责任主体、主要方法和基本程序；

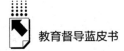

四是"元评估"制度，即对第三方及其专家评估工作实施评估的主要内容，包括指标及标准、组织者与实施者、过程与方法、周期节点以及评估结论的应用，建立第三方优胜劣汰的竞争机制；五是明确职业院校定期接受第三方评估的责任和义务，第三方评估结论对生均拨款、学校社会学绩效考核、荣誉表彰奖励等方面的应用，为第三方评估机构的发展创造良好条件。

（二）提高组织能力

任何组织都是人员、技术和管理体系整合而成的整体，因此，不论是已有第三方机构变革，还是新的第三方机构培育，建设高水平专家队伍、创新高质量评估技术、完善现代化治理结构和过程，是第三方评估机构的重点任务。

质量管理学认为，任何工作的质量首先是设计出来的，其次是"生产"出来的，第三方机构的专家人员集评估设计者和生产者于一身，评估质量与他们休戚相关。第三方机构应当从职业院校、行业企业和质量研究机构精心挑选具有责任感、使命感和深厚学术造诣的学科教授、产业教授和专家学者组成评估专家队伍；组织开展专家培训，培育担当精神、大局意识和公共情怀，帮助他们掌握评估的知识和技能；建立机构内部的"元评估"制度，对各项目组的评估工作进行严格的评估，发现和解决评估中存在的问题，在不断的问题探究中认识规律、提高技艺，打造高素质的专家队伍。

评估分为准备、实施和总结三个阶段。准备包括背景分析和方案设计，实施包括信息采集、网络评审和现场评估，总结包括报告形成和指导改进。第三方机构应当围绕这些要素建立各项工作的规范，准确分析购买服务组织和评估院校的发展和心理诉求，确保评估指标及标准、工具与技术、方法与程序以及专家队伍的合理性；增强评估信息采集、问卷调查、座谈访谈工作的严密性，保证数据核准、分析和标准比对的严谨性；强化评估报告定性描述的通俗性、定量赋分的公正性、改进建议的建设性，指导问题整改严肃认真，提升服务学校质量建设和政府宏观管理的实效性。

科学管理是人员和技术充分发挥作用、组织效能最大化的保证。第三方机构应当建立质量管理专家、评估专家、院校领导和教师、行业企业管理者和能工巧匠组成的决策委员会，健全议事规则，增强评估工作决策的科学性。应当完善评估及其内部管理机制，制度化、规范化推进评估和内部管理。应当着力提升机构管理人员和专家组组长的领导力，提升理论水平、政治水平。应当致力于培育组织的共同价值观，确保机构上下心往一处想、劲往一处使，为实现组织的目标不懈努力。

（三）推动内外联动

有效的质量保障必须是学校内部质量保障与外部质量结合、以内部质量保障为主、以外部质量保障促进内部质量保障。缺乏学校教师、管理人员和学生对第三方评估等外部质量保障行动的认同和配合，外部质量保障活动只能是"猫抓老鼠的游戏"；失去了第三方评估等外部质量保障的引领和推动，学校内部质量保障的科学性、师生投身质量活动的积极性都会大打折扣。因此，实现内外质量保障协调统一是职业教育质量保障的应然选择。

政府教育行政部门应当统筹协调第三方评估和学校内部质量保证体系建设，引导第三方机构和职业院校形成统一的质量价值观、生成观和技术观；应当组织专家建立职业教育质量标准体系，确保第三方评估和学校内部质量保证体系建立在共同的标准之上。第三方机构要把推动内部质量保障体系建设作为评估工作的出发点和落脚点，发挥专业人才优势，授人以渔，以评估指导和督促职业院校建立科学的内部质量保障体系。职业院校要充分认识第三方评估的意义，建立与第三方机构之间的战略合作关系，提供真实客观的评估信息，为评估专家了解真情况、发现真问题奠定基础；还要分析领会专家提出的整改建议，在问题改进中优化和完善内部质量保障体系，实现内部质量保证的常态化和科学化。

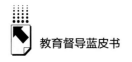

教育督导蓝皮书

（四）强化理论研究

我们无法也不能将西方第三方评估的理论直接应用于实践，建立中国特色的第三方评估制度需要我们探索和建立中国特色的第三方评估理论体系。习近平总书记在十九大报告中指出，实践没有止境，理论创新也没有止境，我们必须在理论上跟上时代，不断认识规律，不断推进理论创新。实现评估的政府主导向第三方主导转型，从理念变革到职权转移，从特征界定到原则梳理，从技术创新到文化重塑，无不需要中国特色评估理论的引领。

各级各类项目（课题）管理部门应当设立招标课题、委托项目，组织第三方评价组织、科研机构和职业院校开展研究，研究教育质量保障、教育质量评估和质量文化建设等理论，正确认识第三方评估的兴起与发展、现状与趋势、类型与价值、内涵与特征、主体与责任、方法与过程以及制度与政策供给。研究德国 IS029990、美国社区学院、澳大利亚 TAFE 和日本短期大学等第三方评估模式，研究我国本科院校审核评估、专业认证的成功经验。在此基础上，基于国家法律法规，结合不同阶段的职业教育质量管理历史演进特点，明确我国职业教育第三方评估的制度和政策供给、内涵特征、基本原则、主要对象等，以及不同对象评估的主体安排、标准建构、过程设计、条件支持和结论应用等，构建中国职业教育第三方评估的理论体系。

参考文献

陈寿根：《高职教育第三方评估的内涵、困境和突破策略研究》，《职教论坛》2020年第5期。

邢晖、郭静：《职业教育协同治理的基础、框架和路径》，《国家教育行政学院学报》2018年第3期。

陈兴明、陈孟威、李璇：《"管办评分离"下高等教育第三方评估组织成长路径探析》，《当代教育论坛》2019 年第 4 期。

孙绵涛：《教育组织行为学》，福建教育出版社，2012。

陈寿根：《提升质量，制度与文化变革要同步》，《中国教育报》2018 年 8 月 14 日。

邢晖：《〈职业教育法〉修订的若干思考》，《中国人大》2021 年第 3 期。

B.6
国家义务教育质量监测
结果应用的特征与经验

钱阿剑　赵茜　辛涛*

摘　要： 国家义务教育质量监测结果为政府教育决策、区域教育管理、学校教育教学诊断和改进提供信息支撑，为社会公众提供教育质量信息，甚至作为对政府、学校的问责依据。经过多年的探索，国家和地方层面均对监测结果应用形成了一套行之有效的模式和实践经验。在国家层面上，主要表现为研究运用多层面的监测结果报告、聚焦监测结果反馈解读能力提升、探索相对成熟的结果应用模式以及成立国家义务教育质量监测结果应用实验区。在地方层面上，基于上述特征形成了一些本土化的成功应用案例和工作经验，诸如追踪溯源、精准施测，针对问题、综合发力，落实责任、明确目标、限时整改，评估督导、追责问责。最终，形成了从省、地市到区县的立体化监测结果应用格局。

关键词： 义务教育　教育质量监测　结果应用

2020 年 10 月，中共中央、国务院印发《深化新时代教育评价改革总体方案》，明确了教育评价的重要性，"有什么样的评价指挥棒，就有什么样

* 钱阿剑，北京师范大学中国基础教育质量监测协同创新中心博士生，主要研究领域为教育政策评估；赵茜，副教授，北京师范大学中国基础教育质量监测协同创新中心，主要研究领域为校长领导力、教育政策评估；辛涛，教授，北京师范大学中国基础教育质量监测协同创新中心常务副主任，主要研究领域为心理测量、教育质量监测。

的办学导向"，对于中小学校评价提出"完善义务教育质量监测制度，加强监测结果运用，促进义务教育优质均衡发展"的目标。2021 年 2 月，中共中央办公厅、国务院办公厅印发《关于深化新时代教育督导体制机制改革的实施意见》，提出到 2022 年，"基本建成全面覆盖、运转高效、结果权威、问责有力的中国特色社会主义教育督导体制机制"。教育督导在督促落实教育法律法规和教育方针政策、规范办学行为、提高教育质量等方面发挥了重要作用，但仍存在机构不健全、权威性不够、结果运用不充分等突出问题，还不适应新时代教育改革发展的要求。

国家义务教育质量监测作为教育督导体制机制中的重要一环，对于有效发挥教育督导功能具有不可替代的作用。2021 年 9 月，教育部印发了《国家义务教育质量监测方案（2021 年修订版）》，这是规范和指导新时期国家义务教育质量监测工作的重要政策文件，充分体现了党和国家有关教育评价改革的新精神和新要求，为进一步健全我国教育质量监测体系、深化教育评价改革提供了重要支撑。

教育质量监测通过收集关于学生学业表现、身心健康、品德行为、艺术素养等各方面发展状况的数据信息，以及课程开设、学科教学、教师配备、学校管理等影响学生发展的环境因素数据信息，从而掌握国家或区域的整体教育质量状况。[①] 与一般的教育统计类数据相比，教育质量监测项目的最终目的不止于此。通过对监测结果的运用，为政府教育决策、区域教育管理、学校教育教学诊断和改进提供信息支撑，社会公众也可以通过监测结果的发布获取教育质量信息，甚至将其作为对政府、学校的问责依据。[②] 因而，教育质量监测结果应用就显得格外重要。经过多年的探索，国家层面监测结果应用已经形成了一套行之有效的基本模式。同时，各省（自治区、直辖市）、市、县区都基于新方案的基本思想和原则对监测结果应用进行了初步实践，并形成了一些成功经验案例。

---

① 李勉：《基础教育质量监测结果的应用路径》，《教育科学》2018 年第 3 期。

② 李勉、张岳、张平平：《国际基础教育质量监测评价结果应用的经验与启示》，《外国中小学教育》2017 年第 5 期。

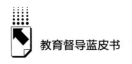

一　国家义务教育质量监测结果应用的宏观策略

（一）研究运用多层面的监测结果报告

国家义务教育质量监测项目已经建立起了多层面的、立体化的监测结果报告体系，包括国家报告、省（自治区、直辖市）报告、地市报告、区县报告以及专项调研报告。2015~2019 年国测中，共研制 10 份国家义务教育质量监测报告。2018 年 7 月 24 日，教育部发布了我国首份《中国义务教育质量监测报告》；2019 年 11 月 20 日，教育部首次发布了分学科数学、体育与健康监测结果报告；2020 年 8 月 24 日，教育部首次发布了分学科语文、艺术监测结果报告；2021 年 11 月 29 日，教育部首次发布了分学科德育、科学监测结果报告。基于 2018 年和 2019 年国测结果，以国务院教育督导委员会办公室的名义对各地政府办公厅下发关于监测结果的函件 64 份，形成 160 份样本省报告、30 份协议省报告。2015~2019 年国测中，共研制了 216 份地市报告以及 3481 份区县报告。除此之外，教育部基础教育质量监测中心组织全国高校、教育行政专家深入地方调研，研究形成了 50 份深度调研报告，比如《2016 年广东省教育投入产出专题报告》《2016 年海南省艺术学科专题报告》《2015-2017 年北京市义务教育阶段教师队伍状况报告》等。另外，针对不同的阅读对象和用途形成了不同类型的监测结果报告，包括面向教育行政部门的政策咨询报告、面向学科教研员和教师的教学诊断报告、面向社会公众的教育质量监测年报等。

（二）聚焦监测结果反馈解读能力提升

监测结果报告的公布仅是监测结果应用的第一步，科学合理地解读监测结果报告中呈现的数据信息，挖掘数据背后的意义和价值是高效结果应用的前提条件。但是，监测结果报告中的数据信息具有一定的专业性和指向性，因此，需要专业力量对监测结果进行科学分析和解读，帮助行政管理人员、校长、教师以及社会公众更好地理解监测结果。教育部基础教育质量监测中心逐渐扩大了监测结果的解读范围，增加了反馈内容，以促进监测结果的高效应用。比如，监测结果解读模式从各省自行解读转变为中心集中解读，增加了监测结果的共识和专业性；主要以座谈会的形式展开监测结果反馈工作，在反馈内容上不仅限于国测结果报告的解读，还包括结果应用培训、结果应用案例分享、学科指导培训等。这不仅可以为教育行政人员合理做出教育决策和政策调整提供重要的数据支撑，而且对于一线校长和教师而言，能够帮助他们及时厘清学校的优势和劣势，帮助他们更好地进行教学管理和改进。

（三）探索相对成熟的结果应用模式

监测结果的应用实践是自上而下层层推进的。首先，教育部、国务院教育督导委员会办公室通过有关活动积极推进监测结果应用；其次，为弥补县级教育督导部门权威不足、机制不畅的问题，省/地市对监测结果应用予以跟进和督促；最后，区县根据监测结果报告反映的突出问题和不足进行限期整改，对相关举措进行有效落实、深化与创新。为此，需要搭建区域内各部门联动的基于教育质量监测的改进机制，由教育厅（局）牵头，督导部门负责分析、解读监测结果报告，教研、基教、人事、教师工作等部门共同参与制定整改方案并共同落实，同时还要组织专门的人员队伍，帮助学校分析监测结果，找出教育教学过程中存在的问题和不足，指导学校开展改进，最终由教育督导部门负责检验成效。

有学者将我国区域层面基础教育质量监测结果运用的策略与方法概括为"五步走"。[①] 一是解读报告、分析数据、发现优劣；二是专项调研、充实证据、归纳问题；三是分析原因、质量互证、分层反馈；四是制定措施、落实责任、采取行动；五是阶段反思、检验成效、持续推进。

---

① 李凌艳、苏怡、陈慧娟：《区域运用基础教育质量监测结果的策略与方法》，《中小学管理》2019年第8期。

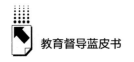

（四）成立国家义务教育质量监测结果应用实验区

我国在教育质量监测结果应用上采取了先行试点、以点带面的执行模式。2018年7月成立了首批35个国家义务教育质量监测结果应用实验区，覆盖30个省（自治区、直辖市），在实验区先行先试，积累经验，为全国提供范本。组织的活动内容包括监测结果应用培训会、国测报告解读会、结果应用成果交流会、教育评价改革高峰论坛、典型经验地区实地调研等。

2018年至今，教育部基础教育质量监测中心为实验区组织了多次培训，先后有13场主题报告，包括义务教育政策解读、监测理念通识、结果应用方法路径等，以及语文、数学、体育、德育、艺术、科学6个学科领域的监测设计，如何读懂监测结果报告等，为实验区搭建监测结果应用交流平台。2018年以来，教育部基础教育质量监测中心先后组织4次监测结果应用交流活动，与国家实验区和一批积极探索监测结果应用的地区共同研究探讨监测结果应用的成功经验、经典案例、面临的困难以及解决问题的路径。活动内容主要围绕四大方面展开，即基于监测（含评价）结果的教育决策与管理变革、基于监测（含评价）结果的教师专业发展策略、基于监测（含评价）结果的教育与教学改进以及区域、学校、学生教育质量评价改革思考与实践。另外，教育部基础教育质量监测中心还派出青年骨干力量赴实验区解读报告。其中，基于2018年和2019年国测结果就进行了24场结果解读，并组织专家对实验区及先行地区的经验成果进行汇集整理、现场调研论证，为各地提供可借鉴的范本。最后，基于典型经验辐射全国。2019年召开国家义务教育质量监测结果解读会，教育部基础教育质量监测中心专家基于实验区成果并结合实地调研收获，形成国家义务教育质量监测结果应用探索及典型案例PPT，向全国32个省级单位进行了培训，同时邀请了湖南、包头、东莞、长沙等地区分享当地经验。

二 国家义务教育质量监测结果省级应用的特点

2019 年 11 月，国务院教育督导委员会办公室首次向 31 个省（自治区、直辖市）政府和新疆生产建设兵团下发了《关于反馈 2018 年国家义务教育质量监测发现的主要问题的函》，要求各省（自治区、直辖市）和新疆生产建设兵团针对存在的突出问题制定整改方案，并在函件中明确指出整改方案内容包括组织领导和责任人员、问题清单和原因分析、整改举措和完成时限、预期成效等。为帮助各地更好地制定整改方案，教育部基础教育质量监测中心整理和分析了各省（自治区、直辖市）和新疆生产建设兵团政府办公厅给国家教育督导委员会报送的整改方案，从中选出有代表性的方案，总结出有效开展结果应用工作的特点。

（一）针对问题，追根溯源

根据国家义务教育质量监测结果，需要进一步分析工作中的问题，综合分析问题原因，进而开展工作，江西、四川、陕西和新疆生产建设兵团的整改方案较好地体现了这一特点。以陕西为例，面对"体育教师教学行为有待规范"问题，认为造成这一问题的原因包括专职体育教师配备不足，体育教师专业水平不高；体育课堂教学常规管理有待加强；体育教学教研力量不强，课堂内容过于单一；体育教师待遇得不到切实保障，工作积极性低。整改举措包括加大农村总体招聘数；实施体育教师国培、省培计划，到 2020 年完成对 600 名体育教师的省级培训；各市、区县每 3 年对现有中小学体育教师进行一次全员培训，每名体育教师接受继续教育时间不得少于 48 个课时；保障体育教师在职称（职务）评聘、福利待遇、评优表彰、晋级晋升等方面与其他学科教师同等待遇。

（二）聚焦核心，综合发力

国家义务教育质量监测结果发现的问题比较零散，找出核心问题，并整

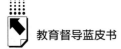

合各方力量开展综合性改进是很多省份的有效做法。北京、上海、天津、山东、安徽等省份的整改方案这一特征比较明显。比如，监测结果表明北京"学生肥胖问题严重"，北京报送的整改方案从体育课程与活动、师资与场馆设施、家校合作、督导评估等四方面着力。其中，在体育教师队伍建设方面，要求增加高校体育专业学生培养指标；研究出台兼职体育教师管理办法；鼓励优秀退役运动员、教练员进入中小学任教。在场所设施建设方面，将室内体育馆作为新建学校的标准配置；改扩建学校优先保障学校体育用地；探索以学校共享社区体育场地、购买社会体育场馆服务等方式，解决中心城区学校体育场地不足的问题；推进小学"问题操场"修缮。在督导评估方面，将学生体质健康结果作为各区政府、校长和体育教师考核评价的重要指标；将学生体质健康监测结果作为学生综合素质评价的重要内容；连续三年开展专项督导。

在上海，学生同样存在肥胖问题，具体表现为"学生身体形态正常比例偏低、八年级学生体能达标率偏低"。上海整改方案提出从实施学校体育育人体系建设，推进体育评价、监测制度改革入手。全面部署开展学校体育"一条龙"育人体系建设；落实学生体育素养测试评价工作，从知识、意识、技能、行为及效果等方面全面科学地评价学生体育素养，做好学生体育素养指数首次发布工作；系统实施小学、初中、高中和大学体育课程改革建设，在2018年小学1~3年级每周增加1节体育课的基础上，到2020年，推进小学所有年级并齐开足4节体育课，实行家庭体育作业制度，促进学生每天体育运动不少于1小时；搭建学生日常体育运动管理平台，加强日常运动情况的记录；规范实施国家学生体质健康监测工作，加强对学生体质健康状况的分析。

浙江在面对"学生睡眠时间不足"问题时，提出从作业管理、作息时间、学生学习帮教、家校合力等四个方面着力：控制作业总量，提高作业质量；规范学生在校作息时间，比如，小学生早上上学时间推迟至8点以后，小学早上上课时间不早于8点半，初中早上上课时间不早于8点，寄宿制小学熄灯时间不迟于晚上9点，寄宿制初中熄灯时间不迟于晚上9点半，并严格按睡眠时间设定起床时间；校外培训机构的培训结束时间不得迟于晚上8点半；开展学生学习帮教；引导家长关心孩子身心健康。

天津在面对"教师培训偏理论、时效性不足"问题时，提出要提高培训课程的实践性、针对性、实效性要求。比如，在新一周期全员继续教育培训中，每年每学科30学时的面授课程中，理论内容不超过4学时；加大一线专家授课比例，在原有骨干教师培训授课及指导专家50%以上来自中小学一线的基础上，将比例提高到60%以上；在基地研修、团队攻坚、课题研究、名校考察、示范引领、带教青年教师等环节深入教学现场，研究解决教学实践具体问题。

面对"数学周课时数超标、体育周课时数不达标"问题，各地提出了综合方案。比如，山东提出开展课程开设情况专项治理行动；通过开展随机抽查检查、聘请第三方检查、公开监督举报渠道、群众满意度调查等方式，监控各地课程开设和课时设置情况；将课程开设和课时设置情况持续纳入市县政府履行教育职责评价。安徽提出要强化社会监督，畅通社会举报投诉渠道；将规范课程开设纳入明察暗访的重要内容；将检查结果作为各级政府履行教育职责评价考核的依据。四川省提出要组织实施中小学课程监测，对课程开设、课表落实、教材使用、课改推进等情况进行监测，定期发布监测报告；将监测结果纳入对市县两级人民政府履行教育职责评价内容。

（三）落实责任，限时整改

义务教育阶段的管理是条块分割的管理结构，在推动监测结果引用中，明确管理部门责任，进行限期整改，也是很多省份的经验。以广东为例，针对"学生睡眠不足、视力不良检出率较高"问题，责令省教育厅体卫艺处牵头，基信处、督导室组织实施，保证三年内比例得到有效控制；针对"数学周课时超标、体育周课时不达标比例较高"问题，责令省教育厅基信处牵头，体卫艺处、督导室组织实施，保证三年内数学、体育周课时达标率提高至合理比例；针对"体育教师课堂教学行为有待进一步规范"问题，

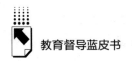

责令省教育厅体卫艺处牵头，师资处、教研员、继教中心组织实施，到2022年，该问题达到合理比例。

（四）纳入督导，追责问责

问责是质量监测结果应用"长牙齿"的方式，特别是很多省份将监测结果应用于督政中，加强了对问题的改进。如天津将义务教育质量监测落实整改情况纳入对2019年区人民政府履行教育职责督导评估内容，整改不力的区不得申报国家义务教育优质均衡发展区评估认定。河北把整改落实情况作为市、县两级人民政府履行教育职责评价工作的重要内容，对落实责任不力、整改工作不到位的，进行追责问责。宁夏对各地整改情况进行督导检查，对整改举措有力、变化明显、取得明显实效的，大力宣传推广，对整改不主动、不到位、成效不明显的责令重新整改。

三 国家义务教育质量监测结果应用的区域典型经验

2020年9月，国务院教育督导委员会办公室下发《关于征集国家义务教育质量监测中发现的典型地区经验案例的通知》，决定面向部分地区征集义务教育改革发展的成功经验案例，并在全国宣传推广，以进一步发挥国家义务教育质量监测引领和服务作用，推动义务教育质量提升。在语文和艺术学科测试结果应用方面表现比较典型的是上海市奉贤区和西安市莲湖区。

（一）上海市奉贤区语文测试结果应用经验

基于2019年国测数据的分析发现，上海市奉贤区语文测试表现优异。具体而言，四年级学生语文学业表现好，平均分为609分，高于全国平均分105分，学生学业表现达到中等及以上水平的比例为98.9%，高于全国17.2个百分点；四年级学生语文成绩校际差异小，均衡状况好，语文成绩校际差异比仅为11.9%；四年级学生语文课业负担相对较轻，学生周一至周五平均每天完成学校老师布置的语文家庭作业时间超过1小时的比例为8%，比全国平均水平低 12.6 个百分点。上海市奉贤区在进行语文监测结果应用中的主要经验可以概括为三方面。

一是基于数据分析，优化顶层设计。上海市奉贤区基于国家义务教育质量监测结果和上海市绿色指标测试结果，分析数据，发现问题，结合访谈、课堂观察等了解区域实际发展状况，罗列出小学语文学科存在的共性问题，诸如学生高阶思维能力较低、学生习作能力有待提高、教师单元教学设计和命题能力尚需提升、校际教研组建设发展不均衡等，从而制订小学语文学科教研计划，设立区级课题，以培训指导、课例示范、校本研究的方式推进实施。

二是监测问题导向，实施精准教研。基于调研发现的问题开展教学研究，提升教研实效性。如针对前期教研发现的学生阅读与习作脱节的现象确立区级研究专题："小练笔"的指导与评改策略。梳理三至五年级上册的相关"小练笔"单元的语文要素、单元习作要求，明确"小练笔"训练要点；结合区级教研活动的开展，推进资源开发和教学实践。根据各校研究阶段成果，汇编"小学语文统编教材专题研究成果集"。融合教研，提升学生语文素养。区小学语文、音乐学科以古诗词教学为载体开展联合教研活动。语文课中，语文老师引导学生在画中读诗，学生通过"吟"古诗，感受文字之美。音乐课中，音乐教师引导学生通过听辨、模仿等音乐活动学唱歌曲《读唐诗》，学生通过"唱"古诗，感受韵律之美。音乐、语文联合教研活动打破学科壁垒，相互融合，相互贯通，有利于弘扬优秀传统文化，满足学生精神文化需求，提升学生的审美能力和核心素养。优化评价，打造自然、活力、和润的课堂。重视对学生学习潜能的评价，开展中华经典古诗文线上诵读评价活动，为每一个参加活动的学校提供学情分析报告。强化评价的诊断性和调节性。教师自觉以评价修正教学内容与教学方式，不断提高教育教学水平，学生主动参与评价过程，在评价中发现自我、互动提升。借力现代化、信息化技术开展教育评价。借助先进的信息技术手段和深度的数据分析技术发现评价与教学效果的相关性，将基于课程标准的评价落实到每一节课。优化作业设计，践行减负增效。建章立制，规范管理。制定《小学语文学科作业改进细则》，优化作业设计，提高作业效能。分段培训，明确要

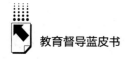

求。分年度开展"单元作业设计及评价实施指标"的培训，进一步明确各类作业的目标。校本设计，提炼经验。将作业设计与实施作为校本教研的重要内容，与课堂教学进行一体化思考，以提高教师作业设计与实施的能力，提升教学水平。

三是多措并举，优化均衡发展。资源共享，合作共赢，积极组织区内联动教研、跨区互动教研以及"互联网+教研"。构建学区集团、资源联盟体等是"优质学校带动周边学校共同发展"的重要举措；通过开展学科送教、专项视导、集体备课、建立学科资源库等活动，加强城乡学校的互动和互助，促进教师专业能力的发展。多维培训，转变教学观念。全员培训，全面把握，将2017年9月在全国一年级推行的统编教材培训课程化，开展系列培训，提高教师理解和驾驭教材的能力，提高课程教学效益。建立学习共同体。规范一年期新教师培训，夯实教学基本功，有针对性地开展系列培训活动；加强青年骨干教师的培养，提升青年教师的课程理解力和课堂实施力，逐步形成骨干教师梯队。常态检查，以评促进。加强教学常规管理，提高教学有效性。根据课程改革的要求，依托学段、学科视导，开展区级教学常态检查，发现问题及时指导、反馈并督促纠正。打造特色鲜明的学科品牌，形成教研文化。借学校申报三级教研组验收的契机，全面查阅资料，深入课堂听课，参与教研组活动，诊断、发现典型问题，及时总结课堂教学和教研活动的经验与模式。蹲点指导全区薄弱教研组的教研工作。培养与选拔薄弱教研组内的骨干教师，帮助其发现闪光点，推进示范课；加强常规工作的指导，指导备课、说课、上课等。

（二）西安市莲湖区艺术监测结果应用经验

基于2019年国测数据的分析发现，西安市莲湖区艺术测试表现优异。具体而言，四年级学生的音乐成绩平均分为531分，高于全国平均分28分，八年级学生的音乐成绩平均分为536分，高于全国平均分32分。四年级学生的美术成绩平均分为547分，高于全国平均分43分，八年级学生的美术成绩平均分为553分，高于全国平均分49分。艺术周课时数达标率较高，

四、八年级艺术周课时数达到教育部规定的学校比例均为 100%；专职音乐教师、专职美术教师比例较高，四年级专职音乐教师的比例为 96.2%，高于全国平均水平 54.5 个百分点，八年级专职音乐教师的比例为 100%，高于全国平均水平 22 个百分点；四年级专职美术教师的比例为 74.3%，高于全国平均水平 36.1 个百分点，八年级专职美术教师的比例为 100%，高于全国平均水平 24.9 个百分点。

西安市莲湖区在进行艺术监测结果应用中的主要经验可以概括为四点。

一是注重艺术教育常规培养，夯实学生艺术素养基础。抓指导，重培训，开展有效教研，提高教育质量。坚持教研员下校听评课制度，采取"三下校""四结合"。自主下校、蹲点下校与集体下校相结合，听评课指导与参与教研组活动相结合，个别指导与群体研讨相结合，专题研究与案例研究相结合。抓常规，重课程，落实课程标准，提高课程质量。秉持依托"学科本体"开展教育教学理念，全区音乐教师认真研读教材，结合学生特点，或将统编教材歌曲进行再创编融入课程教学，或整合教材内容将其校本化，并融入小乐器进课堂进行长期训练，提升音乐课堂的实效性。抓师资，重培养，加强教师队伍建设，提高艺术教育水平。招教时注重在学科比例协调的基础上，逐年加大艺术教育师资的配备力度；借助陕西省教育厅培养选拔"三级三类"骨干教师体系的利好政策，自 2011 年起，培养了一大批省、市、区级艺术骨干教师。

二是推动学科渗透融合，践行艺术教育全课程理念。积极拓展艺术教育的宽度，开齐开好美术、音乐、戏剧、书法、绘画等艺术课程，开展丰富多彩的社团活动。不断体验艺术教育的深度。将美术与语文学科进行有机结合，让学生在进行文章的学习后再感受艺术的再造；将美术与科学统整学习，将认识自然与手工制作结合，科学记录与美术表现结合，数学记录与美化图标结合，培养学生的综合审美与科学应用能力；大胆突破传统教师评价、学生互评等简单方式，连续三年将学生作品放在西安当代美术馆，接受社会各界读者、专家的审阅。

三是搭建特色才艺展示平台，提升学生艺术素养水平。全区各校每年开

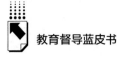
展红五月艺术节、庆六一、庆国庆、庆元旦等艺术活动；通过文艺汇演、书画展演、棋类竞赛等，为每一个学生提供充分展示自我的平台。

　　四是创新布置艺术教育特色作业，激发学生学习兴趣。各学校结合学情和课程标准，均布置了轻松有趣的假期美术特色作业，让学生在有滋有味的作业中有所收获，得到提升。比如，一年级绘制"黑白线描树"；二年级进行"彩色的我：浮雕艺术初体验"；三年级开展"走进印象派大师莫奈"活动；四年级临摹一张"野兽派画家马蒂斯的作品"；五年级设计制作"装饰柱"等。

B.7
基于"职责"的督学能力框架
构建与应用构想

王敬红*

摘　要： "督学能力框架"指督学履行职责应具备的能力和知识体系。在全国督学专业标准"缺席"的情况下，本文尝试在整合政策文本、研究文献、典型经验、培训成果等多元素材的基础上，运用"职责"倒推的方法，在"职责""任务""能力""知识"之间建立督学履职的可视化逻辑链条和对应关系，以此构建督学能力框架，从而廓清督学角色边界，探明督学履职底层逻辑，旨在为督学队伍的规范化、专业化建设提供有价值的参考。

关键词： 教育督导　督学职责　督学能力框架

教育督导是教育法规定的一项基本教育制度。党中央、国务院历来高度重视教育督导工作。进入新时代以来，教育事业改革发展的新形势新任务对教育督导工作提出新的更高要求，呼唤教育督导不断深化改革予以回应。2020年《关于深化新时代教育督导体制机制改革的意见》出台，从"体制机制"这一制约改革突破的根本性因素入手对教育督导工作进行规范，标志着具有中国特色的教育督导制度建设向纵深推进迈出了重要步伐。在此背景下，教育督导专业化建设任务日益紧迫，亟须提上重要日程。

---

* 王敬红，教育学博士，副研究员，国家教育行政学院远程培训部副主任，主要研究领域为教育管理、领导力建设。

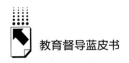

督学作为教育督导工作的执行者和实施者，其专业素质水平直接决定着督导效能发挥得大小，决定了教育督导专业化水平的高低。当前，有关督学能力标准问题的探讨，无论从政策层面还是研究层面均滞后于督导专业化建设的实践诉求，各地纷纷呼吁出台全国性的督学专业标准以供现实参照。

一　构建督学能力框架的意义和条件

何为"能力"？在"欧洲资格框架"建议中，"能力"被定义为在工作或学习环境中使用的知识、技能和态度。[①] 关于能力构成框架，欧盟委员会认为，"能力构成体系取决于利益相关者对高质量人员塑造的共识，即要求什么能力以及如何理解和描述这些能力。成功的能力构成框架应具备以下属性：扎根于文化；基于对工作目的和成功工作的基本共识；工作理念的清晰表述；容纳专业工作的各个方面；符合自我评估和改进的周期；具有稳定性、耐用性和灵活性等"[②]。构建能力框架的目的在于为职业概况提供共享的标准，有助于确保高质量的工作。本文中"督学能力框架"指督学履行职责应具备的能力和知识体系。

（一）构建督学能力框架是教育督导现代化的必然要求

教育督导是确保教育优先发展、促进党和国家重大教育方针政策有效落实的重要制度安排，是教育管理的重要组成部分。当前，教育改革进入内涵建设、高质量发展的新阶段，教育督导现代化和教育督导治理能力现代化成为新时代教育高质量发展的必然要求。面对新形势新任务，教育督导自身也在同步进行"现代化"转型：一是从"督政"到"督政""督学"并重再到"督政""督学""评估监测"三位一体，督导的职能日益扩展；二是由

---

① Brussels, European Commission, European Commission, The European Qualifications Framework for Lifelong Learning, 2008.
② Brussels, European Commission, European Commission, Supporting Teacher Competence Development for Better Learning Outcomes, 2013.

重"督"轻"导"转变为"督""导"并重，督导的重心日渐向专业性偏倚；三是信息化时代"倒逼"教育督导工作不断强化信息技术应用，以提升督导的科学性、智能性；等等。上述变革对教育督导专业化提出了新的方向和更高要求。

对于新时代督导工作专业性的看法，根据本研究对全国 31 个省份 3616 名县级以上督导机构负责人进行的网络调查，94.22% 的被调查对象认为督导工作"专业性很强，必须有专业理论基础作依托"。关于"如何看待督学角色"这一问题，得分排序前三选项依次为专业指导者、教育权威专家、教育事业发展的合作者。以上结果显示了督导人员对督学专业角色以及所从事督导工作专业性的高度认同，其中也隐含了不断提升专业素养的内在诉求。然而，从现实来看，督导队伍建设的现状与教育督导专业化要求相比还存在较大差距。从督导队伍的构成和督导人员的素质看，仍存在督导队伍年龄偏大、督导人员的学历水平较低、从事督导工作的年限整体偏短等方面的问题。本文所做调查显示，专职督学队伍中年龄在 46 岁以上者占比为 79.5%，兼职督学队伍中 46 岁以上者占比为 62.1%，印证了年龄偏大的结论；《教育督导条例》明确规定督学应"具有大学本科以上学历"，现在距《教育督导条例》颁布已逾十年，然而调查显示，专职督学中仍有 13.4% 的是本科以下学历（不含本科），未达到基本的学历要求，硕士博士督学也仅占 3.76%；从工作经历看，从事督学工作 6 年以下的占比为 70.7%，其中 3 年以下的占到 43.5%。总而言之，督学队伍的结构、素质与现实要求相比仍有差距，有待整体性提升。还有研究表明，由于我国督学基本由行政干部和退休领导、校长兼任，督导工作泛行政化，督学专业水平参差不齐。督学自身水平不够，只能承担监督、评价的责任，无法进行更深层次的指导。[1]本文调查亦显示，专职督学中正高级职称仅占 3.09%，副高级和中级职称合计占比 93.4%（其中副高级占比 62.6%，中级占比 30.8%），队伍的专业技术职称结构特点一定程度上影响了督导的专业权威性。

---

[1] 王庆如：《国际比较视野下我国督学队伍建设策略探析》，《教学与管理》2018 年第 27 期。

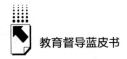
关于破解督学队伍专业化难题，很多研究者从提高督学的社会地位、吸引优秀人才加入督学队伍、增强督导机构的独立性和权威性、畅通督学晋升渠道、强化督学培训、加强考核激励、支持课题研究等角度进行论述并提出政策建议，对于督学队伍的专业化建设具有积极而重要的意义，但本文认为，如果能够建立起督学专业标准并据此实现督学培养、入职、考核、培训、晋升等管理环节的一体化设计及标准化建设，对于制度性解决督学队伍专业化问题则是更具长远而根本性的举措。当然，建立督学专业标准是政策性、专业性极强的系统工程，标准的推行更需建立在政策高层及相关各方各地共识共享共促的基础上，建设难度大，目前时机还不够成熟。为此，本文尝试从学理角度构建督学能力框架，以期为督学专业标准建设作一些基础性的探索和粗线条的勾勒，以应对教育督导现代化的紧迫要求。

（二）构建督学能力框架的政策条件和研究基础分析

1. 政策条件

上位政策法规是构建督学能力框架的法理依据。从现行政策看，尚未出台与督学能力建设相关的专有文件，即便上位文件中有涉及督学入职门槛及专业素质的内容，也都比较宏观笼统，原则性大于实操性。比如，《教育督导条例》及《督学管理暂行办法》等文件都涉及督学"任职条件"的规定，但在应用过程中则存在较大的"自由裁量"空间，虽然有利于各地结合实际灵活掌握，但客观上难以在区域之间形成统一的督学职业共识，不利于教育督导工作的专业化推进。从文本角度分析，《教育督导条例》《督学管理暂行办法》两个文件共列出的九项督学"任职条件"中，除了《教育督导条例》第四条的"大学本科以上学历"和"工作10年以上"是明确的硬性条件，其他条件要么是原则性要求，难以体现教育督导工作的特殊性和专业性；要么是模糊性概念或主观性判断、含糊化要求，比如"相应的""较强的""必要的"等修饰语，在操作层面难以准确界定和客观考量，推动督学队伍的专业化发展亟须出台与上述文件配套的、宜落地的实施方案。

早在 2009 年，为推进教育督导队伍的专业化建设，提升督学队伍整体的专业素养，国家教育督导团办公室下发了《关于在京津沪渝四市开展督学资格制度试点工作的意见》，就督学资格制度在四地进行试点探索。2011年，湖南省人民政府教育督导室要求全省 14 个市州逐步"建立督学资格认证制度"，以推动省域督学队伍的专业化发展。今天看来，这些试点具有开创性，也积累了一定的典型经验或研究成果，尤其上海的试点探索取得了颇具显示度的政策成效，形成了从申请到考试、认证、聘用等较为完善的督学资格制度，但由于地域的差异性，并未在全国范围内形成推广之势，也未推动生成全国共享的督学能力标准。总之，关于构建督学能力框架，从现有政策层面难以寻求到直接的操作性指导和权威依据。

2. 研究基础

既有研究成果是构建督学能力框架的重要理论基础。但从目前国内研究现状来看，有关督学专业素养能力方面的研究较少。本文在中国知网以"督学素养""督学素质""督学能力""督学专业能力"作为"篇名"在"学术期刊"范围进行检索，结果均为零；以"督学专业素养"为"篇名"，仅搜索到 1 篇，是由武向荣等人发表于《教育测量与评价》（2021 年第 12 期）的文章《我国督学专业素养能力构成体系及实施建议》。文章运用文本分析法与两次迭代调查法，构建了由 3 个一级指标 12 个二级指标 35个三级指标构成的督学专业素养能力指标体系。[①] 鉴于之前有地区进行过与督学专业素养密切相关的督学资格认证制度的试点探索，本文以"督学资格"为"篇名"进行了学术期刊检索，共发现 4 篇文献，均发表于 2012～2015 年，基本与试点探索同步，其中 3 篇发表于《教育测量与评价》。从发表时间及刊物的集中程度看，均是即时的、局部的探讨，并未在全国范围内引起持续关注和深度研究。

由于文献数量偏少，本文扩大检索范围，以"督导队伍"作为"篇名"

---

① 武向荣、左晓梅、程蓓：《我国督学专业素养能力构成体系及实施建议》，《教育测量与评价》2021 年第 12 期。

检索到 67 篇文献。这些文献大多侧重于探讨督导队伍专业化问题与对策，问题剖析较为全面深刻，但对策建议多建立在经验和主观判断的基础上，缺乏科学理论及科学研究方法的支撑。这类研究最大的贡献在于为督学能力框架构建提供多元视角和维度线索。比如高山艳认为督学能力缺失的具体表现为专业知识和专业能力薄弱，对心理学、教育学等相关理论以及对工具性科目如基础统计操作不熟悉，利用信息技术开展督导的能力不足。[①] 梁好对出台"督学专业标准"的必要性紧迫性进行了阐述，并对其发挥作用的范围及意义进行了论述。[②] 湖南省在督学队伍专业化探索过程中，将督学综合素质分为专业知识、专业精神、专业能力 3 个维度，专业知识上要求"知政通学"，专业精神上要求"爱岗敬业"，专业能力上要求"督政督学"，要求督学具有较好的判断能力、表达能力、写作能力、人际沟通及交往能力[③]。从以上分析可以看出，研究者与实践者尚未形成对督学专业素养能力的系统化思考，问题研究缺乏分析框架和严谨的方法论证，研究的专业化水平有待提升。

国外尤其是督导发达国家关于督学专业素养的研究和实践成果比较丰富。例如，大部分国家及地区重视督学专业素养能力构成体系的构建，认为督学必须具备技术、知识和能力。[④] 瑞典学校督导局设计了督学专业能力体系，将督学能力划分为知识、技能、品质，确定了督学所需要的 107 种技能。[⑤] 新西兰教育督导局出台"致力于高质量教育评价的能力框架"，将督学能力划分为职业领导力与团队合作、对文化/背景的理解与响应能力、评价实践、人际交往与沟通能力等[⑥]，并按督学专业发展阶段提出了相应的发

---

① 高山艳：《新时代教育督导队伍专业化：诉求、问题与对策》，《当代教育科学》2018 年第 11 期。

② 梁好：《为督学专业化"开方子"》，《中国教师报》2016 年 6 月 29 日。

③ 武向荣、左晓梅、程蓓：《我国督学专业素养能力构成体系及实施建议》，《教育测量与评价》2021 年第 12 期。

④ European Commission, Assuring Quality in Education: Policies and Approaches to School Evaluation in Europe, Publications Office of the European Union, 2015.

⑤ 王烁：《建构学习型组织：瑞典督学专业化发展的经验与启示》，《教育测量与评价》2020 年第 5 期。

⑥ Education Review Office, Capabilities for High Quality Education Evaluation, Education Review Office, 2018.

展规划和支持予以配套。我国台湾地区将督学能力归纳为基本修养、专业知识、专业能力3个方面：基本修养包括品德与健康、一般知能；专业知识包括教育理论基础、课程教材教法、行政事务；专业能力包括设计、领导、执行、观察、指导、协调、调查、评鉴、进修及创新。[①] 以上国家和地区对督学专业能力体系建设的高度重视以及科学严谨的研究设计、理论与实践相结合的建设理念等值得学习，但由于国情区情不同，具体做法很难移植，督学能力框架只能结合实际自行创建。

二 督学能力框架的构建思路与内容体系

从以上分析可见，从现有政策和研究成果中能够直接拿来为督学能力框架构建所用的成果较少。为了"描画"督学的专业形象，本文综合相关政策文本、研究文献、案例经验及培训成果中提供的"线索"和"视角"，尝试以督学"是什么"+"做什么"为出发点，来倒推胜任督学之职所需的能力和知识体系，在"职责""任务""能力""知识"之间建立起督导工作的"底层"逻辑和链接关系，从而在学理层面构建起督学能力框架。

关于督学职责，本文认为，从狭义角度讲，指督学"做什么"，是功能性、工具性的所指。从广义角度讲，还应包括督学"是什么"的理念和认知层面的指向。"是什么"和"做什么"是体和用的关系。"是什么"决定着"做什么"，"是什么"直接影响着"做什么"的意义和边界，"是什么"的能量决定着"做什么"的高度。二者关系紧密、不可分割。基于此，本文将督学"职责"界定为广义范围。

关于督学"是什么"，理论上应包括两层意思，一是政策或学术层面的客观界定，二是督学本人对角色的主观理解。对于第一个层面，《督学管理暂行办法》明确规定，"督学是受教育督导机构指派实施教育督导工作的人员"。此是客观层面的界定。个体主观理解以客观界定为

---

① 张清滨：《教学视导与评鉴》，五南图书出版股份有限公司，2005。

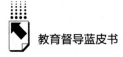

基础，但因渗入个体经验和价值判断会有不同解读或差异性表达。为追求认知上的一致性，确保共同的话语基础，本文仅涉及督学的客观定义。

关于督学"做什么"？《督学管理暂行办法》中第十条明确规定了督学应履行的六项职责："（一）对政府及有关部门履行教育职责情况进行督导；（二）对各级各类学校教育教学工作情况实施督导；（三）对师生或群众反映的教育热点、难点等重大问题实施督导；（四）对严重影响或损害师生安全、合法权益、教育教学秩序等的突发事件，及时督促处理并第一时间报告上级教育督导部门；（五）每次完成督导任务后，及时向本级教育督导机构报告督导情况，提交督导报告；（六）完成本级人民政府及教育督导机构交办的其他工作事项"。

本文以上述政策文本中的职责为基础，本着"是什么"+"做什么"的原则对督学职责进行了整合，形成6个"职责"维度，在每个维度下，结合相关政策文本、研究文献及案例资料等推演解析出"职责"所对应的督学工作任务、能力要求、所需知识等，尝试构建如下督学能力框架（见表1）。

表1　基于"职责"的督学能力框架

职责	任务	能力	知识
对督学角色的认知	受教育督导机构指派实施教育督导工作	对中外教育督导历史及督学角色有清晰的认知；熟悉教育政策，能够在教育基本理论及教育督导理论等的指导下，运用适切的督导工具开展教育督导工作	中国教育督导的历史；世界教育督导概况与发展趋势；教育学基本理论；教育督导相关理论；新公共服务理论；督学的职责与使命；督学的职业伦理与专业素养；督导专业知识与工具使用

职责	任务	能力	知识
对政府及有关部门履行职责情况进行督导	(一)督导评价政府及有关部门贯彻落实党的教育方针和党中央国务院重大教育决策部署情况	能够深刻理解、准确把握党的教育方针及教育政策法规精神内涵;清晰认知各级政府在教育政策执行中的职责权限及原则要求;能够本着讲政治的原则对政府教育履职情况作出客观评价	党的教育方针;习近平总书记关于教育的重要论述;教育政策及法规;教育督导政策法规;行政管理理论与实务;督导评价的方法与工具
	(二)督导评价政府及有关部门对有关法律、法规、规章和国家教育政策规定的执行情况(如义务教育普及水平和均衡发展情况;各级各类教育的规划布局、协调发展等情况;校长队伍建设情况、教师资格、职务、聘任等管理制度建设和执行情况;教育投入的管理和使用情况等)	能够厘清督政的范围和边界;熟知督导范围内的相关教育法规政策并及时跟进最新进展;能够运用科学的调查研究方法及数据分析挖掘技术,精准研判政策执行进展及存在问题	教育法学;督政的范围及相关业务知识;与督导内容相关的教育政策变迁及最新进展;调查研究理论与方法工具;数据分析挖掘的知识与技术
	(三)对教育攻坚目标任务完成情况进行评估监测,并进行考核问责	全面了解教育攻坚目标的背景意义、政策要点、实施路径和时间节点等;熟知攻坚目标在各行政层级的任务分解与权责划分;能够有效使用工具对目标进行考核;清晰问责的情形、方式与程序等,并敢于问责	教育攻坚目标任务内涵、分工与考核标准等;评估监测技术及结果运用;教育督导问责的范围、程序
	(四)研究教育督导发现的问题并督促整改落实	能够精准定位、研判督导中所发现问题的性质及严重程度;对于问题线索能够开展更深一步的调查核实;能够规范撰写督导报告并督促相关部门整改落实,及时跟踪反馈整改情况,直至整改达标	教育基本理论;教育社会学;评估理论;督导整改方法流程

续表

职责	任务	能力	知识
对各级各类学校教育教学工作情况实施督导	（一）督导学校贯彻立德树人实施情况（学校党建、教育教学、科学研究、师德师风、资源配置、教育收费、安全稳定等）	全面掌握学校落实立德树人根本任务的顶层设计以及各项具体工作的政策要求、专业标准等；能够运用适宜的工具测评学校立德树人任务落实具体情况	立德树人的内涵、价值与实施路径；学校教育教学的政策要求及专业标准；督学的内容、边界与政策要求；测评工具使用
	（二）指导学校建立自我督导体系，优化内部治理，规范办学行为	熟知学校内部运行机制和工作原理；充分认识学校作为一个独立系统的自组织属性，能够指导学校建立基于治理科学和流程优化的自我督导体系，推动学校的科学化规范化建设	学校组织管理理论；自组织理论；治理理论；学校自我督导体系建设经验
	（三）引导督促学校遵循教育规律，聚焦教育教学质量	深谙教育规律和学生成长规律，帮助学校在科学理论指引下，找出真正影响教育教学质量的关键因素，并提出问题解决方案	教育学原理；心理学；学校管理学；科学质量观
	（四）运用评估监测结果指导学校改进，引导学校办出特色、办出水平	了解评估监测原理，能够正确使用评估监测结果分析诊断学校教育教学中的问题并提出改进意见，引导学校聚焦真问题、凝练办学特色，提升办学水平	学校效能理论；教育评估理论；评估工具使用；评估结果运用；学校改进策略；学校领导力理论与案例
	（五）遵循教育督导规律，科学制订督导计划，加强统筹管理，确保督导效能	深谙教育督导的职责使命和工作规律，能够本着理论联系实际的原则制订适切的督导计划，确保督导效能，真正助力教育发展，"帮忙不添乱"	教育督导效能理论；督导计划制订的方法与工具
	（六）利用信息技术手段开展督导，提高工作针对性、实效性	在教育督导工作中能够主动学习、合理运用现代信息技术手段以提升督导的专业化水平，确保督导效能	教育信息化政策法规；国内外教育督导信息化进程与趋势；督导信息化知识与技能

续表

职责	任务	能力	知识
对师生或群众反映的教育热点、难点等重大问题实施督导	(一)收集并分析师生或群众反映的教育热点、难点等重大问题	开放并畅通问题收集渠道,能够运用政策、理论工具多维度分析解释教育热点、难点问题及成因	有关政策规定;教育哲学;教育社会学;案例分析
	(二)上报情况、调查核实、督导解决	上报教育督导部门及相关单位,在进一步调查核实的基础上明确责任归属,督促相关责任部门力行解决	调查研究方法;督导协调的规则;整改、问责的原则和方法
对严重影响或损害师生安全、合法权益、教育教学秩序等的突发事件,及时督促处理并第一时间报告上级教育督导部门	(一)迅速判断突发事件的性质及严重程度	要了解校园安全以及涉及师生合法权益等的法律法规,对突发事件的性质和严重程度能够迅速预判和评估	校园安全法规;师生权益等相关法律法规;危机管理知识
	(二)快速响应并上报教育督导部门	快速反应能力;危机应对能力;规则意识和能力	上报处理程序
	(三)按要求反馈到相关部门并督促解决	沟通交流能力;组织协调能力	沟通的原则和方法;统筹协同的原则、程序等
	(四)移交相关执法部门调查处理	法治思维与法治能力	相关法律知识
每次完成督导任务后,及时向本级教育督导机构报告督导情况,提交督导报告	向本级督导机构报告督导情况;撰写并提交督导报告	执行能力;沟通与表达能力;规范撰写督导报告,全面准确反馈督导结果	督导情况报告的框架要求与流程;督导报告撰写规范

以上框架是基于六个维度的"职责"逐级解析生成的,是一个可操作的能力框架,内容较为庞杂,描述微观细致。为使能力框架直观简洁,现提炼总结框架的核心要素,生成如下概念化能力框架,作为操作性框架的抽象和对照。

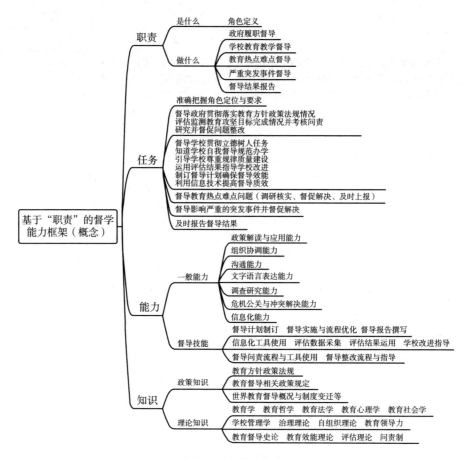

图1 督学能力框架

三 督学能力框架的应用构想

本文构建督学能力框架的目的并非建立督学入职的最低标准，而是基于督学的法定职责倒推出督学应具备的能力知识体系，仅作学理上的探讨。希望通过构建督学能力框架，为建设专业化的督学队伍、推动教育督导现代化进程提供理论视角和现实参考。其在现实中的应用构想具体如下。

（一）为建立督学专业标准做理论铺垫

督学专业标准是保障督学队伍专业化建设的根本依据。目前，在全国性督学专业标准尚未出台的情况下，希望通过框架研究为督学专业标准建设作出理论上的先行探索，同时希望抛砖引玉，吸引更多的专家学者共同关注并深化本课题的探究，努力为未来的督学专业标准建设勾勒更加清晰的轮廓，研制更为科学严谨的指标体系和逻辑结构，以实际行动推进督学专业标准建设进程，为督学队伍专业化建设提供方向指引和行动参照。

（二）为实施督学资格认证制度准备条件

职业资格认证是对从事某一职业所必备的学识、技术和能力的基本要求，是某一职业专业"含金量"和专业地位的具体体现。我国现有的较为成熟的职业，如教师、会计、律师、医生等，都实行了资格证书认证制度。在督导工作专业化要求日益提高的背景下，督学资格认证制度作为推进教育督导制度化建设和督学队伍专业化发展的必然方向，已经引起各级教育督导部门的高度重视与积极的探索尝试。本研究所做的网络调查显示，99.23%的被调查对象认为"建立督学资格制度很有必要"，其中88.3%的被调查对象还表示"非常迫切"，体现了对于实施督学资格制度的强烈期待。在督学资格认证的各要件中，认证内容无疑是影响督导认证科学性、有效性、公正性的关键因素。希望通过研究、构建督学能力框架，能够为督学资格认证核心内容的设置提供指引和参照，进而为督学资格认证制度的顺利实施准备条件。

（三）为督学的规范管理提供专业依据

从专业化角度讲，督学考核、培训等管理环节应以督学专业标准作为基本依据。在全国督学专业标准"缺席"且"职责"界定宽泛笼统的情况下，地方往往按照各自的理解和实际情况自行制定督学考核的标准和办法，由此造成操作层面的千差万别，影响督导工作的专业性以及区域间的对话互鉴。关于督学培训，《督学管理暂行条例》中仅规定了每年不少于40学时的时

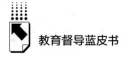

间要求以及六个方面的培训内容，整体上仍缺乏培训的系统规划和顶层设计，尚未出台全国性的培训大纲和培训教材。希望通过构建督学能力框架，为督学的考核和培训提供专业的参照指标，切实推进督学考核培训的规范化、专业化。

（四）为建设教育督导二级学科先行探索

要解决督导队伍年龄老化、知识陈旧、职称学历不高等专业化发展瓶颈问题，除了强化入职考试、在职培训等途径外，通过专业学位教育夯实督学的理论功底、优化知识结构、促进专业成长，是从根本上提升队伍专业化水平的长久之计。为此，可尝试设立教育督导二级学科，以学科为依托培养专门的督学人才。目前，我国高校仅将教育督导作为教育管理学专业的一个研究方向选择，缺少完整的学科理论及认知体系建构，更缺乏与实践环节的耦合衔接。基于此，研究、构建基于"职责"的督学能力框架，在学科理论与督导实践之间搭建起沟通对话的桥梁，希望能为教育督导二级学科建设先行探索，提供课程框架和路径支持，促进学科早日建成并在高质量督导专业人才培养中发挥切实作用。

当然，本文关于督学能力框架的研究探讨还只是初步的，随着研究的深入和教育改革形势变化将不断优化调整，从这个意义上讲，研究是面向未来且动态开放的。希望有更多的研究者和督导实践领域的同仁对该课题予以高度重视和持续关注，共同努力推出高水平的研究成果，助力督学队伍专业化发展。

B.8
新时代我国地方教育督导
立法研究

——基于 21 个地方立法文本

聂岸远*

摘　要： 2012 年国家《教育督导条例》颁布实施以来，21 个地方出台了新的教育督导立法文本。分析发现，新时代我国地方教育督导立法立足于教育治理体系和治理能力现代化要求，治理价值导向更加鲜明，实体性规定更加明确，程序性规定更加丰富，督导结果运用规定更加充实，法律责任规定更加严密。但是，教育督导立法也存在教育督导概念没有科学界定，督导机构、队伍建设的规定还不到位，督导与评估制度整合规定不足，教育督导制度与其他监督制度的衔接规定不够，法律责任规定不够全面等问题。新时代地方教育督导立法应进一步更新立法理念，突破重点难题，加强制度融合，实现教育督导的良法善治。

关键词： 新时代　教育督导　督导立法

1991 年，国家教委颁布实施了《教育督导暂行规定》以后，大部分省份及部分较大的设区市制定实施了地方教育督导法规、规章。2012 年，国务院颁布实施《教育督导条例》，成立国务院教育督导委员会，教育督

---

* 聂岸远，山东省政府督学，教育部全国中小学督导评估专家，国家教育行政学院教育督导与评价研究中心兼职研究员，主要研究方向为教育督导评估政策与实践。

导从法律法规、体制机制两个方面取得重要突破，为深入推进改革奠定了坚实基础。① 各地也相应加快了新一轮教育督导立法步伐，呈现一些新的特点，体现了新时代教育督导的新成果、新要求、新趋势。本文选取2012 年以后地方出台的 21 个教育督导立法文本，主要以《教育督导条例》规定为参照，立足现实需要，对其基本特点、不足进行粗略研究，并提出立法建议。

一 地方教育督导立法概况

1. 地方教育督导立法的背景

《教育督导条例》的颁布实施和国务院教育督导委员会的成立，开启了新时代教育督导体制机制改革的新篇章。党的十八大以来，与国家治理体系和治理能力现代化建设相适应，教育督导改革也在不断深化。2014 年，《国务院教育督导委员会办公室关于印发深化教育督导改革转变教育管理方式意见的通知》明确提出要"形成督政、督学、评估监测三位一体的教育督导体系"，确立了新时代教育督导的工作框架。2015年，《教育部关于深入推进教育管办评分离促进政府职能转变的若干意见》提出"依法对各级各类教育实施督导和评估监测，实行教育督导部门归口管理"，管办评分离的改革框架下进一步明确了教育督导对教育评估的统筹监管职能。2020 年，中共中央办公厅、国务院办公厅印发了《关于深化新时代教育督导体制机制改革的意见》，中共中央、国务院印发了《深化新时代教育评价改革总体方案》，国家层面第一次对新时代教育督导与评价改革作出了更加系统、全面的部署。《关于深化新时代教育督导体制机制改革的意见》特别提出要"完善教育督导法律法规，加快相关规章制度建设，推动地方出台配套法规政策"。这一系列政策指导

---

① 《国务院教育督导委员会办公室关于印发深化教育督导改革转变教育管理方式意见的通知》（国教督办〔2014〕3 号），http://www.moe.gov.cn/srcsite/A11/s7057/201402/t20140207_163918.html，最后检索日期：2022 年 3 月 21 日。

下，新时代教育督导不断取得突破，为地方教育督导立法提供了深厚的政策和实践基础。

2.地方教育督导立法的基本情况

2012 年以来，新制定或修改的地方教育督导立法文本共 21 个，见表 1。

表 1　地方教育督导立法一览

地区	文件名称	制定机关	通过（修改）时间	文本种类	条文数量
天津市	《天津市教育督导条例》	天津市人大常委会	2013 年 12 月 17 日	地方法规	22 条
上海市	《上海市教育督导条例》	上海市人大常委会	2015 年 2 月 11 日	地方法规	6 章 30 条
新疆维吾尔自治区	《新疆维吾尔自治区实施〈教育督导条例〉办法》	新疆维吾尔自治区政府	2015 年 2 月 25 日	地方政府规章	20 条
重庆市	《重庆市教育督导条例》	重庆市人大常委会	2015 年 4 月 1 日	地方法规	6 章 39 条
江西省	《江西省教育督导规定》	江西省政府	2015 年 7 月 27 日	地方政府规章	26 条
云南省	《云南省教育督导规定》	云南省政府	2015 年 9 月 2 日	地方政府规章	27 条
福建省	《福建省教育督导条例》	福建省人大常委会	2017 年 3 月 31 日	地方法规	6 章 36 条
广东省	《广东省教育督导规定》	广东省政府	2017 年 8 月 25 日	地方政府规章	5 章 32 条
吉林省	《吉林省教育督导规定》	吉林省政府	2017 年 12 月 8 日	地方政府规章	23 条
山东省	《山东省教育督导条例》	山东省人大常委会	2018 年 1 月 23 日修改	地方法规	22 条
四川省	《四川省教育督导条例》	四川省人大常委会	2018 年 7 月 26 日	地方法规	6 章 38 条
浙江省	《浙江省教育督导条例》	浙江省人大常委会	2019 年 5 月 31 日	地方法规	6 章 30 条

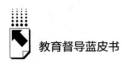
续表

单位	文件名称	制定机关	通过(修改)时间	文本种类	条文数量
南京市	《南京市教育督导条例》	南京市人大常委会通过,江苏省人大常委会批准	2019年4月26日通过,2019年5月30日批准	地方法规	6章35条
陕西省	《陕西省教育督导规定》	陕西省政府	2019年10月17日	地方政府规章	6章35条
西藏自治区	《西藏自治区教育督导条例》	西藏自治区人大常委会	2020年3月27日	地方法规	6章33条
广西壮族自治区	《广西壮族自治区教育督导规定》	广西壮族自治区政府	2021年2月8日	地方政府规章	29条
河南省	《河南省教育督导条例》	河南省人大常委会	2021年11月27日	地方法规	6章38条
宁波市	《宁波市教育督导条例》	宁波市人大常委会修订,浙江省人大常委会批准	2021年10月28日修订,2021年11月25日批准	地方法规	24条
北京市	《北京市教育督导规定》	北京市政府	2021年12月28日	地方政府规章	5章25条
江苏省	《江苏省教育督导条例》	江苏省人大常委会	2022年1月14日	地方法规	7章37条
安徽省	《安徽省教育督导条例》	安徽省人大常委会	2022年3月25日	地方法规	6章32条

2012年以前,仅有山东省、湖南省、宁夏回族自治区及部分市人大常委会制定了"条例",各省级政府大部分制定了"规定"。2012年以后,由省级人大常委会通过或修改的"条例"数量明显增多,重新制定的"规定"数量也为数不少,总计19个省份及2个地级市颁布实施了新的教育督导地方法规、规章。在21个地方立法文本中,从制定机关上看,由地方人大常委会通过的地方法规"条例"13个,其中省级11个、地级市2个;由省级地方政府通过的8个,其中省级"规定"7个、"实施办法"1个。从文本

结构上看，有 13 个文本进行了分章规定，另外 8 个没有分章；条文最多的达 39 条，最少的为 20 条，相差近一倍。

二　地方教育督导立法的亮点

1. 治理价值导向更加鲜明

一是立法目的价值方面，除了保证教育法律法规落实、保障教育目标实现的目的规定，天津、上海、重庆、江西、福建、吉林、山东、浙江、南京、西藏、宁波、江苏、安徽等 13 个地区的立法文本中均不同程度明确了完善教育督导制度、完善教育治理体系的直接目的，立法目的更加具体丰富，立法宗旨更具有针对性。二是多元主体参与方面，在《教育督导条例》规定可以聘请相关专业人员参加和征求公众意见等的基础上，多个文本对社会参与的主体、参与的方式作出了更加细化的规定，体现了从教育行政管理到公共教育治理理念和政策要求的变化。如《上海市教育督导条例》专门规定：鼓励和支持学生及其家长、社会组织、社会公众有序参与教育督导。

2. 实体性规定更加明确

一是教育督导机构及其职责规定更加细化。大部分地方立法文本在《教育督导条例》对政府教育督导机构设置规定的基础上，进一步对政府教育督导委员会及其办事机构设置分别作出规定，其中天津、上海、重庆、云南、南京、北京等 6 地明确规定政府教育督导室作为教育督导委员会的办事机构，部分省份对设置总督学、副总督学作出了规定，这些规定为教育督导机构建设及其法定职责提供了法规依据，为做实做强教育督导机构奠定了基础。二是督导对象有所拓展。绝大部分立法文本在《教育督导条例》把下级人民政府、学校作为督导对象的基础上，增加了同级人民政府有关部门作为督导对象，"同级督政"制度的规定，使政府履行教育职责的督导评估对象、内容更加具体和细化，使教育督导的权威性、实效性大大增强。三是督导内容更加明晰。大部分立法文本把督导内容划分为督政、督学、评估监测三个相对独立的方面，督导框架更加明晰。上海、重庆等地作出了针对不同学段、教育类型分类督导的规定，江西针对学前教育、普通中小学教育、中等职业教育、高等教育学校的不同特点分别进行了督导重点列举规定。四是教育督导保障规定更加丰富。多数文本对教育督导办公条件、科研、交流、经费及督学培训、考核、待遇保障等作出了规定。鉴于督学中有很多原来具有专业技术职务的事业身份人员，上海、福建、南京、无锡、江苏、安徽等地立法文本中对这部分督学职称晋升作出了相应规定，对于打破督学队伍吸引力不强的瓶颈作出了积极探索。如上海市规定：具有专业技术职务的专职督学，按照相应专业技术职务管理办法晋升，具体办法由市教育督导机构会同市人力资源社会保障部门制定。

3. 程序性规定更加丰富

一是规定了督导各个环节工作的时限。绝大多数文本对综合督导、专项督导发出通知、形成初步督导意见，被督导单位提交申辩意见、发出督导意见书、形成督导报告的时间点进行了规定。二是对被督导对象权利救济的方式、程序作出了规定。山东、宁波、浙江、云南、广东等多地均作出了对督导意见书等有异议可以提出复查、复核、申诉等请求及处理程序的规定。同时，多个文本作出了受理社会公众异议投诉、调查反馈以及教育督导报告公开办法的规定。这些规定，进一步体现了义务与权利的统一，体现了正当程序的现代法治理念，有效保障了被督导对象的合法权益，保障了社会公众的参与权、知情权、监督权，进一步增强了督导结论的社会公信力和影响力。

4. 督导结果运用规定更加充实

各地普遍强化了教育督导结果运用的规定。上海、四川、重庆、福建、浙江、南京、陕西、河南、北京、江苏、安徽等11个地区立法文本中均把督导结果运用单独作为一章。多地对教育督导报告的类型、内容、公开方式进行了细化规定，上海作出了提交年度报告的规定，河南、江苏、安徽增加了提交经常性督导报告的规定。多地对整改复查、决策参考、改进约谈、通报、处分建议等作出了细化规定。在普遍把督导结果作为被督导单位责任考核、奖惩依据规定的基础上，上海、新疆、重庆、福建、山东、西藏等还规定作为被督导单位负责人任免的依据或参考。这些规定，对于促进教育督导"长牙齿"、提高教育督导实效具有十分重要的价值。

5. 法律责任追究规定更加严密

在《教育督导条例》对被督导单位及其工作人员、督学或者教育督导机构工作人员责任追究规定的基础上，部分文本进一步扩大了责任追究的对象范围。上海、云南、福建、广东、江苏等地均增加了教育督导机构未按要求履行教育督导工作职责对其负责人及有关工作人员进行责任追究的条款，南京还对第三方评估机构责任追究作出规定："教育督导第三方评估机构出具的评估报告和监测结果具有虚假内容、误导性陈述、重大遗漏的，由教育督导机构责令改正。"

三　地方教育督导立法的不足

1. 教育督导的概念没有科学界定

在21份立法文本中，绝大多数文本没有对教育督导进行明确定义，大多在督导范围、内容等规定中有所体现，难以涵盖教育督导概念的基本要素。仅有江西、吉林、山东、南京四地单独对教育督导进行了定义，且基本都是把教育督导界定为对区域教育工作的监督、检查、评估、指导等活动，对于教育督导应有的决策反馈职能没有有效涵盖。教育督导概念是教育督导其他规定的逻辑起点，教育督导定义缺失，教育督导的其他规定都将成为无源之水、无本之木，不利于对其他内容作出科学合理的规定。

2. 督导机构、队伍建设规定还不够明确

一是教育督导办事机构设置不够明确。地方立法文本中普遍确立了教育督导机构的政府机构地位，也普遍确立了政府教育督导委员会和办事机构两部分的教育督导机构组成形式，对于政府教育督导委员会的构成、职责都比较明确，对于办事机构除了少数几个文本明确为地方人民政府督导室之外，大多对机构名称、机构性质、隶属关系等没有明确规定，直接影响了办事机构的实体化甚至法人化建设，不利于教育督导机构建设的稳定性、制度化。

二是督学任用制度没有实质性突破。《教育督导条例》明确了我国实行督学制度，规定了督学的任职条件，许多地方立法文本中也相应作了指引或补充规定，但是在督学选拔任用方式上，大多没有规定严格的准入制度，缺乏考试选拔、岗前合格培训、实习试用等一些具体制度规定。三是对于教育督导机构、督学、被督导单位的权利（权力）、义务（职责）的规定比较散乱，没有集中条款规定，不利于各有关单位和人员全面准确把握各个主体的法定权利和义务，从而影响依法督导的进程和实效。

3. 教育督导与教育评估制度整合规定不足

长期以来，因为教育督导与教育评估行为主体、结果效力的不同，在二者的关系上，人们往往过多地注意了二者的区别，忽视了二者的联系。事实上，教育评估不单单具有工具价值，是教育督导的重要手段，更应该是教育督导全面监管的领域，教育督导对教育评估应该有示范引领和归口管理的职能，这一点在许多政策文本中已有明确规定。在 21 个地方教育督导立法文本中，大部分对教育督导机构可以委托教育评估专业机构开展教育评估监测工作进行了规定，但是整合不够。一是大多过分突出了评估监测活动的独立性，割裂了评估监测与综合督导、专项督导的有机联系，一定程度上造成教育督导与教育评估"两张皮"现象。二是很少对教育督导机构归口管理评估监测活动作出规定，仅有少数几个作出了相关规定。如《重庆市教育督导条例》第八条教育督导职责第五项规定："监督评估监测机构的教育评估监测活动"。《浙江省教育督导条例》第十四条规定："省教育督导机构应当健全教育督导评估监测制度和体系，完善教育督导评估监测标准和规程，建设开放共享的省教育督导评估监测信息化平台"。

4. 教育督导制度与其他监督制度的衔接规定不够

教育督导制度的本质是教育行政监督，同时也是一种专业监督，有特定的监督内容与方式，只有与其他监督制度协同，才有可能取得较好的监督效果。《关于深化新时代教育督导体制机制改革的意见》中指出：整合教育监管力量，建立教育督导与教育行政审批、处罚、执法的联动机制。在 21 份立法文本中，大多没有对教育督导与其他监督制度联动、衔接的规定。仅有少数几个文本有所规定，且局限在与教育行政执法的联动规定方面。比较而言，河南省的规定更加丰富一些：县级以上人民政府应当构建教育督导与监察、审计、督查、考核等相贯通的监督体系，建立教育督导与教育行政执法联动机制，实现结果共享。总的来看，教育督导制度与其他监督制度衔接的规定开放性不够，如何衔接联动的规定还不够具体。

5. 法律责任规定不够全面

一是部分立法文本没有法律责任条款规定，违反强制性规定的行为没有明确的责任追究规定，不能体现行为和责任的统一，大大降低了立法的严肃性和实施效力。二是责任追究对象不够全面。部分立法文本或者只在结果运用中对被督导对象的责任追究进行规定，或者没有对督导机构及督导人员的责任追究规定，难以体现管制、控权并重的法治理念。

四　地方教育督导立法的工作建议

当前，我国行政法治及教育法治体系已基本形成，行政法、教育法法典化均已提上议事日程。目前，作为教育行政法治重要方面的教育督导法治建设还一定程度上滞后于时间要求，落后于整个教育法治体系，地方教育督导立法既是整个教育督导法治体系的重要组成部分，也应该承担先行先试、探索创新的重要任务，基于以上分析，在此提出几点建议。

1. 更新立法理念

"在教育现代化进程中，教育立法具有先导性、引领性、规范性、保障性作用。"[1] 近年来，我国教育行政从政策为主到立法引领，依法治教、依法治校的观念得到普及推广，并逐步上升为教育行政的基本准则，使法治思维和法治方式贯穿于教育决策、执行、监督的全过程。[2] 教育督导与评估作为教育法规定的一项制度，立法的重要性不言而喻。《教育督导条例》颁布

---

① 傅思明、王红：《教育行政法治建设研究》，国家行政管理出版社，2021。

② 湛中乐、靳澜涛：《我国教育行政争议及其解决的回顾与前瞻》，《华东师范大学学报》（教育科学版）2020 年第 2 期。

实施已近10年，尚有12个省份还未出台新的地方教育督导法规、规章，总体上看，教育督导立法滞后于教育督导实践。各地应该进一步增强法治意识，充分认识依法督导的重要性，增强教育督导立法的紧迫感、使命感，加快地方教育督导立法，提高立法层级，提升立法质量，补齐短板，为教育治理体系和治理能力现代化打下坚实的教育督导法治基础。

2. 突破重点难题

自1977年邓小平在《关于教育问题的谈话》中提出恢复教育督导制度的设想以来，我国当代教育督导制度恢复重建已达45年，教育督导作为监督指导政府履行教育职责、学校规范办学的重要制度，在实现"两基"、促进义务教育均衡发展、保障各级各类教育健康发展中起到了不可替代的作用。但是，教育督导的职能定位、机构设置、队伍建设等重大问题的法律规定一直不够明确，从而影响了教育督导制度的权威性和实效性。我国许多制度如同级督政、督导责任区及督学挂牌督导制度、学校发展性督导评估制度等均是地方的创造，地方教育督导立法，应发挥区域优势，打破过分局限于国家上位法和政策规定的路径依赖，从注重实施性立法到重视创制性立法，先行先试，在一些重大问题上取得突破，为国家立法积累经验成果。笔者认为，在教育督导立法中，首先，应该对教育督导的定义进行明确界定，明晰教育督导的行政监督、专业监督性质，明确其监督、评估、指导、反馈职能。其次，应该对政府教育督导委员会办事机构即教育督导实体工作机构的性质、设置、人员配备、工作职责作出更加明确的规定。再次，国家已经明确实行督学制度，各地应该积极探索实行督学准入制度，在选拔、培训、任用、考核、职级职称晋升等方面创设一系列新制度，为实行督学资格制度探路，实现督学从职业到专业的变革，增强督学队伍的吸引力，有效提升督学队伍的含金量、战斗力。

3. 加强制度融合

近年来，教育督导"长牙齿"成为热门话题，笔者认为，教育督导"长牙齿"至少应该有三个方面的含义，一是教育督导工作有严格的制度、标准、程序，督导过程有章法，具有制度权威。二是教育工作有科学的技术、方法，督导结论可靠，具有专业权威。三是教育督导结果得到充分运用，具有结果权威。要做到这些，必须加强制度建设，尤其要加强教育督导制度与其他制度的有机融合。在教育督导立法中，可着重在以下几个方面探索突破。一是教育督导制度与教育评估制度有机整合，赋予教育督导机构对教育评估监测专业机构的标准制定、业务监管、成效评估等职能，通过对教育评估的元评估，引领、协调教育评估专业机构规范参与教育督导工作，提升教育督导的专业水平。二是教育督导制度与政府督查、审计监督、统计监督、行政执法协调联动，做到信息共享、工作统筹。一方面聚合监督力量，形成监督合力，另一方面统筹各种检查活动、减轻被督导对象的迎检负担。三是教育督导制度与人大监督、纪检监察、司法监督等制度有效衔接，教育督导发现的重大问题可以向同级人大常委会报告，由更具权威的人大执法监督跟进处理；建立违纪违法问题线索移交制度，打通"肠梗阻"，严重问题由更具刚性的监察、司法机关及时处理，避免问题不了了之，影响教育督导的权威。四是教育督导制度与民主监督、新闻舆论监督、公众监督等紧密结合，进一步落实社会各界的知情权、参与权、监督权，构建多元参与、开放共享的现代教育督导新格局，增强教育督导的公信力、影响力。

B.9
我国教育督导研究进展与论域分析

韩　烨*

摘　要：　教育督导作为我国一项基本教育制度，对落实国家重大政策、推动教育改革发展具有重要意义。本文以 CNKI 期刊数据库的 1104 篇相关文献为样本，运用 CiteSpace 软件绘制可视化知识图谱，在分析年度发文量、主要作者及研究机构分布概况的基础上，结合系统文献法进行理论演绎。结果表明：教育督导研究主题受到政策变化和实践需求的影响，主要在督导制度、课堂督导、职能厘定、机构设置等方面形成热点论域。未来研究应加强对县级教育督导机构建设的实证考究，关注中国特色督政制度建构，探寻与国家重大教育问题交叉视角下的督导理论，反思基于价值导向的督导工具运用。

关键词：　教育督导　知识图谱　教育督导制度　督导职能

教育督导是我国的一项基本教育制度，是确保教育政策落实、规范学校办学行为、督促教育"急难愁盼"问题有效解决的重要抓手。2020 年 2 月，中共中央办公厅、国务院办公厅印发的《关于深化新时代教育督导体制机制改革的意见》提出，到 2022 年基本建成全面覆盖、运转高效、结果权威、问责有力的中国特色社会主义教育督导体制机制。当前，我国教育督导已进入"长牙齿、立权威、提实效"阶段，现代化的教育督导工作面临着新要

---

* 韩烨，国家教育行政学院助理研究员，研究领域为教育管理与日本教育研究。

求、新挑战。教育督导作为实现更加公平、更高质量教育的"尚方宝剑"，是"十四五"时期教育事业发展的重要战略支撑。为了推动教育督导更好地服务于教育高质量发展的需要，本文对 1991~2021 年我国教育督导领域的研究成果进行可视化分析与系统梳理，揭示该领域研究的整体概况、演变趋势和研究热点，在充分把握该领域研究进展的基础上，为后续中国特色教育督导的纵深推进提供学术线索。

一 数据来源与研究方法

本文选择中国知网（CNKI）数据库作为文献来源，将类别设成全部中文期刊文献，以"教育督导""督学"为主题词进行检索，使结果更加客观与全面。1991 年 4 月，新中国第一个关于教育督导制度的权威性文件《教育督导暂行规定》颁布，在我国教育督导发展史上具有奠基性里程碑意义。因此，本文将检索时间跨度设为 1991~2021 年，共获得文献 1702 篇。在此基础上，剔除书评、会议通知、新闻报道、检查公报等和研究主题不相关的文献，最终获得有效文献 1104 篇。

本文采用计量分析与质性研究相结合的方法。一方面，基于连接关系的聚类在共引网络中具有的天然优势①，借助 CiteSpace 软件对文献信息进行统计分析。根据样本文献的不同节点类型等信息与参数设置，绘制我国教育督导研究的知识图谱，明确教育督导研究力量分布。另一方面，因文献可视化分析存在"节点解读与处理出现分歧、图谱分析简单片面、应然逻辑精确性不足"等问题②，为了进一步加强研究文献样本分布的科学性，同时采用系统性文献法进行理论演绎，通过聚焦热点论域、研究趋势及前沿方向，为"十四五"期间我国教育督导的研究进路提供参考。

---

① 陈悦、陈超美、胡志刚：《引文空间分析原理与应用：CiteSpace 实用指南》，科学出版社，2014。
② 马小燕：《基础教育文献计量研究的问题与反思》，《中国教育学刊》2021 年第 3 期。

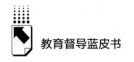

二 我国教育督导研究概况分析

（一）年度发文量分布

年度发文量可以直观反映不同时期特定领域的研究状况和热点变化（见图1）。总体上看，自1991年以来，教育督导研究发文量呈"S"形波动上升趋势，表明学界对教育督导研究越来越重视。1993年，中共中央、国务院印发《中国教育改革和发展纲要》，明确了"基本普及九年义务教育，基本扫除青壮年文盲，全面贯彻教育方针，全面提高教育质量"的战略举措。直到2008年，年度发文量稳步增长，研究成果主要集中在国家"两基""两全"督导检查任务上。自2009年，发文量总体增长迅速，并于2013年达到顶峰（69篇）。这一时期，我国督政、督学、评估监测三位一体的教育督导体系正逐步形成，教育督导事业进入快速发展期。从2014年开始，发文量分布呈不规则波动，总体趋于回落态势，2018年达到谷值（39篇）后又呈指数型增长，尤其是2020年《关于深化新时代教育督导体制机制改革的意见》出台后，教育督导领域发文量递增，这源于地方根据

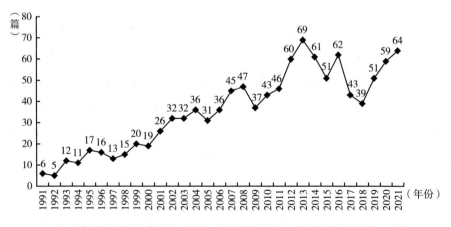

图1　1991~2021年我国教育督导研究年度发文量分布情况

期间出台的一系列政策任务开始新的探索而出现短暂下降后的快速上升。分析发现，我国教育督导的政策理论研究发文量，随同期政策指导和教育改革的阶段性任务发生正向变化，而立足地方实践的应用研究成果则存在一定的滞后性。

（二）关键作者分布

利用 CiteSpace 软件对作者合作网络进行分析，可以清晰地反映某一领域核心研究力量，展示各作者间的合作关系，从而推动教育督导研究的深入。将文献导入 CiteSpace 软件后，设定相关参数，得到作者发文统计结果。根据普莱斯定律 $N = 0.749 \times (N_{max}) 1/2$，计算得出教育督导研究的核心作者发文量≥3.592 篇的作者数，发文量在 4 篇及以上的核心作者共 24 人。其中，刘朋的发文量最多（23 篇），核心期刊中王璐的发文量最多（10 篇）。这 24 位作者大多发文时间跨度长，从不同角度关注某个主题，研究专注度较高。从作者之间的合作分布来看，学术联系尚且分散、薄弱，未能形成长期合作关系。

（三）研究机构分布

可视化分析发文机构分布情况，共现图谱显示有 844 个节点、153 个链接，网络面密度为 0.0004。如表 1 所示，将相关发文二级机构合并，排名前 10 位的发文一级机构中，北京师范大学（共 46 篇）和华东师范大学（共 35 篇）总发文量排名最靠前，整体形成了以高等师范院校、地方教育督导部门和干部教育院校为主体，地方科研机构共同参与研究的力量分布格局。分析发现，一些高校和干部院校的发文集中在教学督导上，与政府主导的教育督导工作相区别，属于广义的督导范畴。从地域分布来看，教育督导实践深入的地区，如北京、上海、河南等省市取得的研究成果相对较多。尽管从事教育督导领域的高校及研究机构不少，但显示在共现图谱中的中心性为零，说明各研究机构合作关系薄弱，没有形成聚类研究。未来应加大督导研究人才培养力度，推动以高校为主要发文机构的"独舞"，向政府委托、更多研究组织参与合作的"共舞"转变。

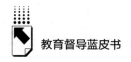

表1 我国教育督导研究机构合作网络图谱

序号	发文机构	篇数（篇）	中心性
1	北京师范大学	46	0.00
2	华东师范大学	35	0.00
3	河南师范大学	24	0.00
4	上海市浦东新区人民政府教育督导室	23	0.00
5	西南大学	16	0.00
6	沈阳师范大学	16	0.00
7	上海师范大学	13	0.00
8	中国井冈山干部学院	13	0.00
9	北京教育科学研究院	10	0.00
10	黄河科技学院	9	0.00

三　研究演进趋势分析

突现词共现图谱可以显示教育督导研究在某一时期内的前沿聚焦，时区（Time-zone）视图模式则反映了该领域关键词随时间演变的分布状态，呈现可视化的研究阶段特点与发展趋势。利用前者突发性探测（见图2）和后者时区演进（见图3）的两方优势，综合分析教育督导研究的演进趋势。可以看到，1991~2021年共出现23个突发性关键词，反映出我国教育督导研究的主题在政策变迁和实践需求的相互影响下发生变化，具有与时俱进的鲜明特点。

（一）中国特色教育督导制度初步形成期（1991~1998年）

随着新中国第一个关于教育督导制度权威性文件《教育督导暂行规定》的颁布，教育督导制度逐步在督导实践中重建。学者们回顾我国教育督导制度的发展变迁，从借鉴分区视导与行政监控的视学制度，到审思督导工作是否局限于学校范围，再到提出加强教育督导立法及队伍建设的倡议，探索中国特色教育督导体系建构之路不断延展。至此，我国教育督导制度基本形成

关键词		Strength	Begin	End	1991 — 2021
教育行政部门	1991	9.8286	1991	2000	
教育督导工作	1991	7.1572	1991	1999	
督导工作	1991	4.9958	1991	1995	
教育督导制度	1991	4.0434	1991	1995	
督导室	1991	4.0023	1991	2005	
教育视导	1991	3.8857	1991	1998	
督导机构	1991	3.6752	1991	2001	
实施素质教育	1991	5.2427	1999	2002	
督导评估机制	1991	3.9154	1999	2004	
教学督导	1991	10.2441	2008	2017	
现状	1991	3.7687	2008	2012	
美国	1991	3.5401	2008	2016	
对策	1991	5.0441	2009	2014	
义务教育	1991	4.8284	2010	2019	
英国	1991	6.9529	2011	2019	
启示	1991	5.0742	2011	2015	
督学	1991	3.9299	2011	2021	
高职院校	1991	6.0569	2012	2021	
督导	1991	7.1888	2013	2017	
督学责任区	1991	4.7318	2013	2016	
挂牌督导	1991	3.6312	2015	2019	
职业教育	1991	7.3465	2016	2021	
教育督导	1991	16.0645	2018	2021	

图 2　教育督导研究关键词突现图谱

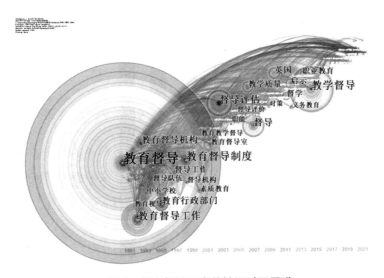

图 3　教育督导研究关键词时区图谱

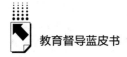

了覆盖中央、省、市、县四级教育督导网络体系，以及专兼职结合的教育督学队伍，揭开了我国特色教育督导制度建设的新华章①。

（二）教育督导任务功能探索期（1999~2007年）

随着21世纪的到来，学者们将目光转向教育督导目的和功能的探究上，讨论我国要办成什么样的学校教育以及如何通过教育督导来实现的问题。1999年，《中共中央、国务院关于深化教育改革全面推进素质教育的决定》提出，把保障实施素质教育作为教育督导工作的重要任务。2001年，《国务院关于基础教育改革与发展的决定》要求"建立对地区和学校实施素质教育的评价机制"。因此，素质教育督导评价逐步成为这一时期的工作重点②。

（三）借鉴他国经验推行"本土化"创新期（2008~2016年）

这一时期的教育督导研究主要集中在国际经验探析和督学责任区创设方面。自2008年，"美国"作为一个突变词出现，学者们纷纷聚焦世界发达国家建立的教育督导体系，当中对英国教育督导制度的关注和研究一直持续。针对我国实际，地方上自下而上开始探索督学责任区。2013年《中小学校责任督学挂牌督导办法》颁布以来，全国中小学责任督学挂牌督导工作格局逐渐完备。对于如何构建体系完善、专业性强、结果运用有效的督导制度框架，如何发挥督导工作促进地方教育均衡发展和学校改进的功能，成为这一阶段的研究前沿。

（四）拓展督导职能为完善教育体系服务期（2016~2021年）

基于我国教育体系的构建完善和教育现代化任务的基本实现，教育督导职能也随之不断充实和丰富。这一时期，督导范围从义务教育扩展到学前教育和职业教育上，督导内容从学校办学规范延伸至教育优质均衡、政府教育

① 杨文杰、范国睿：《教育督导制度改革：1977-2020——改革开放以来我国教育督导改革的回顾与展望》，《教育发展研究》2017年第21期。

② 陈慧娟、辛涛：《我国基础教育质量监测与评价体系的演进与未来走向》，《华东师范大学学报》（教育科学版）2021年第4期。

履职，并与国家教育重大问题现实关联，反映出教育督导全面督查、广泛覆盖、多层渗透的特点。其中，突现词"教育督导"包含"义务教育质量监测、体育工作督导、行政权威、专项督导评估、专业评估机构"等共现标识词，表明研究具有一定的分散性；结合突现图谱，"督学、高职院校、职业教育和教育督导"四个关键词的出现持续至今，显示出研究前沿具有"小集中"的特点。

四　研究热点论域

利用 CiteSpace 软件对关键词进行聚类分析，分别根据关键词频次和中心性进行前 10 位排序，在生成的知识图谱中，两种排序法得到的高频关键词内容及顺序大体一致，折射出我国一定历史时期内教育督导领域的热点问题与学术焦点（见表 2）。之后，综合共现图谱的聚类结果和二次文献法，对高频关键词及其前 5 位标识词进行合并重复和统一类属。结合被引频次、核心期刊级别等要素，选取与高频关键词及标识词内容相符的 103 篇重点文献，进行我国教育督导研究热点领域的理论探讨。

表 2　教育督导研究的高频主题词

序号	频次（次）	中心性	关键词	标识词
1	413	0.97	教育督导	义务教育质量监测、体育工作督导、行政权威、专项督导评估、专业评估机构
2	106	0.22	教学督导	教学质量、学术权威、以人为本、高校教学管理、教学管理部门
3	105	0.16	教育督导制度	教育视导、教育行政部门、督导机构、督学责任区、第三方评估制度
4	84	0.09	教育督导工作	学校督导、推进素质教育、均衡发展、发展性督导、上海市虹口区
5	71	0.15	督导评估	督导评估机制、实施素质教育、中小学校、办学水平、人民政府
6	59	0.13	督导	教育、创新、干部教育、研究生教育、探讨

续表

序号	频次（次）	中心性	关键词	标识词
7	46	0.10	教育督导机构	教育评估机构、社会中介组织、高等教育评估、媒介性、督导人员
8	44	0.08	教育行政部门	督导机构、督导职能、督政、效能、县域
9	39	0.08	英国	督导制度、启示、机构、近代、中国
10	33	0.09	督导工作	督导评价、教师队伍建设、教师专业标准、教师专业化

（一）教育督导制度

1. 教育督导制度的变迁

一般来说，制度的形成需要在漫长历史中汲取经验教训，并逐步确立框架重点。回顾历史，学者们对我国教育督导制度不同发展时期的特征进行了梳理。我国的教育督导制度历经"建立—停滞—恢复—发展"的曲折过程，改革开放后，基于邓小平同志提出的构想和建议，教育督导制度得到恢复和重建。苏君阳认为，新中国成立后的教育督导制度具有自上而下与自下而上、激进性与渐进性、强制性与诱致性并存的变迁路径[①]。总结改革开放以来的经验，杨文杰、范国睿强调了新时代的教育督导制度呼唤多元参与的专业化督导评估，促进督导功能一体化和督导服务社会化机制的形成[②]。从政策文本层面考察，我国已初步形成教育督导法规制度体系，亟待实现高位立法、上下联动和完善制度体系[③]。可以说，教育督导制度的形成根植于历史灌溉，增效于法治建设，唯有不断驱动教育督导规范化、法治化、专业化改革，才能满足教育督导治理体系和治理能力现代化的内在需求。

---

① 苏君阳：《改革开放以来我国教育督导制度变迁》，《北京师范大学学报》（社会科学版）2020 年第 1 期。

② 杨文杰、范国睿：《教育督导制度改革：1977-2020——改革开放以来我国教育督导改革的回顾与展望》，《教育发展研究》2017 年第 21 期。

③ 聂岸远：《对我国教育督导法规制度建设之思考与建议》，《中小学管理》2020 年第 12 期。

2. "管办评"分离语境下的教育督导

2014 年 2 月,《深化教育督导改革转变教育管理方式的意见》提出强化教育督导推进"管办评"分离,引发了学者们对"构建什么样的教育督导制度"才能解决督导部门"既当裁判员又当运动员"问题的思考。在学理探讨上,周文辉、曹镇玺认为,督导评估制度是一个兼具教育治理权利和教育发展逻辑的概念,始终存在职能性、方式性、专业性和导向性的内在冲突①。其中,教育"督导"和"评估"分别指向教育督导的权威性监管功能和诊断性评价功能②。据此,不少学者提出设立、委托和规范第三方独立进行诊断评估的专业评估机构,来解决行政监督与学校评估间的职能矛盾。但事实上,督导人员常常陷入有建议权,无问责权、话语权的两难境地。对此,张惠虹认为,教育督导和教育执法有效协同是推进教育"管办评"分离的重要方式,其机制构建重在厘清二者职责关系,形成信息互换、执法互助、结果互认的良性互动③。可以看到,教育督导是行政监督的一种手段,解析其在行政管理概念中的内涵意蕴,重塑有关权力配置下的管理体系,将有助于更好地理解"管办评"分离背景下教育督导的职能定位。

3. 督学责任区制度的形成与创新

督学责任区制度是我国教育督导领域的一项制度创新,旨在解决学校办学不规范、国家课程改革落实难等现实问题,同时也是促进教育督导制度自我完善的重要途径,成为地方教育督导部门及学界关注的重点。不少学者指出,我国督学责任区建设存在队伍薄弱、职责模糊、指标欠科学、结果应用弱化等问题。王璐、王雪双基于国外经验比较,分析了湖南省创建督学责任区的不同模式特色,提出要处理好控制与赋权的关系④。在不断探索和总结

① 周文辉、曹镇玺:《高等教育督导评估:内涵特征、内在冲突和路径选择》,《江苏高教》2019 年第 5 期。

② 李亚东:《完善教育评估制度 促进政府职能转变——关于构建省级教育评估专业机构的几点建议》,《教育科学研究》2001 年第 1 期。

③ 张惠虹:《教育督导与教育行政执法协同机制研究》,《教育发展研究》2020 年第 Z1 期。

④ 王璐、王雪双:《国际视野下督学责任区制度发展与模式研究——基于对湖南省的调研》,《比较教育研究》2015 年第 11 期。

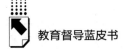

经验的过程中，学者们纷纷展开实地调研，围绕责任区设立、队伍组建、实施机制、保障举措和业务监管等方面勾勒出完善责任督学挂牌督导制度的发展框架。为应对时代变革，新田县研发并搭建"互联网+教育督导"云平台，实现了网络督导常态化的发展创新，有效提升了督导工作效能。

（二）课堂教学督导

教学督导是指对教学质量进行监督、检查监控和指导，其目的是通过检查评价教育教学效果，促进教育和教学改革①。与侧重自我评估功能的高校教学督导不同，中小学的教学督导一直是地方政府督导部门牵头开展的。学者们立足不同视角探讨"督学在实施教学督导时应当督什么"的问题。马效义基于我国课堂督导实践，剖析督学角色定位和职责边界，提出了"一目标、两框架、三维度、四要素"的中小学课堂教学督导评价框架②。刘爱莲、张世珊则从教学督导理念出发，指出我国的教学督导应凸显以素质为本、以人为本的教育教学督导观③。在张东看来，现行教学督导问题的根源在于督导立场选择的偏失，因而要向促进师生可持续发展，实现督导依据、资格、内容、类型、方式的策略转换④。这些学者大多强调重视学生的情感态度、综合素质、学习获得感是教学督导所应追求的。与之相比，美国的教学督导注重帮助教师改进教学，为提升教师不同专业发展阶段的能力提供指导。正如刘文君所指，从美国用"supervision"表示督导，而不是像英国等其他国家采用"inspection"一词就能看到，督导的教育辅导作用远大于监督功能⑤，因而国外相关研究更加侧重探讨教学督导的技术性和程序性。

① 刘爱莲、张世珊：《凸显以人为本、以素质为本的教育教学督导观》，《当代教育论坛》2005年第6期。
② 马效义：《中小学课堂教学督导双重评价框架的构建——基于督导职能性质的视角》，《教育科学研究》2020年第4期。
③ 刘爱莲、张世珊：《凸显以人为本、以素质为本的教育教学督导观》，《当代教育论坛》2005年第6期。
④ 张东：《师生可持续发展的教学督导立场选择》，《中国教育学刊》2017年第1期。
⑤ 刘文君：《美国现行教学督导系统及其特征》，《比较教育研究》2007年第7期。

（三）教育督导职能

1. 督导职能的阶段定位

有学者提出，教育督导职能定位遵循因时而变、因位而变、因地而变的原则，需要进一步合理定位①。分析发现，在不同历史阶段，教育督导工作研究的重点不同，可分为三类。一是素质教育督导研究。一些学者总结了21世纪初地方探索形成的素质教育运行机制做法，为构建素质教育评估体系提供了新思路。二是义务教育均衡发展督导研究。2012年《国务院关于深入推进义务教育均衡发展的意见》的颁布，标志着义务教育均衡发展成为国家教育发展的战略性任务，促使学界对"教育督导在义务教育均衡发展中发挥什么样的作用"展开探讨。其中，丁蓓认为，义务教育均衡发展督导评估政策正在走向法制化、科学化、参与化、人本化阶段②。三是发展性教育督导研究。伴随中英西南基础教育学校发展计划（SDP）学校管理改进项目的引进，不少学者从督导评估的行政性评价开始转向发展性教育督导评估模式探究。如，骈茂林基于质的评价理论，强调学校发展性教育督导评估具有鉴定、规范、激励、反馈调控和导向的功能，揭示了发展性督导评估系统内部与外部运作机制的建构策略③。在实践层面上，上海等地区探索如何示范和引领各校应对招生考试改革落地，积极寻求督导评估与学校自主发展的关系。鉴于此，从不同阶段的议题中发现，教育督导工作为教育理念的树立及评价体系的科学构建奠定了坚实基础，并始终为区域教育发展从基本均衡走向优质均衡提供重要保障。

2. 引领促进教师专业发展

如今，我国的教育督导已将教师队伍建设列为督导检查的重点事项，督

---

① 苏君阳：《新时代我国教育督导职能定位的基本原则及其内容未来建构》，《教育学报》2020年第5期。

② 丁蓓：《我国义务教育均衡发展督导评估政策的演变与走向》，《教学与管理》2013年第28期。

③ 骈茂林：《发展性教育督导评估功能及其生成机制：从质的评价取向出发》，《教育发展研究》2002年第5期。

导检查成为落实教师队伍建设各项工作的重要手段。在国际比较研究中，美国实行区分性教师督导，将新教师、有经验教师、困难教师等指派到教学监控、目标指导、加强援助、矫正援助等不同周期实行针对性督导①。对于边缘教师，美国的督学容易陷入想帮助改进教学但可能造成教师被解聘的两难境地，因而采取改变低效教学或改进无效时的多种处理方式②。就我国而言，刘朋提出，督导人员应介入课程改革并引导教师参与其中，要求督导人员必须具备良好的伦理道德品性，追求行动合理性的实践智慧，以及感知、辨别教育情景的建设性作为③。事实上，美国督导人员负责帮助学校教师实现专业发展，原因在于督学扮演着教研员的角色，这与我国拥有一整套的教研体系不同。因此，如何界定我国教师督导在教师专业发展中的角色定位，厘清并构建教育督导与管理部门、学校教务部门及教研部门的协同关系，是有效推进我国教师督导工作的关键。

（四）教育督导机构及其人员配备

1. 教育督导机构的模式选择

新中国成立后，我国教育督导机构作为教育行政部门的内设机构，难以充分发挥各项督导职能，学者们纷纷将目光投向欧美国家，以期得到启示。英国教育标准局作为完全独立型的代表获得学界广泛关注，其学校督导评价标准与指标体系，成为英国中小学教育质量保障体系的核心所在；同时，英国教育督导展示的向家长和社会负责的制度理念，体现了问责制的专业性监督及以发展与改进为核心目的建立的归旨④。还有美国的依附型机构和荷兰的半独立型机构等，这些经验为我国提供了有益借鉴。由此，阮李全提出，

---

① 张霞：《美国中小学区分性教师督导实践研究——以宾夕法尼亚州贝尔佛特学区为例》，《当代教育科学》2012年第3期。
② 高佳：《美国边缘教师督导困境及改进方案》，《现代教育管理》2014年第8期。
③ 刘朋：《论教育督导介入课程改革的有效策略——基于教师参与课程改革的视角》，《教育理论与实践》2006年第10期。
④ 王璐：《英国督学的权威性与专业性及其对我国督导制度的思考》，《外国教育研究》2008年第12期。

学术权威是教育督导机构的最终权威，相对独立型的教育督导机构模式成为当下中国教育督导的必然选择①。张丹聚焦法国的教育督导制度，指出法国早期的学科督导与行政督导功能分离，近年来国民教育督导局与国家教育管理督导局协同联动、功能链接，逐步走向整合，并探索出公开原则与"售后服务"措施②。国内外教育督导机构的模式借鉴与发展趋势分析帮助我们构建了系统性认知，这些研究成果共同推动着我国教育督导机构及其职能从依附走向独立，从相对独立迈向功能整合。

2. 督学队伍建设状况检视

督学是我国教育督导队伍的构成主体，是实施学校督导工作的重要角色。学者们着眼于发达国家督学队伍，指出其具有法律保障强、任职条件严、选拔措施全、职责分工明、工资待遇高的共同特点，为我国提供了重要参考。当前，我国督学队伍建设存在结构老龄化、兼职人员多、专业水平低等人员本身的问题，亦有工作内容庞杂、权责不清、专业化发展空间窄等体制机制方面的障碍。学者们提议，健全我国督学资格认证制度，需要明确"为什么进行资格认证，认证的重点是什么，以及怎样去认证"的问题③；同时鉴于责任督学与教研员之间的定位不清、期待不明、技巧不足等角色冲突，需要从个体协调和社会协调两方面进行角色改善，提升履职能力④。总体而言，督学队伍建设及其专业化发展的程度，与教育督导机构职能体系的发展水平高度关联，因而要在整体教育督导制度架构内检视和考量相关研究。

五　未来研究展望

我国教育督导事业在不断发展过程中体系趋于完整，职能不断丰富，并

① 阮李全：《中国教育督导机构的法律地位与模式选择——以教育督导行为性质为视角》，《教育理论与实践》2016 年第 25 期。
② 张丹：《从分离到整合：法国教育督导制度改革的机构变迁与路径选择》，《全球教育展望》2021 年第 7 期。
③ 李国华：《督学资格认证制度的探索与思考》，《教育测量与评价》（理论版）2012 年第 2 期。
④ 马效义：《角色明晰与调适：督学履职能力提升的大前提》，《中小学管理》2017 年第 5 期。

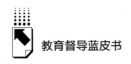

向各级各类教育组织延展。面对各地教育督导事业发展中存在的现实困境，如何真正实现教育督导"长牙齿"，是今后一段时期教育督导研究亟待探讨的课题。基于文献研究和对地方教育督导机构负责人反馈问题的长期关注，预判未来研究方向，可以从以下几方面深入。

（一）加强对县级教育督导组织及其人员专业发展的实证研究

2020 年《关于深化新时代教育督导体制机制改革的意见》的出台，为深入教育督导研究提供了良好契机。然而，与省、地市相比，县（区）教育督导机构既依赖于教育行政部门的资源共享，又有独立行使职能的迫切诉求，因而探寻适合县（区）实际的教育督导机构模式与组织架构是当务之急。特别是加大实证分析，从如何消解督导职能冲突、强化成员单位协作、增强总督学"领头雁"的功能出发，探寻破除体制机制障碍的实践方法和策略。在此基础上，探讨采取督学编制、经费随事权配置走的分类管理模式，不断完善督学行政权威、专业权威和道德权威在专业提升上的标准化建构。

（二）关注中国特色教育督政制度研究

实施督政工作是确保政令畅通、政策落实到位，实现各级各类教育高质量发展的关键。《深化新时代教育评价改革总体方案》将"改革党委和政府教育工作评价，推进科学履行职责"作为教育改革的重点任务，教育督政工作得到极大重视。今后应加强对教育督导有关组织部门之间多边权力关系的研究，探寻逐级督政、同级督政的模式建构。结合 2021 年 7 月发布的《教育督导问责办法》，将督政制度与教育评价相衔接，对教育履职问责机制进行科学性与规范性探讨。同时，开展相关政策文本分析及执行效果研究，从而推动新时代中国特色社会主义教育督政功能的发挥。

（三）加强与教育重大问题职能交叉视角下的督导理论研究

随着新时代教育政策和督导制度顶层设计的不断完善，教育督导肩负的职能和任务愈加多元、具象化，今后的督导研究也更具有跨学科性、综合性、实践性特征。目前的教育督导研究，与国家重大教育问题解决现实关联的理论性探讨不足，需要加强对督导理论内涵与外延的科学厘定。例如，区域教育优质均衡发展背景下，教育督导如何准确定位、发挥其监督指导作用的理论性阐释。再如，结合"双减"工作的深化，从行政管理学的视角，明确教育督导及其他相关主体的功能定位，化解"九龙治水"的治理格局，确保国家重大决策部署在基层学校的有效落实。

（四）体现教育督导指标体系、工具和手段运用的价值导向

科学设定教育督导指标体系、工具和方式，是推进督学队伍专业化的重要体现。已有研究往往过于注重对评价依据和方法的探寻，即重视"怎么评价"的工具属性，忽略督导评估"带来哪些效果，产生哪些影响"的价值属性。尤其是在推进教育治理体系和治理能力现代化的语境下，新时代的教育督导应突出民主性、法治性和"技术治理"，如何让教育督导的工具理性和价值理性相耦合，需要进一步探究和加强各级各类学校质量评价标准、程序、结果运用在制度安排上与教育督导的衔接，并适应信息化、智能化时代变革之需，从而更好地推动教育督导服务中国特色社会主义教育现代化进程。

参考文献

樊莲花、司晓宏：《义务教育优质均衡发展督导评估审视与展望》，《教育研究》2021 年第 10 期。

陈良雨、陈建：《教育督导现代化：制度逻辑、现实挑战与行动策略——基于教育治理能力提升的视角》，《四川师范大学学报》（社会科学版）2017 年第 5 期。

B.10
全国县域义务教育均衡发展
督导评估回顾与展望[*]

张文静[**]

摘 要: 县域义务教育均衡发展督导评估制度是落实义务教育均衡发展国家战略和促进教育公平的重要手段。学界主要从内涵、评价指标、政策分析、困境与对策等角度探讨义务教育均衡发展的不同理论侧面。在学界的持续关注和研究背景下,义务教育均衡发展逐步被纳入政策讨论的范畴并上升为国家政策。综观 20 多年的发展历程,可以发现县域义务教育均衡发展督导评估经历了"准备阶段—基本均衡—优质均衡"三个阶段的政策演进过程,在督导实践中形成了强化政府责任、制定评估标准、完善工作机制、注重均衡监测的主要经验。展望未来,应从县域义务教育优质均衡督导评估办法的政策调适、以现代信息技术赋能县域义务教育优质均衡督导评估、强化县域义务教育优质均衡督导评估结果问责力度三个方面改进。

关键词: 县域义务教育 均衡发展 督导评估

　　均衡发展是 2000 年基本实现"两基"(即基本普及九年义务教育、基本扫除青壮年文盲)之后,我国在义务教育领域制定的新发展目标。在以县级人民政府为主的义务教育管理体制下,首先需要解决城乡学校发展不平

　* 本文系中国教育科学研究院 2021 年度基本科研业务费专项资金项目"中国特色教育督导理论体系研究"(项目批准号:GYI2021007)阶段性成果。
　** 张文静,教育学博士,中国教育科学研究院教育督导评估研究所助理研究员。

衡的问题。为此，国家制定了县域义务教育"基本均衡"和"优质均衡"两步走的发展战略。《中国教育现代化 2035》将"实现优质均衡的义务教育"作为 2035 年八大主要发展目标之一。为切实推动各地落实义务教育均衡发展责任，国家建立了县域义务教育均衡发展督导评估制度，该制度是落实义务教育均衡发展国家战略和促进教育公平的重要手段。本文在概述学界对义务教育均衡发展理论探讨的基础上，系统回顾和总结了县域义务教育均衡发展督导评估的政策演进过程和主要经验；在县域义务教育基本均衡发展督导评估已完成的背景下，提出县域义务教育优质均衡发展督导评估的改进策略，为全面理解优质均衡督导评估办法的价值主旨、完善县域义务教育优质均衡发展督导评估体系，提供理论观照和实践遵循。

一 学界对义务教育均衡发展的理论探讨

学界的激烈讨论和辨析为义务教育均衡发展在实践中的落地提供了坚实的理论基础，义务教育均衡发展成为国家战略后也为学界提供了更加广阔的探究空间。对 20 年来以"均衡发展"为主题的相关研究加以梳理发现，学者们主要从义务教育均衡发展的内涵、评价指标、政策分析、困境和对策等方面开展研究和讨论。

（一）义务教育均衡发展的内涵

均衡发展是义务教育发展过程中的关键一环，是保障基本公共教育服务均等化的有力举措之一，也是实现社会公平的重要基础。不同学者对均衡发展有不同的认识，具有代表性的观点如下：一是认为教育均衡发展是经济均衡发展在教育领域中的应用，强调教育均衡发展首先是教育资源在教育机构和教育群体之间的均衡配置，进而逐步实现教育需求与教育供给之间的相对均衡。[①] 二是主张从动态视角看待义务教育均衡发展，根据社会需求的变

---

① 翟博：《教育均衡发展：现代教育发展的新境界》，《教育研究》2002 年第 2 期；翟博：《树立科学的教育均衡发展观》，《教育研究》2008 年第 1 期。

化，在机会均等、投入均等、产出均等和受益均等四个方面逐层得到满足。① 三是从受教育的权利和义务、相对平等的接受教育的机会和条件、教育成功机会和教育效果的相对均等三个相互联系且逐层递进的方面，阐述教育均衡发展的内涵。② 尽管表述各异，但学界基本认同义务教育发展遵循"均衡—不均衡—均衡"不断螺旋上升的发展逻辑，均衡发展不是低水平的同步化、同质化、平均化发展，而是从低级水平到高级水平动态发展的过程。

（二）义务教育均衡发展的评价指标

均衡发展是一种状态，如何客观有效地评价义务教育均衡发展水平也是教育研究领域重点关注的主题之一。学者主要从三个视角构建县域义务教育均衡发展评价指标：第一，教育起点、教育过程、教育结果公平的视角，如从教育机会、教育资源配置、教育质量、教育成就 4 个一级指标和 25 个二级指标提出我国基础教育均衡发展指数及其测算方法；③ 再如，从义务教育资源配置（包括教育经费、教育设施、教师队伍）和义务教育质量（包括学校管理、教育效果）两个维度确立了区域义务教育均衡发展指标体系。④ 第二，不同层级二元结构间均衡的视角，如从教师资源、学生资源和教育保障系统构建义务教育均衡发展的评价向度，从每个向度中分别确定关键指标，在各关键指标下分别考察城乡、乡镇、校际、学段的差异，构建了由 60 个观测点组成的县域义务教育均衡发展监测指标矩阵。⑤ 第三，教育资源配置的视角，如将义务教育发展置于当地经济社会发展的大背景下考

① 薛军、闻勇：《城乡义务教育均衡发展及内涵、现状和实现路径》，《学术探索》2017 年第 1 期。
② 于建福：《教育均衡发展：一种有待普遍确立的教育理念》，《教育研究》2002 年第 2 期。
③ 翟博：《教育均衡发展：理论、指标及测算方法》，《教育研究》2006 年第 3 期。
④ 薛二勇：《区域内义务教育均衡发展指标体系的构建——当前我国深入推进义务教育均衡发展的政策评估指标》，《北京师范大学学报》（社会科学版）2013 年第 4 期。
⑤ 董世华、范先佐：《我国县域义务教育均衡发展监测指标体系的构建——基于教育学理论的视角》，《教育发展研究》2011 年第 9 期。

虑，从广义的教育资源配置出发，构建由环境均衡度、城乡均衡度、发展结果均衡度三个方面组成的县域义务教育均衡发展指标体系，通过赋予三个维度不同权重合成综合均衡度①；再如，有学者在对比国内典型的教育均衡发展指标并借鉴国外经验的基础上，提出了由人力资源、财力资源、物力资源和教育资源配置制度公平性四个方面构成的基础教育资源配置均衡/公平发展测度指标体系。② 自县域义务教育均衡发展的国家标准出台后，③ 对均衡发展评价的研究更多关注义务教育均衡发展监测中存在的问题与解决方案。④

（三）义务教育均衡发展的政策分析

学界对义务教育均衡发展本身的相关研究成果，在一定程度上被国家采纳，并在实践中推动了义务教育均衡发展。但从优质均衡对质量和内涵发展的更高要求来看，不均衡问题仍普遍存在。基于此，部分学者将研究重心转向义务教育均衡发展的政策分析，试图通过完善相关政策促进义务教育高位均衡发展。义务教育均衡发展的政策分析主要从三个方面展开。一是义务教育均衡发展的政策生成与演进历程分析。相关学者主要从历史制度主义的视角出发分析，以新中国成立以来、改革开放以来、"两基"启动实施以来等多个时间点为起点，系统梳理了义务教育均衡发展的政策变迁历程。概括来看，虽然划分的具体时间节点有差异，但义务教育均衡发展的政策变化基本都经历了"不均衡—基本均衡—优质均衡"的演进过程。⑤ 二是义务教育均

---

① 于发友、赵慧玲、赵承福：《县域义务教育均衡发展的指标体系和标准建构》，《教育研究》2011 年第 4 期。

② 沈有禄、谯欣怡：《基础教育均衡发展：我们真的需要一个均衡发展指数吗?》，《教育科学》2009 年第 6 期。

③ 中国教科院"义务教育均衡发展标准研究"课题组：《义务教育均衡发展国家标准研究》，《教育研究》2013 年第 5 期。

④ 司晓宏、樊莲华：《义务教育均衡发展监测的理性困境及其超越》，《教育研究》2020 年第 11 期；杨令平、樊莲华、司晓宏：《县域义务教育均衡发展监测中的数据问题及矫正》，《当代教师教育》2020 年第 1 期。

⑤ 李桂荣、李向辉：《中国义务教育均衡发展政策的演进历程及其制度逻辑》，《河南师范大学学报》（哲学社会科学版）2017 年第 5 期。

衡发展政策变化的原因分析。有的学者从义务教育均衡发展的制度逻辑出发考察其中的因果关系，如"理念—制度"逻辑、"环境—制度"逻辑、"行动—制度"逻辑等；① 有的学者则从经济社会发展与教育的相互关系出发分析政策变迁的原因。② 三是阻碍义务教育均衡发展政策落实的因素分析。研究者从制度障碍和现实困境两个维度展开分析，制度障碍包括制度环境的惰性、原有制度的惯性、制度实施主体的薄弱、非正式制度的阻梗，③ 现实困境主要体现在城乡义务教育经费投入不均等、中西部和偏远农村地区的师资问题、学校标准化建设仍存在薄弱环节等方面。④ 四是完善义务教育均衡发展政策的对策与建议。研究者主要从优化义务教育均衡发展的顶层设计、城乡义务教育一体化发展、加强省级政府统筹、不同层面制度的融合设计等方面提出完善策略。⑤

（四）义务教育均衡发展的困境与对策

当前正处于从管理到治理转型的新阶段，对义务教育均衡发展的困境与对策研究，也体现出管理与治理两种研究思路。从管理维度看，义务教育均衡发展的失衡主要表现在县域内城乡之间、学校之间和群体之间的教育发展差距较大，并据此从政府保障、教育理念、师资队伍、资源共享等方面提出相应解决对策。⑥ 从治理维度看，义务教育均衡发展包括国家、地方政府、学校和社会组织等主体，在推进义务教育均衡发展的过程中，治理主体角色

---

① 李桂荣、李向辉：《中国义务教育均衡发展政策的演进历程及其制度逻辑》，《河南师范大学学报》（哲学社会科学版）2017 年第 5 期。

② 刘天、程建坤：《改革开放 40 年我国义务教育均衡发展的政策变迁、动因和经验》，《基础教育》2018 年第 6 期。

③ 李桂荣、李向辉：《中国义务教育均衡发展政策的演进历程及其制度逻辑》，《河南师范大学学报》（哲学社会科学版）2017 年第 5 期。

④ 张辉蓉、盛雅琦、罗敏：《我国义务教育均衡发展 40 年：回眸与反思——基于数据分析的视角》，《西南大学学报》（社会科学版）2019 年第 1 期。

⑤ 张辉蓉、盛雅琦、罗敏：《我国义务教育均衡发展 40 年：回眸与反思——基于数据分析的视角》，《西南大学学报》（社会科学版）2019 年第 1 期。

⑥ 闫锦波：《县域义务教育均衡发展研究综述》，《西北成人教育学院学报》2016 年第 2 期。

定位不清、治理力量分散无序、治理过程行为偏差等问题屡见不鲜;① 此外，在基本均衡阶段向优质均衡阶段转变发展的过程中，治理困境主要表现为"国家治理唯指标、地方治理唯效率、学校治理唯标准、社会治理单一化"。② 针对上述义务教育均衡发展治理中出现的问题，有学者提出应以复杂性思维变革义务教育均衡发展的治理思维，创新义务教育均衡发展治理制度，同时坚持中央、地方政府、学校、社会和公众等多元主体协同治理义务教育均衡发展的治理路径；还有研究者从实践的角度提出"新教育共同体"的集团化办学战略，以实现区域学校教育治理现代化为目标，探索义务教育优质均衡发展的新机制。③

二 县域义务教育均衡发展督导评估的政策演进

始于1985年的"两基"，经过全国教育系统15年的奋斗，在2000年得以基本实现，即实现了"两基"人口覆盖率达到85%、青壮年文盲率下降到5%以下的目标。1993年国家建立了"两基"督导检查和评估验收制度，为切实保障"两基"目标如期实现和保证"两基"工作健康发展发挥了重要作用。基本实现"两基"后，均衡发展成为义务教育的战略性任务，县域义务教育均衡发展督导评估制度则成为推动实现义务教育均衡发展的有力抓手。综观20多年的实践发展历程，可以发现，县域义务教育均衡发展督导评估经历了"准备阶段—基本均衡—优质均衡"三个阶段的政策演进过程。

(一)均衡督导评估准备阶段

均衡督导评估准备阶段的时间节点为2001~2011年，处于针对西部的

---

① 彭敏、朱德全：《义务教育均衡发展的治理困境、逻辑与路径》，《中国教育学刊》2017年第3期。

② 朱德全、冯丹：《和而不同：义务教育优质均衡发展的新时代要义与治理逻辑》，《教育科学》2021年第1期。

③ 杨小微：《探寻区域义务教育优质均衡发展的新机制——以集团化办学为例》，《教育发展研究》2014年第24期。

"两基"攻坚向均衡发展的转变和过渡阶段。2001年7月《全国教育事业第十个五年计划》在阐述"国家贫困地区义务教育工程"时提出，"动员全社会以多种形式关心和支持贫困地区义务教育的普及工作，……，努力实现地区间教育事业的相对均衡发展"，① 这是政府政策文件中首次出现义务教育"均衡发展"的概念。随着"两基"目标的基本实现，在学界的持续关注和讨论下，义务教育均衡发展逐步被纳入政策讨论的范畴，最终形成教育政策文件，并上升为国家意志。2002年2月，教育部发布《关于加强基础教育办学管理若干问题的通知》，从规范办学管理的角度要求"积极推进义务教育阶段学校均衡发展"，首次以均衡的视角明确义务教育未来发展方向。教育部于2005年5月印发《关于进一步推进义务教育均衡发展的若干意见》，这是第一个以"义务教育均衡发展"为主题的政策文件，在系统梳理义务教育存在问题的基础上，从六个方面提出了促进义务教育均衡发展的举措和方略，明确要求建立义务教育均衡发展督导评估制度和监测制度。随后，义务教育均衡发展被写入《中华人民共和国义务教育法》（2006年修订版），以法律的形式规定了义务教育的未来发展方向，并要求"人民政府教育督导机构对……以及义务教育均衡发展状况等进行督导"。

为落实义务教育均衡发展的法定责任，国家设计了一系列制度框架。2007年5月，《国家教育事业发展"十一五"规划纲要》明确提出"城乡、区域教育更加协调，义务教育趋于均衡""基本实现区域内义务教育的均衡发展"的目标。2007年10月，党的十七大报告将"均衡发展"作为义务教育的首要目标和重点任务。2010年《国家中长期教育改革和发展规划纲要（2010—2020年）》将"推进义务教育均衡发展"作为义务教育的三大发展任务之一，将均衡发展提升为义务教育的战略性任务，要求建立健全义务教育均衡发展保障机制，明确提出"率先在县（区）域内实现城乡均衡发展"，从宏观上进一步明晰了义务教育均衡发展的目标、任务和路径。为压

---

① 《教育部关于印发〈全国教育事业第十个五年计划〉的通知》，《教育部政报》2001年第9期。

实地方政府促进义务教育均衡发展的责任，2011 年，教育部与全国 31 个省（区、市）及新疆生产建设兵团签署了义务教育均衡发展备忘录，[①] 明确了推进义务教育均衡发展的时间表、路线图。十年的准备阶段，从政策层面系统谋划了义务教育均衡发展的法律地位、政府职责、推进路径和保障措施，亟待督导评估办法的颁布出台。

（二）基本均衡督导评估阶段

基本均衡督导评估阶段的时间节点为 2012~2020 年，是义务教育基本均衡蓬勃发展和基本均衡督导评估认定制度落地实施的阶段。2012 年 1 月，教育部印发《县域义务教育均衡发展督导评估暂行办法》（以下简称《暂行办法》），明确规定了督导评估的内容、标准、认定程序、表彰与处罚等事宜。2012 年 4 月，国家教育督导团（现教育部教育督导局）发布《关于申请认定义务教育发展基本均衡县（市、区）有关工作的通知》，要求各省份按照《暂行办法》的要求，制定本地的实施办法。为切实推动义务教育均衡发展，明确落实工作方法和任务目标，2012 年 6 月，《国家教育事业发展第十二个五年规划》要求"建立义务教育均衡发展督导评估制度""开展对义务教育均衡发展的专项督导检查"；同年 9 月，国务院出台《关于深入推进义务教育均衡发展的意见》，明确要求"率先在县域内实现义务教育基本均衡发展""到 2020 年，全国实现基本均衡的县（市、区）达到 95%"。至此，上述一系列国家政策文件的出台，标志着县域义务教育发展基本均衡督导评估制度正式确立。

2013 年 5 月 17~18 日，教育部在江苏省张家港市召开现场会，决定在全国范围启动义务教育发展基本均衡县（市、区）督导评估认定工作。督导评估的内容主要包括 4 个方面。一是"门槛"，指申请均衡评估认定的县（市、区）（以下统称"县"），其所辖义务教育学校办学水平要达到省定

---

① 教育部基础教育一司：《共同书写新篇章：义务教育均衡发展备忘录》，上海交通大学出版社，2012。

办学基本标准。二是"系数",即测算审核申请认定县义务教育校际均衡状况八项评估指标达标情况,即县域内小学和初中的校际差异系数是否分别小于或等于0.65和0.55,用于评估县级政府配置义务教育学校教师、设备、图书、校舍的均衡状况。三是"工作",即根据省级均衡实施办法规定的评估标准,审核申请认定县政府推进义务教育均衡发展的工作评估得分是否达到85分以上。对县级政府工作的评估至少包括以下四个方面的内容,即入学机会、保障机制、教师队伍、质量与管理。四是"满意度",指人民群众对本县义务教育均衡发展的满意度情况调查,调查对象主要包括当地人大代表、政协委员、校长、教师、家长、学生等不同群体,满意度需不低于85%方可达标。全国县域义务教育均衡发展督导评估认定遵照县级自评、市级复核、省级评估、国家认定的程序开展。截至2020年底,全国累计已有26个省份2809个县级单位实现县域义务教育基本均衡发展,县数占比96.8%,如期实现了国家提出的到2020年底义务教育均衡发展"双九五"目标。到2021年底,全国2895个县级行政单位均通过了国家督导评估,这是继2011年全面实现"两基"后,我国义务教育发展中的又一个重要里程碑。①

(三)优质均衡督导评估阶段

义务教育均衡是一个动态发展的过程,在基本均衡推进到一定阶段后,优质均衡也被提上日程。为推动地方各级政府切实履行教育职责,国家建立了县域义务教育优质均衡发展督导评估制度。教育部于2017年4月印发《县域义务教育优质均衡发展督导评估办法》(以下简称《评估办法》),同年6月,国务院教育督导委员会办公室发布《关于申请认定义务教育优质均衡发展县(市、区)有关工作的通知》,要求各省份制定相应的实施办法或方案。为提高县域义务教育优质均衡发展国家督导评估认定工作的科学性、可操作性和实效性,2019年8月,国务院教育督导委员会办公室印发

① 《党的十八大以来义务教育改革发展成效》,http://www.moe.gov.cn/fbh/live/2022/54598/。

《县域义务教育优质均衡发展国家督导评估认定工作规程》,以更有针对性地指导地方开展创建工作。2019 年 10 月 12 日,教育部在浙江省召开现场会,正式启动全国县域义务教育优质均衡发展督导评估认定工作,浙江省嘉兴市海盐县、宁波市江北区率先通过县域义务教育优质均衡发展国家督导评估认定。随着县域义务教育基本均衡发展目标的全面实现,我国义务教育工作的重心已由"基本均衡"转向"优质均衡",义务教育开始迈入高质量发展的新阶段。

县域义务教育优质均衡督导评估认定工作遵循以下基本原则:重硬件,更重软件;重数量,更重质量;重指标合格,更重群众满意。与基本均衡督导评估类似,优质均衡也按照县级自评、市级复核、省级评估、国家认定的程序开展督导评估认定工作。其中,国家认定包括资格审核、社会认可度调查、指标审核、实地核查、结果认定 5 个流程,依次进行。评估内容涉及资源配置、政府保障程度、教育质量、社会认可度四个方面,共 32 项指标。与基本均衡发展督导评估相比,优质均衡发展督导评估采取全国统一标准,真正实现义务教育在资源配置上的高标准,体现了更高的标准化水平;在资源配置指标上,既制定了 7 项指标的发展水平标准,也统一规定了各项指标的差异系数,体现了更高的均衡程度;除资源配置指标外,政府保障程度、教育质量、社会认可度等三个方面的指标也大都有明确的量化标准,并且要求所有指标均达标才合格,更加凸显义务教育的内涵发展和质量提升,体现了更高的质量要求。

三 县域义务教育基本均衡发展督导评估的主要经验

作为现代教育管理"三套马车"——决策、执行和监督的其中一部分,教育督导是落实教育改革与发展政策的重要手段,也是促进教育事业发展的重要引擎。为将义务教育均衡发展的国策落到实处,国家建立了包括目标设定、材料审核、摸底调研、实地检查、意见反馈、问题整改、监测复查等在内的县域义务教育均衡发展督导评估制度体系。该制度实施十年来,大幅改

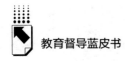
善了学校办学条件、持续缩小了校际差距、不断提升了群众满意度，极大地促进了义务教育均衡发展。目前，我国已完成了对全国所有区县的义务教育基本均衡发展督导评估工作，优质均衡在启动会后还未在其他区县开展督导评估工作，故此处主要总结基本均衡发展督导评估的主要经验。

（一）强化政府责任，引领义务教育均衡发展

教育督导工作的主要任务是"对下级人民政府的教育工作、下级教育行政部门和各级各类学校的工作进行督促与指导，保证教育法律、法规、规章和国家教育方针、政策的贯彻执行"。① 基本实现"两基"以后，"有学上"的问题已得到根本性解决，但面对不断扩大的区域、城乡和校际差距，人们对"上好学"的期望越发强烈。为满足人们对优质教育资源的强烈需求，国家作出了义务教育均衡发展的战略决策，并以"基本均衡"和"优质均衡"动态发展的思路做战略部署，实现了从均衡配置教育资源到提高教育质量和内涵发展的飞跃。涵盖评估认定、监测制度、复查制度和奖励制度的全国县域义务教育均衡发展督导评估制度，贯穿国家、省、市、县四级教育督导系统，成为义务教育均衡发展的有力助推器。在以评促建思想的指导下，《暂行办法》和《评估办法》均明确规定县级政府是推进义务教育均衡发展的第一责任人。在教育督导的推动下，地方各级党委政府均高度重视县域义务教育均衡发展工作，将其作为民生工程的第一要务列入党委政府的工作清单中。在推进义务教育均衡发展过程中，各级政府深度介入，做好顶层设计，出台配套文件，制定保障措施，建立义务教育均衡发展责任、监督和问责机制，将义务教育均衡发展成效纳入对下一级政府绩效考核指标，加强督查和考核奖惩。

（二）制定评估标准，规范义务教育均衡发展样态

"教育督导使用的是一种专业化程度较高的监管工具，本质上属于一种

---

① 田祖荫：《推进义务教育均衡发展：我国当代教育改革发展的重大战略》，《中国民族教育》2019 年第 Z1 期。

'技术标准'，可以成为教育督导机构判断事实认定构成要件的基准。"①《暂行办法》中，为衡量县域内校际的均衡状况，首次在督导评估中引入教育统计学中的"差异系数"概念，考察县域内小学、初中综合差异系数情况。综合差异系数基于 8 个指标值进行测算，分别是生均教学及辅助用房面积、生均体育运动场馆面积、生均教学仪器设备值、每百名学生拥有计算机台数、生均图书册数、师生比、生均高于规定学历教师数、生均中级及以上专业技术职务教师数，小学、初中综合差异系数分别小于或等于 0.65、0.55，方能达到国家标准要求。对县级人民政府在义务教育均衡发展工作上的评估，主要包括四个方面 17 项指标（省级实施办法可在此基础上增加地方特色指标），满分 100 分，要求得分在 85 分以上。同时，参考公众满意度调查结果，三项结果均达标才可通过基本均衡督导评估认定。优质均衡督导评估办法在基本均衡发展的基础上，从资源配置、政府保障程度、教育质量三个方面 31 项指标提出了明确的量化标准和操作要求，并规定社会认可度达到 85% 以上。技术标准的使用，一方面使地方各级政府、教育行政部门和学校明确了发展目标和方向，另一方面也提高了教育督导工作的合法性与科学性。在基本均衡和优质均衡督导评估标准的引领下，县级政府及相关职能部门相互支持、合作，共同推进义务教育均衡发展，形成了义务教育均衡发展的合力，不断缩小县域内城乡差距和校际差距。

（三）完善工作机制，提升均衡督导评估实效

县域义务教育均衡发展督导评估自 2013 年启动以来，不断完善工作规程，丰富督导方法，扩大社会监督范围，提高督导实效和督导权威。一是深入检查。从严审核各地的申报材料，均达标后才启动实地督查。在实地督查中，配备高质量的督导检查组，由有丰富教育工作经历的省部级领导担任国家督导组组长，从国家督学、特约教育督导员中遴选专业素质高、熟悉基础

---

① 骈茂林：《中央政府教育督导改革的经验研究：2010-2017》，《中国人民大学教育学刊》2018 年第 1 期。

教育一线的同志参加实地督查，确保权威性、专业性。结合前期掌握的文本资料，督导组有针对性地核查相关文件和数据资料，并到学校核验指标数据达标情况，提高督导的时效性和准确性；除教育部门外，还深入其他与教育发展密切相关的政府部门如财政、编办、发改、人社等，开展座谈交流和数据核查工作，提高督导的权威性。二是问题导向。习近平总书记指出："问题导向是马克思主义的鲜明特点，问题是创新的起点，也是创新的动力源。"[①] 检查过程中随时发现问题随时指导整改，反馈意见中逐县逐条列举问题清单，从统计数据、部门意见、群众反映、网络调查等多个渠道，针对每个省、县、校准备问题线索，要求被督导单位对照国家和省级标准，以省级政府办公厅名义限期报告整改情况，并在省级人民政府官方网站公示，接受全社会监督，确保整改落实到位。三是随机抽查。实地督查县、校均采取随机抽取办法，抽定名单在检查组进驻当日才公开，以减轻基层负担，防止形式主义。坚持"四不两直"，采取答辩、随访、暗访、指导、反馈等方法，强化与基层"同题互答"，推动督导与整改有机贯通。

（四）注重监测复查，保障义务教育均衡质量

义务教育均衡发展是一个动态的过程，某个指标值的大幅度变动就会影响全县的均衡状态，因此，有必要定期监测义务教育均衡发展情况。通过国家基本均衡督导评估认定也不是终点，还需要锚定优质均衡的目标，进一步巩固提高，均衡监测的结果也为各地改进工作指明了方向。政策层面上，为巩固县域义务教育均衡发展成果，防止水平下滑，全国县域义务教育基本均衡和优质均衡发展督导评估制度在构建之初，均明确要求建立监测复查制度，并督促各地层层开展监测复查。实践层面上，基本均衡发展监测自2013年开始，由国务院教育督导委员会办公室负责组织实施，每年对全国所有区县开展监测，形成监测报告。针对差异系数出现滑坡或不达标的县，

---

① 《习近平在哲学社会科学工作座谈会上的讲话》，http：//www.xinhuanet.com/politics/2016-05/18/c_1118891128.htm。

除了会组织国家督学进行实地抽查外，还会对县及所在省、市有关负责人进行约谈，当面指出问题，要求限期完成整改。通过约谈，强化督导的权威性，压实整改责任。对优质均衡的督导评估，目前还未进一步实施，但在《评估办法》中对优质均衡评估县的申请条件规定为"通过国家义务教育基本均衡发展认定三年以上；基本均衡发展认定后年度监测持续保持较高水平"，监测结果的有效应用已成为义务教育均衡发展的利器之一。不论是以差异系数为技术标准的基本均衡监测阶段，还是以内涵质量提升为目标的优质均衡监测阶段，均形成了"材料审核—实地督导—整改反馈—监测复查"的工作机制，在"基本均衡"和"优质均衡"动态发展的过程中，不断促进巩固均衡发展成果，促进义务教育高质量发展。

四 县域义务教育优质均衡发展督导评估的改进策略

"实现优质均衡的义务教育"是《中国教育现代化 2035》提出的八大主要发展目标之一。当前人民对义务教育的需求已从"有学上"转变为"上好学"，义务教育发展的主要矛盾已经转化为人民群众对接受高质量义务教育的强烈需求和优质教育供给总量不足且发展不均衡的矛盾。与基本均衡发展督导评估类似，县域义务教育优质均衡发展督导评估制度的确立，也必将大力推动义务教育公平而有质量的发展。

（一）开展县域义务教育优质均衡督导评估办法的政策调适

《评估办法》是《教育督导条例》的下位督导评估内容。《教育督导条例》是第一部教育督导专项法规，自 2012 年颁布实施以来，极大地促进了教育督导组织机构和督导实践的发展。随着新时代教育事业的快速发展与改革，《教育督导条例》已无法满足教育治理体系和治理能力现代化的需求。鉴于此，国家层面应尽快修订《教育督导条例》，明确规定教育督导的内涵和外延、督导机构和督导职能的定位、督学分类管理等，以适应当前和今后一段时期教育督导工作的迫切需要。在此基础上，应尽快启动《教育督导法》立法工作，从根本上解决教育督导权威性不高的问题。① 教育督导迈向法制化轨道，必将伴随教育督导工作规程的完善，义务教育优质均衡督导评估也将走向标准化轨道，让督导更有效、问责更有力。全国县域义务教育优质均衡督导评估启动实施后，除了浙江省的两个现场会所在县外，其他县仍在积极准备中。在对一些正在开展优质均衡自我监测评估县的调研中发现，各地普遍反映，《评估办法》制定的优质均衡要求过高，很难在 32 项指标上同时达标，且各个地方的学校千差万别、情况各异，导致部分指标还存在指向不清、不易操作的问题。政策的制定受制于当时认识的局限，随着义务教育均衡发展实践的不断推进，政策调适势在必行②，从而使政策更加符合现实的需要。故而，国务院教育督导委员会办公室应在全国范围内开展调查，收集各地对《评估办法》的意见和建议，进一步明晰各类指标的边界和范围，提高评估指标和评估标准的可操作性。

（二）以现代信息技术赋能县域义务教育优质均衡督导评估

《评估办法》中的指标大部分为量化指标，数据来源有二：一是以国家教育事业统计数据作为重要参考，该数据具有时间上的滞后性；二是以地方填报的实时数据为评价依据，可以体现当地的最新发展情况。当前，从国家到省、市、县各级，几乎都有服务自身教育发展的数据填报平台，但没有实现相互连通、数据共享，且维护和更新状况堪忧。在县域义务教育优质均衡发展的背景下，亟须以现代信息技术如大数据、区块链等建立高度互联互通的智慧平台，形成各级各类教育、各级教育督导部门都能共享的教育督导大数据中心。③ 首先，建立与"对省级人民政府履行教育职责的评价"的数据共享和督导联动机制。义务教育优质均衡发展是政府的责任所在，坚持义务教育优先发展原则，将其作为对省级人民政府履行教育职责评价的常设内容

① 杨润勇：《关于构建我国教育督导政策体系的思考》，《教育研究》2007 年第 8 期。
② 王帅锋、杜晓利：《义务教育从基本均衡走向优质均衡：一个政策调适案例》，《教育发展研究》2019 年第 21 期。
③ 何秀超：《大数据助力教育督导科学化》，《人民日报》2015 年 7 月 16 日。

和重点内容之一，与县域义务教育优质均衡发展的督导评估设立联动机制。在开展这两项工作时，共享相关数据，防止重复评价，提高督导工作效率。其次，建立义务教育优质均衡发展大数据监测制度。按照《中国教育现代化2035》对义务教育优质均衡发展的要求，监测的内容包括各省、市、县确定的任务完成时间表和路线图、推进工作机制、《县域义务教育优质均衡督导评估》中确定的所有评价指标等，在数据平台上实现监测数据与督导数据的链接与互通。最后，加大政策宣传力度，准确理解义务教育优质均衡的内涵。通过大数据测算，向政策执行者、学校管理者、教师、家长和学生们精准推送关于义务教育优质均衡发展、教育质量、终身学习等有关的政策文本、文件解读、学者文章等，从国家长期发展和未来社会建设的视角，传递科学的政绩观、质量观、人才观、教育观等。

（三）强化县域义务教育优质均衡督导评估结果问责力度

2020年2月，中共中央办公厅、国务院办公厅印发了《关于深化新时代教育督导体制机制改革的意见》，明确要求压实问责制度，力促教育督导"长牙齿"。《评估办法》中对评估结果的使用包括两个方面：一是将县域义务教育优质均衡发展评估结果，作为上级人民政府对县级人民政府及其主要负责人履行教育职责评价和教育发展水平综合评估的重要依据；二是对义务教育优质均衡发展水平监测复查结果达不到规定要求的县进行问责，对连续两年下滑的县，将撤销其"义务教育优质均衡发展县"称号。这是国家制定的最低要求的结果运用之处。义务教育发展的主要实施者在县级层面，因此为更好地促进县级政府落实义务教育优质均衡发展的责任，省级政府在制定义务教育优质均衡督导评估办法时，应进一步强化督导评估结果的问责力度。一要强化奖惩力度。对推进义务教育优质均衡发展有突出贡献的县，可给予物质和精神两方面的奖励，物质奖励既可以是现金或实物，也可以是教育督导体制机制改革上的自主权；精神奖励则主要体现在荣誉称号或推广宣传先进经验和做法，提高地方工作的主动性和积极性。对没有按照时间表、路线图完成应有计划的县，及时对其主要负责人进行约谈，指出存在的问题

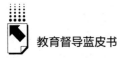

并责成其制订整改计划，严格按照要求推进工作。二要建立督导质量控制制度。教育督导是对被督导对象的工作进行评价的一种工作方式，教育督导本身开展的情况如何，督学的工作态度和方法、督导流程的规范与否、督导结果的应用等方面也需要得到监督，以保证高质量的督导。一方面，督导工作要接受被督导对象的监督，允许被督导对象评价督导人员的工作质量，开展督导工作满意度调查；当被督导对象对督导结果有不认可之处时，需为其提供申诉的渠道，让意见和建议得到及时反馈。另一方面，督导工作要接受媒体和大众的监督，充分重视督导工作开展期间的舆情事件，自觉接受社会监督，科学公正地行使教育督导职权。

比较与借鉴篇

International Comparisons

B.11
国际教育督导发展趋势及启示

——以比利时荷语区为例

王 烁　苏君阳*

摘　要： 比利时荷语区的教育督导至今已有 31 年的历史。自 1991 年起，所有学校均需接受教育督导局检查，而该区在 2009 年和 2018 年历经的两次督导改革，呈现了国际教育督导观念和方法的发展趋势与特征。2009 年，荷语区推行了风险督导模式，即根据学校质量水平实行差异化检查，并使用 CIPO 作为督导学校教育质量参照框架，注重学校教育投入与产出。但是，风险督导模式在实践中缺乏实用性与客观性。2018 年，荷语区督导局改进和发展了此前的督导模式，启用督导 2.0 体系并推行 OK 教育质量参照框架，注重以学习者发展为中心，鼓励学校建设内部督导评价体系。由此对我国教育督导体制机制改革提出建议：政策性与科学

---

* 王烁，教育学博士，南京审计大学心理健康教育教学部讲师；苏君阳，北京师范大学教育学部教育管理学院院长，教授，博士生导师。

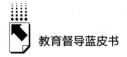

性并举，提高督导标准的指导价值；细化督导对象及过程，减少学校行政负担；给予学校自主空间，重视学校发展自主权；增强学校责任意识，与学校进行激励性对话。

关键词： 国际教育督导　比利时　督导框架

比利时是由荷语区、法语区和德语区组成的联邦制国家，由各区政府负责教育政策的制定与实施。其中，荷语区又名佛兰德斯区（Flanders），其人口占比利时总人口的 58%，其教育质量在经济合作与发展组织（Organization for Economic Co-operation and Development，OECD，简称"经合组织"）中名列前茅，[①] 拥有全面和完善的教育督导制度。[②] 比利时荷语区教育督导局（Inspectorate of Education）是直属教育部长管辖的独立机构，其督导对象包括幼儿教育、初等教育（正规和特殊）、中等教育（正规和特殊）、艺术教育、成人教育以及学生指导中心，对在家上学的学生进行个别检查。教育督导局以"质量之眼"和"在对话中检查"为准则，以监督教育质量、发挥提升教育质量的标杆作用为主要职责，[③] 将自身定位为一个信息丰富，具有前瞻性、合作性和称职的组织。[④] 督导局包括 140 名督学、5 名协调督学、1 名总督学以及 18 名行政工作人员。

① Prokic-Breuer T. , Dronkers J. , "The high performance of Dutch and Flemish 15-year-old native pupils：Explaining country differences in math scores between highly stratified educational systems", *Educational Research and Evaluation*，2012（8）.

② Dykstra T. , "High performance and success in education in Flemish Belgium and the Netherlands", *Washington DC：National Center on Education and the Economy*，2006.

③ Country profile Flanders，https：//www. sici－inspectorates. eu/getattachment/d05977b0－d524－4dae-b8db-5fdf5e852a88/Country-Profile-Flanders_ 2018. pdf，最后检索日期：2022 年 5 月 19 日。

④ Mission and vision，https：//www. onderwijsinspectie. be/en/mission-and-vision，最后检索日期：2022 年 5 月 10 日。

一　比利时荷语区教育督导的改革历程

比利时荷语区的教育督导制度产生于 1991 年，教育法令要求所有学校均需接受督导的全面检查。督导制度在发展中经历了两次改革：2009 年的教育督导改革适应了提高学校内部督导与评估能力的趋势，保留了检查所有学校原则，加入基于风险督导的原则，即采用基于风险督导模式，以风险评估结果决定对学校督导的频率与强度。但是，这种模式在实践中缺乏实用性与客观性。2018 年起，荷语区教育督导局推行了教育督导 2.0 体系，改革了基于风险督导模式，遵循的督导框架也从 2009 年实行的 CIPO 发展为 OK 教育质量参照框架，以促进学习者的发展为中心，更加注重学校内部教育质量保证体系的建设。

自 2009 年起，比利时荷语区的教育督导均需要遵循教育质量参照框架对学校进行检查，教育质量参照框架提供了确保学校教育质量的关键领域以及主要因素，是保证和提高学校教育质量的工具。构建教育质量参照框架的任务是教育部长要求，由佛兰德斯教育督导局和佛兰德斯省级教育机构（Provincial Education Flanders，POV）、教育协会和教育研究机构等共同制定，涉及学校督学、教学督学、教育专家、学生和家长、教师和学校董事会等利益相关者的共同参与。①

荷语区教育督学一般需要有 8 年以上教育领域的工作经验。对小学的督导工作一般由 2 名督学完成，中学的督导工作更为复杂，比如，有的中学包含多个校区，因此对中学的督导工作需要最多 5~6 名督学完成。为保障学校教育的自主权，荷语区的教育督导不能对教师或是其教学方法的选择进行督导，因为对教师的评价权归属于学校。此外，根据 2009 年教育法令第 34 条的要求，荷语区教育督导局有义务向教育部长和议会提交年度的教育状况

---

① OK reference framework，https：//www. onderwijsinspectie. be/en/ok - reference - framework，最后检索日期：2022 年 5 月 10 日。

报告。近年来，督导局主要以《教育之镜》为名制定和公布年度教育督导检查报告。

表 1　比利时荷语区教育督导体系的产生与发展

时间	督导模式	督导模式的主要特征
1991~2009 年	全面督导模式	(1)所有学校均需要接受督导 (2)对学校的各项问题进行全面督导 (3)所有学校在 6 年或 7 年至少接受一次督导
2009~2018 年	风险督导模式	(1)所有学校均需要接受督导 (2)对学校的重点质量问题进行督导 (3)所有学校在 10 年内至少接受一次督导,此外,将根据对学校质量是否处于风险中的判断,确定是否需要对其进行多次督导 (4)督导以 CIPO 教育质量参照框架为考核依据
2018 年至今	督导 2.0 体系	(1)所有学校均需要接受督导 (2)重点检查学校质量发展、一个或多个质量领域、教与学的活动、学校环境,注重联系学校内部的质量保证体系 (3)所有学校在 6 年内至少接受一次督导 (4)督导以 OK 教育质量参照框架为考核依据

二　初次改革：风险督导制度的形成

（一）基于风险督导的方式

自 1991 年到 2009 年，比利时荷语区的教育督导制度属于初级阶段。在此期间，教育督导局需要对所有学校进行全面审查，每个学校在 6 年或 7 年至少接受一次督导。全面督导模式虽然有利于了解学校发展的全方位特征，但是，存在一定的人力和物力资源的浪费。2009 年 5 月 8 日颁布的教育法令对此前的督导体系进行了改革，改变了督导的间隔时间和学校接受督导的内容。督导对学校的检查主要集中于某个重点问题，或是对某一教育质量领域进行调查，每个学校在 10 年内至少接受一次督导。虽然间隔时间较长，但是，学校接受督导的强度和周期需要根据督导的风险评估结果确定。如果学校教育质量被督导评估为处于风险中，那么督导将会对学校实行多次检查。

根据 2009 年教育法令，荷语区教育督导将以 CIPO 教育质量参照框架为考察依据。为保障学校教育自主权，教育督导局提供的 CIPO 仅作为一个中立的框架体系，而非通用的或固定的规范标准。学校需要根据 CIPO 框架及其指标建立和实施符合学校需求的政策，督导将依据质量框架进行检查。CIPO 框架主要发挥了三方面的作用：一是学校质量标准的参照系，体现了教育督导的检查内容，以及督导在调查学校情况时所考虑的关键要素；二是督导检查的结构模型，帮助督导在学校进行观察和调研；三是能够促进学校发展的关系模型，组成 CIPO 的四个部分之间的相互关系和作用，将有助于保障学校的办学质量。

（二）CIPO 督导框架的内容

CIPO 由背景（Context）、信息（Input）、过程（Process）和产出（Output）构成，包含了保证学校教育质量的关键要素（见表 2）。① CIPO 的内容综合考虑了政策需要和科研成果。一方面，荷语区政府对教育质量和学校所要完成的任务提出了具体要求，并颁布了相关教育法令与规定，CIPO 的内容筛选了相关法规中与教育质量直接相关的要素，将其作为学校制定政策和督导考察的关键领域。另一方面，CIPO 的内容参照了教育学的研究成果，提高了框架的科学性。例如，科研结果证明学校的背景和信息特征对教育质量会产生影响，因此，CIPO 的内容中包括了学校的背景和基本信息。

---

① The Inspectorate of Education of Flanders, http://www.sici-inspectorates.eu/getattachment/f6185456-8fb7-4f79-a06f-05e6bb15be79，最后检索日期：2022 年 5 月 10 日。

表 2 CIPO 教育督导框架的内容

背景			
特征	位置	历史	监管框架

信息	
工作人员特征	学生特征

过程			产出	
常规 领导 学校发展愿景 决策制定 过程与步骤 质量保证	人事 员工管理 专业化发展	教育政策 课程 辅导和咨询 评价	学生表现 发展目标 达到目标	成果 后续教育 人才市场
	后勤 基础设施和设备 福利		学校成就 进展 入学率	满意度 员工 学生 合作伙伴

资料来源：Shewbridge C, Organisation de coopération et de développement économiques. School evaluation in the Flemish community of Belgium, OECD, 2011, 83。

1. 背景

背景由机构的特征（identification）、位置（situational location）、历史（history）、监管框架（regulatory framework）四个指标组成。[①] 其中，学校机构的特征主要包含学校的行政管理特征、机构的组成结构；学校的位置包括学校的建筑物、场地，学校各部门机构的位置，工作区域的主要特征，以及所在区域的文化和人口特征；历史指标关注学校的改革历史，如政策、行政和结构的改革，政策的更迭对学校行政和管理机制的影响，结构规模或者机构设置的变化；监管框架是指学校运行所遵循的通行与特殊条例，如学校所遵循的教育法规，或者适用于特定时期的规定。

2. 信息

信息由学校工作人员和学生的基本特征两个指标组成。工作人员的基本特征能够说明群体的基本情况与多样性，学生特征是指要掌握中小学生的基

---

① Het CIPO-referentiekader van de onderwijsinspectie: de indicatoren, variabelen en omschrijvingen, https：//www. onderwijsinspectie. be/sites/default/files/atoms/files/CIPO _ indicatoren _ variabelen. pdf, 最后检索日期：2022 年 5 月 10 日。

本资料。学校的信息与背景构成了学校的整体情况，是 CIPO 框架中的基本要素（见图1）。

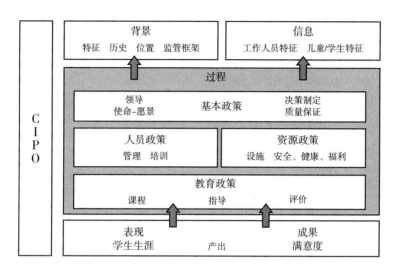

图1 CIPO 教育督导框架

3. 过程

过程是指学校为实现目标采取的举措，包含常规、人事、后勤、教育四个维度，督导需要检查学校在这四个方面的政策方案及其具体措施。在 CIPO 框架当中，过程包括基本政策、人员政策、资源政策和教育政策四个领域：基本政策包含学校领导、管理、决策、质量保证体系；人员政策包括招聘、部署、指导和评价工作人员的具体方法；资源政策是对学校物资设置、校园环境是否安全健康的考核；教育政策包含学校是否制定和执行了提供和组织教育活动，例如，是否向家长和学生宣传了教育的权利，是否向学生提供了辅导、咨询与培训的机会。

4. 产出

产出包含以下四个指标：①学习成果：学校履行其义务，并达到了预期目标和发展目标；②学校是否监督学生的学习进度，确保学生上学率；③成果：是否为促进学生的日后发展提供了教育，了解进入劳动市场学生的职业选择结果；④满意度：学生、教师和学校之间作为合作伙伴的满意度。督学一般根据学校的"产出"信息为学校提供具体意见，因此，"产出"部分被认为是教育督导过程中的关键。同时，"背景"、"信息"和"过程"部分提供了学校产出内容的辅助信息，能够帮助督学探究学校成果和问题的产生原因。[1]

CIPO 教育质量参照框架被认为是基于经验的、全面的检查框架，涵盖了影响学校教育质量的关键因素。框架的制定是基于对优质学校和高效率学校的研究，综合了专家、教师、协会等多方的意见。背景部分包含学校的类型、特征、历史及其是否遵守了法规要求，信息部分是对人力、物力和结构性资源的考察，框架还包括了学校运行的关键流程，学校领导和工作人员的工作愿景，教师的管理，后勤等配套设施，教育政策包括课程、辅导和咨询的政策等。这一督导框架经过相关研究证明，对学校教育质量的发展和提升能够起到积极作用。[2]

（三）基于风险督导模式的问题

基于风险的教育督导模式在实践中缺乏实用性和客观性。首先，将风险分析作为督导的起点在实践中缺乏有效性。督导的起点是对学校进行风险分析，但是，督学在进入学校之前只能通过教育培训和技能部（Ministry of Education and Training）的现有资料对学校教育质量进行判断，而现有数据库不能包含足够信息——缺乏 CIPO 框架中的关键因素，如不能了解学生的学习成果及其满意度。[3] 这类信息只能通过对学校进行深入调研才能获取。因此，有效信息的缺乏降低了督导模式的实用性，督学在特定阶段甚至难以确定学校是否处于风险中。可见，基于风险督导模式在一定程度上缺乏可操

---

[1] How do we evaluate, https：//www.onderwijsinspectie.be/en/methods-and-instruments/how-do-we-evaluate，最后检索日期：2022 年 5 月 10 日。

[2] Shewbridge C.，Organisation de coopération et de développement économiques. School evaluation in the Flemish community of Belgium，OECD，2011.

[3] Shewbridge C.，Organisation de coopération et de développement économiques. School evaluation in the Flemish community of Belgium，OECD，2011.

作性。

此外，基于风险的督导模式也会影响督学进行学校评估的客观性。将特定的风险作为督导的起点，使得督学难以通过开放的、基于观察的过程判断学校教育质量，而是受到学校固有评估的影响，督导的过程也容易产生判断的偏差。同时，基于风险的督导模式过于关注外在的绩效指标，容易忽视学校潜在的发展能力，在实践中缺乏客观性。① 风险分析主要以学校的外在指标为判断依据，因此对学校的认识和分析也存在局限性。如果仅仅依靠外在指标，如学生成绩，分析学校是否处于危险当中，督学难以及时对学校问题采取行动。②

三 最新改革：教育督导2.0体系的创设

（一）督导2.0体系的内容

鉴于风险督导存在的弊端以及教育督导改革的发展需要，自 2018 年 9 月 1 日起，比利时荷语区开始实行教育督导 2.0 体系（Inspectie 2.0），缩短了对学校检查的间隔时间，注重考核学校愿景、组织政策和教育政策的质量管理，并推行了督导、学校、教学指导机构共同参照的 OK 教育质量参照框架（OK reference framework）。教育督导 2.0 体系注重遵循以下七项原则：①学校、教学指导机构、督导在教育质量方面共同依据 OK 参照框架；②督导检查具有监督和激励作用；③督学对学校的检查由 10 年内至少一次，改为 6 年内至少一次；④督学对学校有信心，每项督导检查的基本原则是相信学校能够有效运转；⑤将基于学校内部的质量保证体系进行督导；⑥学习者是关键要素；⑦最大限度地减轻学校的行政负担。

督学将根据 OK 教育质量参照框架对学校进行检查。OK 教育质量参照框

---

① Ehren M. C. M., Shackleton N., "Risk-based school inspections: impact of targeted inspection approaches on Dutch secondary schools", Educational Assessment, *Evaluation and Accountability*, 2016（6）.

② Ehren M. C. M., Honingh M. E., "Risk-based school inspections in the Netherlands: A critical reflection on intended effects and causal mechanisms", *Studies in Educational Evaluation*, 2011（6）.

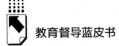

架包括"结果与效果""学习者发展""质量发展""政策"四部分,督学将使用具有四项等级的量表对具体问题进行调查。①低于预期:有几项基本要素需要改进;②接近预期:有强项但是仍有需要改进的问题,整体未达到预期;③符合预期:有许多优点,没有重点需要改进的问题;④超过预期:有许多优势,包括极为重要的实践案例。超出预期的学校实践案例一般具备以下特征:这种教学或管理方法超越常规惯例;对学生的成绩产生了积极影响;这种做法植根于该学校的实践中;该实践建立在评估或机构特定需求的基础上,或者基于对教育质量的重新考察;这种做法可以激励其他学校。

对学校的教育督导的过程包括三个步骤。首先,要求学校提供现有的相关材料,对学校文件作分析。其次,需要对学校进行为期5天左右的高效检查,检查方式包括观察、参与相关课程等。最后,与学校进行讨论和交流,编写和完成检查报告。督学对学校的检查主要包括四个方面:学校的质量发展,学校的一个或几个重点质量领域,学校教学实践,学校环境的舒适性、安全和卫生条件。

表3 督导2.0体系的学校督查过程

督查前至少14天	通过电子邮件通知审核; 通过电话与协调员联系(共同制订每周计划),团队的协调员作为教育机构的联络点
第1天到第3天或第4天	学生导览(仅幼儿园和小学); 与政策团队就机构质量发展进行初步讨论; 在这次讨论中,学校可以通过选主题(选定的主题/优先顺序)来说明其质量管理体系和政策; 与学校团队成员讨论质量领域的质量管理; 与教师讨论教学和教育活动的质量管理; 与政策团队讨论学校内部的健康性、安全性、宜居性; 与学生或课程参与者讨论:为此,机构选择10名代表性样本,讨论将在发言的基础上进行; 与家长讨论:为此,机构选择8名家长作为代表性样本,讨论将在发言的基础上进行; 观察; 研究文件

续表

	在反思性讨论中,审查小组解释使用量表的调查结果,并与学校代表团一起反思成功因素,以及可能需要改进的行动和目标; 与学校政策团队成员就质量领域进行反思讨论; 与学校团队成员就质量领域进行反思讨论; 与教师就教学和教育实践进行反思讨论; 在最后讨论中,审查小组对所有检查和意见进行最后评级,同时说明作出决定的理由; 与政策团队作总结讨论
督查的倒数第 2 天或倒数第 1 天	
督查后	学校在审查工作结束几天后收到审查报告; 通过电话与审计小组协调员联系,以纠正事实的不准确之处(如有); 应学校董事会要求(向督察长申请):讨论接收关于审查报告的补充信息; 学校通过一个在线平台提供关于审查的反馈意见; 几周后,审查报告在网站上公布

资料来源:How is an audit carried out?, https://www.onderwijsinspectie.be/en/methods-and-instruments/how-is-an-audit-carried-out。

(二)OK 教育质量参照框架的结构

OK 教育质量参照框架由六个密切相关的同心圆组成(见图 2),不同圆圈围绕的共同中心是学习者的发展。在学习者的发展和学校的背景信息之间,主要包含四项主题:促进发展、质量发展、政策、结果和效果。圈与圈之间存在互动和相互作用,要求学习者、家长和学校教师等需要围绕框架中的领域共同促进教育质量的提升。OK 教育质量参考框架的结构主要包含以下六方面。

1. 学校背景与信息

学校的背景和信息的特征会影响学习者成果,因此,学校要了解自身特征,并将其用于教学的改进。背景包括学校的行政、结构、数据及学校发展历史,如学校地点及其社会经济特征、文化设施、外来人口、学校的基础设施、经济资源、法规政策。学校的信息是指学习者特征(如性别、态度、学习动机、特征等)、家长及家庭的环境(如经济特征、母语、种

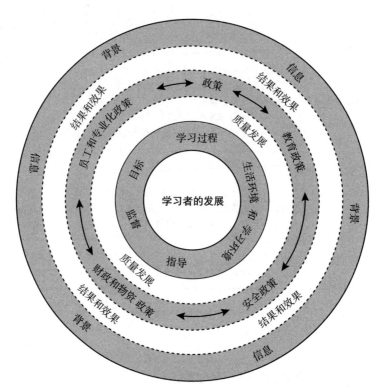

图 2　OK 教育质量参照框架

资料来源：The reference framework for Quality in Education：quality expectations and quality images，https：//www.onderwijsinspectie.be/sites/default/files/atoms/files/ OK_ magazine_ eng.pdf。

族、父母参与度等）、学校团队特征（如教学专业知识、态度、教育水平、教育经验等），以及学校董事会成员的特征（如董事会的组成及其专业性等）。

2. 结果和效果

学习者的发展不仅是学习成绩的提升，还需综合考虑学习者的参与度、满意度，以及学习和学业的进步、受教育的机会和学校对学生长期的影响。因此，结果和效果具体有以下指标：①学习者可以达到基本目标和发展目标，获取基本能力，达成学习计划目标；②学校致力于为学生和教师提供良好的环境，促进合作伙伴的满意度；③学校要保证学习者从其所学当中获得最大限度的收益；④学校要促进每一位学习者的发展；⑤学校要保证学习者可以受教育；⑥学校要保证促进学习者从学校的学习中长期受益。

3. 学校政策

学校在何种程度上遵循政策，对学习者的发展将产生影响。政策包括教育政策、员工和专业化政策、财政和物资政策、安全政策，各个政策之间将相互配合、协调。教育政策是指要为教学提供支持和监督，包括教学过程、目标的一致性、生活与学习环境、指导与评价。员工政策上，要有明确的招聘和分配教师的标准；学校应当与员工进行正式和非正式的访谈；教师能够得到关于其工作的有效反馈，通过这种方式表明学校重视员工的努力；学校要追求透明和公平的评价政策；要促进学校内部和外部的专业知识共享，学校应鼓励实施教师专业化发展，并监督教师的工作效果；要注重对新手教师的指导。

4. 质量发展

学校要系统地开发学校质量保证体系，例如，教师专业化发展体系，卓越的发展体系对于优质的教育质量至关重要。为了检验和发展教学质量，学校要对自身进行周期性、循环的评价，系统地审查学校教学实践，保证教育质量的发展。

5. 学习过程

学习过程代表了学习和教学的核心过程，要在四个领域之间建立联系：设立目标、建设学习和生活环境、监督学习者学习、指导学习者学习。具体指标包括：①教师和学习者共同创造积极的、激励性的学校和课堂文化；②应当注重教师和学习者的多样性发展；③学校的生活环境、学习环境、组织应当能够促进目标的达成；④教师提供适当的、有效的教学内容。

6. 以学习者的发展为中心

确保教育质量要始终促进学习者的发展，使学习者接受尽可能最好的教育，争取最大限度的发展。为此，学校应当帮助学习者设立目标，为学习者提供指导，监督学习者的发展。

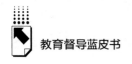

（三）督导2.0体系的优势特征

督导 2.0 体系是对基于风险督导模式的改进。由于风险督导模式的弊端，教育督导 2.0 体系将不再对学校进行风险分析，缩短了督导间隔时间，每六年至少对每个教育机构进行一次审查。从督导体系的特征上可以看出，督导 2.0 体系更加注重与学校内部质量保证体系的联系，与学校就其教育质量发展进行对话，从学校对其所提供的教育质量负主要责任这一原则出发，督导发挥了监督作用与激励作用；减少学校的行政负担，学校仅需要向督导提供与学校运作有关的信息；将学习者的发展作为督导的中心。[①]

教育督导框架的发展也体现了以学习者为中心的思想。OK 教育质量参照框架对 CIPO 框架的结构进行了调整和改进，对关键领域和核心要素进行了重组。从督导框架的内容与结构上可以看出，确保学校教育质量不是对学校背景、信息、过程和成果的检查，而是需要以学习者为中心、以确保学习过程的质量为重点，用学校的政策与环境支持学习者的进步和发展。因此，督导框架从根本上改进了学校教育质量的判断标准，削弱了对学校输出结果的过分关注，将促进学习者作为学校教育质量发展的核心因素，以检查学校是否有效支持了学习者达成目标为检查目的。

四　趋势与启示

2020 年，中共中央办公厅、国务院办公厅印发《关于深化新时代教育督导体制机制改革的意见》，明确指出，要加强对学校的督导。完善学校督导的政策和标准，对学校开展经常性督导，引导学校办出特色、办出水平，促进学生德智体美劳全面发展。这说明我国督导评价制度与实践需要注重督

---

① What is Important in the Audit approach Inspectie 2.0?, https：//www. onderwijsinspectie. be/en/methods－and－instruments/what－is－important－in－the－audit－approach－inspectie－20，最后检索日期：2022 年 5 月 10 日。

导模式、方法和标准的科学化与专业化。而比利时荷语区督导制度所经历的两次重大改革，对于我国教育督导体制机制改革、教育督导方法和标准的完善具有一定启发意义。

从比利时荷语区教育督导的发展趋势中可知，风险督导模式虽然能够体现校际差异，并以节省督导资源、帮助弱势学校发展为目的，但是，督学在前期难以基于有限信息对学校整体情况进行判断，如何基于有限的材料进行风险评估是对督导的巨大考验。随着风险督导模式在西方国家兴起，西方国家出现了许多学校风险分析的指标和框架，但是在实践中依然难以保证风险分析的有效性。此外，风险督导模式可能会影响督学的客观判断，使得督导过程缺乏开放性。因此，我国在实施风险督导的过程中应当注重对其的反思。此外，根据比利时荷语区教育督导的特征与趋势，结合我国教育督导的问题，本研究为我国教育督导的发展提出以下建议。

（一）政策性与科学性并举，提高督导标准的指导价值

从 2009 年推行的 CIPO 到 2018 年实施的 OK 教育质量参照框架，比利时荷语区的教育督导质量参照框架均注重了政策要求与科学研究两个方面，一方面体现了政府对教育的期望和要求，另一方面结合了具体教育科学研究成果，在制定框架的过程中参考了多方利益相关者的因素。例如，在框架制定的过程中参考了教育专家、学校督学、教学督学、学校领导、教师、学生和家长的多方意见。我国在建设教育督导体系的过程中，可以借鉴佛兰德斯教育质量参照框架，构建适合我国教育督导的质量标准。

从比利时荷语区教育督导的发展经验来看，我国在健全教育督导体制机制中要进一步树立科学合理的目标。科学合理的教育质量参照框架能够为学校提供指导、提供确保教育质量的核心领域，使学校更加清晰自身的定位和需要改进的问题。另外，教育质量参照框架能够为督导提供检查过程中的参考依据，督导可以根据自身经验和学校特征，在对学校文件材料进行初步分析后，在实地调研的过程中根据框架对学校进行评估。此外，教育质量参照

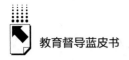

框架为督学和学校管理者、教师提供沟通和对话的桥梁，督学在完成对学校的评估后需要与学校管理者和教师进行沟通和交流。

（二）细化督导的对象及过程，减轻学校行政负担

比利时荷语区的教育督导在改革过程中注重对督导过程的精简和细化，自2009年起，改变了对学校的全面督导模式，以重点领域、焦点问题对学校进行调研。此外，督导2.0体系将最大限度地减轻学校的行政负担作为主要原则之一。对学校实行全面检查不仅会对学校造成压力和负担，也会削弱督导在学校检查中对主要问题的关注度。因此，我国在对学校实施外部督导和评价的过程中，应聚焦于关系学习者发展和保证学校教育质量的关键问题，避免让督导检查成为学校行政和教学工作的负担。

学校因为检查而产生的压力是督导的消极影响。[1] 在我国的学校督导过程中，应当避免外部督导对学校日常教学和管理工作的过度干扰。因此，我国的教育督导过程应当精细化、科学化地聚焦于学校发展的关键问题。行之有效的督导过程能够帮助学校与督导之间建立良好的沟通渠道，以促进学习者的发展为共同宗旨，选择学校亟待解决的问题和困难，通过一定时间的调查和交流，帮助学校发现和解决问题，提供学校评估的结果，促进学校内部督导能力和教学质量的提升。

（三）给予学校自主空间，重视学校发展自主权

从比利时荷语区的教育督导内容可以看出，给予学校适当自主权和自由是督导坚持的一贯原则。比利时宪法规定的教育自主权影响了督导框架的设计，[2] 教育法令规定了学校教育拥有一定程度的自主权。例如，对教师的考核、教师教学方法的选择均不是督导的考察对象，这为学校的自主发展提供

① De Wolf I. F., Janssens F. J. G., "Effects and side effects of inspections and accountability in education: an overview of empirical studies", *Oxford Review of education*, 2007 (3).

② Phelps R P., Synergies for Better Learning: An International Perspective on Evaluation and Assessment, OECD, 2015.

适当的空间。另外，佛兰德斯有教学指导机构，督导和支持学校教育质量发展分属于不同组织，教育督导的检查过程更加强调对学校质量及其提升的督促作用。例如，审核学校是否有效使用了教育经费，并将其有效地使用于促进学校教育质量发展。

我国的督导需要对督导内容进行精准定位，如学校管理、教学、学校环境和学生成长发展等方面，并针对督学的专业领域进行科学合理的规划与安排。例如，对于教学内容的选取、教学方法的安排要借助教研组织、研究机构的意见，利用专业的第三方机构的框架和标准进行指导，督导进而从宏观方面对学校管理、学习环境、学生身心健康发展、教育质量保障与提升等方面进行检查和督促。教育督导的职权细化能够有利于督学的专业化，为学校内部督导与评估提供调控空间，保障学校的发展自主权。

（四）增强学校责任意识，与学校进行激励性对话

自 20 世纪 90 年代起，重视学校内部督导评估成为实行教育督导制国家的改革方向，即外部教育督导将基于学校自我评价进行检查。比利时并未对学校自我评价结果的呈现进行强制要求，但是教育法令规定学校应当对内部教育质量承担主要责任，并且要求学校发展教育质量保证体系。当前，英国、爱尔兰等国家均将学校自我评价作为教育督导的重要参考内容，注重提升学校对自身质量发展的主人翁意识。[1] 落实学校自我评价和督导检查是一项难题，如果我们要建立一个全面且运作良好的质量保证体系，这是一个必要的过程。[2] 我国在对学校进行外部督导评估的过程中，应当注重提升学校的自主意识和内部评估能力建设。

此外，促进和鼓励学校发展是佛兰德斯教育督导的重要原则，督导在对学校进行检查之后，会与学校领导和教师进行有助于学校未来发展的对话。

---

① Vanhoof J. , Van Petegem P. , "Evaluating the quality of self-evaluations: The (mis) match between internal and external meta-evaluation", *Studies in educational evaluation*, 2010 (1~2).

② Vanhoof J. , Van Petegem P. , How to Match Internal and External Evaluation? Conceptual Reflections from a Flemish Perspective, *Studies in educational evaluation*, 2007 (2).

我国的教育督导应当注重对学校的反馈，针对检查结果提供督导评估的报告，与学校管理者、教师进行积极的、有意义的对话，提供促进学校发展的建议。有效的沟通机制是督导对学校发挥效果的关键性因素，在与学校沟通和对话的过程中，要注重培养和提升学校内部督导与评估机制建设的能力，提高学校对教育质量发展的责任意识。

B.12

英国督导队伍建设的经验及对我国的启示

李　强*

摘　要： 本文从微观视角，运用最新资料，从制度设计细节上对英国教育标准局督学队伍的组成、选聘和培训进行分析。英国督学分为皇家督学和签约督学，督学招聘公开而严格，督学培训注重培养实践能力。我国可借鉴英国经验，完善督学任职资格，逐步推行公开招聘竞争上岗的督学选聘制度，创新督学培训的模式。

关键词： 教育督导　督学　督导队伍

教育督导是教育法规定的一项基本教育制度，也是推动新时代教育高质量发展的重要力量。近年来，我国教育督导制度不断完善。2012年，国务院颁布《教育督导条例》，规定了教育督导的内容，明确了督学的身份、职责、职权及义务，标志着教育督导开始走向规范化。2016年，教育部印发《督学管理暂行办法》，对督学的聘任、责权、监管、考核、培训明确了要求。[①] 2020年，《关于深化新时代教育督导体制机制改革的意见》（以下简称《意见》）印发，从教育督导管理体制、运行机制、问责机制、督学聘用和管理、保障机制等五个方面提出了新的要求。我国建立了比较完整的教育督导制度体系。教育督导制度的有效运行需要足够规模、结构合理、

---

* 李强，国家教育行政学院国际合作交流处助理研究员，主要研究领域为教育管理、比较教育。

① http://www.moe.gov.cn/srcsite/A11/s8390/201608/t20160805_ 274102.html，最后检索日期：2022年6月10日。

业务精湛、廉洁高效的督导队伍来保障。目前，我国教育督导队伍存在专职督学配置少、兼职督学比例高、督学学历不完全达标、工作资历偏浅、接受培训机会少等问题。《意见》提出，创新督学聘用方式，提高督学专业化水平。

英国教育督导体系历史悠久，督学队伍建设具有丰富的经验，督学队伍专业化程度较高。本研究聚焦英国教育标准局的教育督学，运用最新资料作为立论基础，从制度设计细节上对英国教育督学的组成、选聘和培训进行微观分析，提供有利于我国督导队伍建设的启示与建议。

一　英国教育标准局概况

英国教育标准局（Office for Standards in Education，2007 年更名为 Office for Standards in Education，Children's Services and Skills，英文简称均为 Ofsted）成立于 1992 年，是一个独立于教育行政部门的、非内阁性的机构，主要职能是评估公立学校的质量、评估和监管儿童保育和青少年社会服务机构。英国教育标准局的核心哲学是："以督导促改进"（Improvement through Inspection）。

英国教育标准局有约 1800 名雇员，[①] 负责日常工作的最高管理层共 15 人。其中，首席皇家督学依法全面负责教育标准局的工作，主要职责是根据督导结果，向议会报告国家和地方的教育质量、儿童服务和技能情况，负责教育标准局的组织机构、人员配备和运行管理，以及确保资源的有效使用。其余 14 人在首席皇家督学的领导下工作，分别是首席运营官，国家教育主任，国家社会关怀主任，伦敦地区主任，西南地区主任，东南地区主任，战略与参与主任，数字和信息主任，人事与运营主任，财务、规划和商业主任，西北和西米德兰兹地区主任，东北、约克郡和亨伯区域主任，英格兰东

---

① https：//www.gov.uk/government/organisations/ofsted/about，最后检索日期：2022 年 6 月 23 日。

部和东米德兰兹区域主任，研究主任。[①] 首席运营官负责教育标准局的数据和信息、挑战和分析、年度报告和调查、沟通、项目、规划和绩效、财务、商业、公司治理和支持以及人力资源。[②] 各职能部门主任根据不同职责负责相关领域的工作。各地区主任负责教育标准局在该区域的督导工作，带领该区域的督学团队开展督导工作，提高学校质量。

二　英国教育督学的队伍建设

（一）教育督学的类型

英国教育督学分为皇家督学（HMI）和签约督学（Ofsted Inspectors）（见表1）。[③] 2005年取消外行督学。[④] 2022年，教育标准局有385名皇家督学、2000余名签约督学。

表1　英国教育督导人员的类型

	督导人员类型
皇家督学	英国皇家总督学、高级皇家督学、皇家督学
签约督学	督导小组组长、督导小组成员

1. 皇家督学

皇家督学是教育标准局的长期雇员，可以看作固定编制。皇家督学的职责包括：在对各类教育机构的督导中担任督导小组组长或成员，确保所有的判断都有确凿的证据，并能经得起质疑；提供信息和专业知识，检查证据和评估等级的分析结果；监测质量不佳学校并报告最新情况；监督签约督学的

① https://www.gov.uk/government/organisations/ofsted，最后检索日期：2022年6月15日。

② https://www.gov.uk/government/people/matthew-coffey，最后检索日期：2022年6月15日。

③ https://www.gov.uk/government/organisations/ofsted/about，最后检索日期：2022年6月29日。

④ https://www.huffingtonpost.co.uk/2012/07/19/concerns-raised-over-non-teachers-inspecting-schools_n, 1686480.html，最后检索日期：2022年6月10日。

督导质量，促进他们的持续专业发展；帮助评估质量不佳的学校，提供改进建议；筹备并举办培训班和研讨会，为政府和学校提供有关实践、领导、管理方面的最佳案例。①

英国教育标准局有清晰的皇家督学职务晋升机制，皇家督学可以晋升为高级皇家督学或地区主任，同时获得与职务相对应的工资待遇，皇家督学的年薪为 46363～75500 英镑。②

英国皇家督学分布在英国国内 8 个地区和英国境外。根据教育督导工作的类型，皇家督学分为儿童社会关怀督学、继续教育和技能督学、公立学校督学、保育督学和独立教育督学（见表 2）。③

表 2　英国皇家督学的类型与规模

单位：个

序号	地区	儿童社会关怀督学	继续教育和技能督学	公立学校督学	保育督学	独立教育督学
1	东米德兰兹	4	4	19	—	—
2	英格兰东部	4	7	26	1	—
3	伦敦	5	11	29	—	—
4	东北、约克郡和亨伯	9	14	42	1	—
5	西北地区	8	13	32	1	—
6	东南地区	7	12	31	1	—
7	西南地区	7	11	25	1	—
8	西米德兰兹	7	11	34	—	—
9	英国以外	—	1	1	—	1
10	监管和社会关怀政策	5	—	—	—	—
合计		385				

① https：//assets. publishing. service. gov. uk/government/uploads/system/uploads/attachment_ data/file/946172/HMI_ Schools_ -_ Job_ specification. pdf，最后检索日期：2022 年 6 月 10 日。

② https：//nationalcareers. service. gov. uk/job-profiles/ofsted-inspector，最后检索日期：2022 年 6 月 29 日。

③ https：//www. gov. uk/government/publications/ofsted - pen - portraits - of - her - majestys - inspectors-hmis/ofsted-hmi-pen-portraits，最后检索日期：2022 年 6 月 29 日。

2. 签约督学

签约督学也被称为"教育标准局督学"（OIs）①，他们不是教育标准局的雇员。有督导任务时，签约督学和教育标准局签订合同，开展督导工作，可以看作流动编制。签约督学的职责是按照教育标准局的督导框架开展督导工作，在规定的工作时间内，根据教育标准局的写作格式，向教育标准局提交督导报告。② 签约督学按照督导工作天数获得报酬，督导小组组长每天535 英镑，督导小组成员每天 335 英镑。③

（二）教育督学的任职条件

督学的质量是保证督导质量的关键因素。因此，英国教育标准局十分注重对督学的遴选。英国教育标准局对督学的素质要求非常高，不仅包括学历和工作经验，还包括技术和能力，以及身体条件和道德品质。

1. 学历和工作经验

英国教育标准局从学历、工作经验、技术和能力等方面对督学任职条件做了详细规定，对不同类型的督学提出了不同的要求。在学历及工作经验方面，教育标准局规定，皇家督学需具有教育、儿童保育或社会工作等学科的学位，具备教师资格证（QTS），具有解决实际问题并改善学校质量的工作经历，督导工作相关的最新知识，如最新教育发展情况和最新出台的法律法规知识、至少 5 年教育管理岗位工作经验。④ 签约督学需具备教师资格证（QTS）、大学本科及以上学历、至少 5 年相关领域教学工作经历、至少 2 年管理岗位工作经验、督导领域最新知识和实践，并具有多家机构工作经验。

① https：//www.gov.uk/government/collections/contracting-as-an-ofsted-inspector，最后检索日期：2022 年 6 月 29 日。

② https：//www.gov.uk/guidance/work-and-tasks-of-a-contracted-ofsted-inspector，最后检索日期：2022 年 6 月 29 日。

③ https：//www.gov.uk/guidance/payments-for-contracted-ofsted-inspectors，最后检索日期：2022 年 6 月 29 日。

④ https：//nationalcareers.service.gov.uk/job-profiles/ofsted-inspector，最后检索日期：2022 年 7 月 2 日。

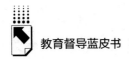

教育标准局要求，督学申请人需来自优秀学校或管理业绩不佳的学校但促进了该学校得到明显改进。[1]

2. 技术和能力要求

除了对学历和工作经验提出要求以外，英国还对督学的技术和能力提出要求。英国教育标准局规定，皇家督学必须具备出色的观察和访谈技术、优秀的绩效分析能力、做出公平判断和决定的能力、领导力和团队合作能力、关注细节的能力、分析思维能力、倾听能力、出色的口头沟通能力和运用计算机软件的能力。[2] 签约督学必须具备利用收集的材料形成假设和问题的能力、确定优先事项的能力、使用收集的材料和具备的知识做出合理决定的能力、分析复杂和矛盾信息并做出合理判断的能力、书面表达能力和良好的沟通能力。[3] 除了对督学的学历、工作经验和技能的要求，教育标准局还要求督学需具备良好的身体条件和道德水准，需具有英国国籍或双重国籍，或是英联邦公民，或是欧洲经济区成员国公民。[4]

（三）教育督学的聘任与培训

英国依法对督导工作人员实行公开招聘，并有一套严格的选拔程序。应聘者需经过资格审查、评估、培训、见习和试用等多个环节，合格者予以录用。[5] 英国教育标准局严格的督学选聘和培训制度，使得英国督学都是英国教育界最顶尖的精英和人才，对于督导工作的可信度至关重要。

1. 招聘程序

英国教育标准局网站常年招聘皇家督学和签约督学，公开不同类型督学

---

① https：//www. gov. uk/guidance/contracted － ofsted － inspectors － for － schools － and － further － education-and-skills，最后检索日期：2022 年 7 月 2 日。

② https：//nationalcareers. service. gov. uk/job-profiles/ofsted-inspector，最后检索日期：2022 年 7 月 2 日。

③ https：//www. gov. uk/guidance/contracted － ofsted － inspectors － for － schools － and － further － education-and-skills，最后检索日期：2022 年 7 月 2 日。

④ https：//www. gov. uk/government/organisations/ofsted/about/recruitment，最后检索日期：2022 年 6 月 29 日。

⑤ https：//www. gov. uk/government/organisations/ofsted/about/recruitment#how － to － become － an － inspector，最后检索日期：2022 年 7 月 2 日。

的任职要求，包括学历、经验、知识、能力、道德品质、身体素质等方面。如果符合任职要求，申请人可以直接在网上申报。通过任职资格审查之后入库，成为后备督学。在有职位空缺时，后备督学会参加教育标准局的任职评估，向教育标准局提供资格证明资料。[1] 教育督导局根据督学任职要求，对应聘者进行严格筛选，首轮笔试，然后面试答辩。答辩的目的主要是考察候选人是否符合督学基本要求。答辩委员会采用5分制（即ABCDE）来评价候选人，DE代表否定，选拔委员会只要有一人打DE就给予否定，C以上才意味着值得考虑，每一等级又分三种，如A+、A、A-，最后根据个人得分情况决定是否录用。[2] 通过任职评估后，还须参加岗前培训、见习和试用。在成功完成上述所有阶段后，才能正式成为督学。[3]

2. 督学培训

英国教育督学培训的目标是提高督学的专业化。英国教育督学培训包含岗前培训和在职培训，培训对象分为正在接受任职考察的督学候选人和有督学工作经验的在职督学。[4]

督学候选人通过面试答辩后，必须经过培训、见习和考试，才能成为正式督学。督学候选人要参加为期大约一周的入门学习，首先从宏观教育体制和督导的基本问题入手，逐渐向微观深入，学习不同类型和学段督导的主要内容、指标体系、评价标准和督导程序。培训内容还包括收集和分析证据的有效方法、督导报告的撰写、督导时的行为与沟通以及督导信息技术的运用。之后，督学候选人开始进入见习阶段。见习采用师徒制，由一名与见习督学类型和学段一致或相近的资深督学作为导师实地指导。实习分三个阶段。第一阶段，时间为6~8周，见习督学跟随督学导师一起工作，在工作

---

① https：//www.gov.uk/guidance/how-to-become-a-contracted-ofsted-inspector#assessing-your-credentials，最后检索日期：2022年7月2日。

② 顾娇妮：《指向改进的英国学校督导研究》，上海师范大学博士学位论文，2020。

③ https：//www.gov.uk/guidance/how-to-become-a-contracted-ofsted-inspector#assessing-your-credentials，最后检索日期：2022年7月2日。

④ https：//www.gov.uk/government/publications/ofsted-strategy-2022-to-2027/ofsted-strategy-2022-27#skilled，最后检索日期：2022年7月2日。

过程中导师随时给予讲解；第二阶段，要求见习督学在督导结束时撰写督导报告，然后交导师修改；第三阶段，在总结前两个阶段的基础上，发现见习督学的不足之处，导师对明显的薄弱点进行专门指导。[1] 以上所有培训环节合格后，候选人予以录用。

在职督学需参加持续而严格的培训，学习新颁布的督导法律法规及政策、最新的英国教育标准局指导思想和工作方针，包括督导工作的主要内容、指标体系和评价标准的最新发展。[2] 一位曾参加培训的英国督学写道："我参加了一个为期一周的课程，在五天的时间里，学习了最新的教育督导法律、督导程序以及督导知识。"[3]

英国督学培训具有实用性和规范性两个特点，督学培训重视理论与实际结合，注重实践。

三 英国督学队伍建设经验对我国的启示

"十四五"时期，我国教育进入高质量发展阶段。教育督导作为保障教育体系高质量建设的重要力量，急需一支高水平的督学队伍。我国现有督学17万多人，建立了国家、省、市、县四级督学制度，形成了专兼结合的督导队伍；然而，还存在督学队伍结构不合理、督学专业化水平不高等问题，不能满足促进各级各类教育高质量发展的要求。可借鉴英国经验，完善督学任职标准，明确督学必备工作能力，逐步推行以考试为主的督学聘用制度，扎实开展督学培训。

（一）完善督学任职资格，明确督学必备素质

2012年，《教育督导条例》以国务院令的形式发布，其中第二章第七条

---

① 王璐：《英国教育督导与评价》，山西教育出版社，1992。

② https://www.allaboutcareers.com/job-profile/ofsted-inspector/，最后检索日期：2022年7月2日。

③ http://www.halling.org.uk/layinsp.shtml，最后检索日期：2022年6月10日。

规定了督学队伍的任职条件；2016年，教育部印发《督学管理暂行办法》，其中第六条对督学任职条件进行了补充规定，对督学的管理做出了规范化的要求，但标准都比较笼统。随着教育现代化的推进，教育督导的任务越来越重，督导工作的难度越来越大，对督学的要求越来越高，督学任职条件已不能满足当前督导工作需求，应进一步加以完善。首先，应对从事督政、督学、评估监测等不同工作类别的督导人员提出不同的任职要求，对进行不同级别督政、开展不同类型和学段督学的督导人员提出不同的任职要求。如，要求开展督政工作的督导人员有相关教育行政部门工作经历。其次，应要求一线督导人员在具备最新专业知识和丰富教学经验的基础上，具备相关领导岗位工作经验，提高督导人员的专业性。正如一位曾任校长的督学所说："对我们校长出身的人来讲，因为我们熟悉学校的全流程，最容易发现他们的优点，最知道他们的薄弱点，督学就是最能够做好的一件工作。"最后，应在"具有较强的组织协调能力和表达能力"的规定之外，增加督导人员应具备的能力要求，如现代信息技术与数据处理能力、观察和访谈能力、分析和判断能力、写作能力等。

（二）改进督学招聘程序，逐步推行公开招聘竞争上岗的聘用制度

我国实行的是以推荐为主的督学聘任方式，英国则实行公开选拔、竞争上岗的选聘机制。《意见》提出，健全督学遴选程序，择优选聘各级督学。可借鉴英国经验，逐步推行公开招聘竞争上岗的聘用制度，建立督学资格认证制度。可定期进行督学公开招聘，按照任职条件中规定的学历和工作经验、技术和能力、身体素质和道德品德等要求，将合适的应聘者遴选出来。再通过笔试、面试，筛选出合格的申请人。合格者需经过岗前培训和跟岗见习，才能开展督导工作。可借鉴英国后备督学库的经验，对符合任职资格、热爱并有意愿从事督导工作的后备督学进行入库管理，在编制空缺时择优录用。英国教育标准局《2022—2027年战略规划》提出："多元化督学队伍非常重要。我们将致力于吸引和留住来自不同背景、拥有不同技能和经验的人才，改善督导队伍的多样性，选聘不同学段和类型的督学，提高督学队伍中

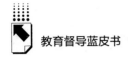

代表性不足的群体的代表性。"① 我国可在招聘时，对从事各级督政、不同类型和学段督学的督导人员开展分类选聘，增强督学队伍的多样性。

（三）加强督学培训，提高督学专业水平和工作能力

督导工作水平必须领先于教育发展水平，才能起到引领作用。专业系统的培训有助于提高督学的专业能力，从而保障督导结果的公信力。《意见》提出，完善督学培训机制，制定培训规划，出台培训大纲，编制培训教材，将督学培训纳入教育管理干部培训计划，开展督学专业化培训，扎实做好分级分类培训工作，提升督学队伍专业水平和工作能力。《督学管理暂行办法》提出，要加强督学培训。英国同样重视督学培训。英国教育标准局《2022-2027年战略规划》提出："继续建立一支高效专业的督学队伍，提供高质量培训，以帮助督学做出良好的判断，增加拥有正确技能和工具来完成督导工作的督学数量。"②

目前，我国参加职前培训和接受在职培训的督导人员十分有限。国内教育督导先进地区已经开始探索入职培训和在职培训，如北京市2012年成立了督学研修中心，面向全市督学和学校负责教育评价的相关人员开展专业培训，提供高级研修机会，是全国首家专门从事督学培训与督学专业发展研究的机构。③ 各地应积极探索成立督学研修中心，以扩大各级各类督学的培训规模。督学培训应根据各级各类督学的需求不断开发出具有针对性的培训课程和工具，不同类型和等级的督学应有差别化的培训内容和重点。培训内容应具有实用性，如在最新政策和督导理论与实践的基础上，增加督导问责、舆情应对等内容。督导工作要求具备实践智慧，目前我国的督学培训，主要采用专题讲座、经验分享、调研座谈、实地考察等形式。可借鉴英国教育标

---

① https：//www.gov.uk/government/publications/ofsted-strategy-2022-to-2027/ofsted-strategy-2022-27，最后检索日期：2022年7月2日。

② https：//www.gov.uk/government/publications/ofsted-strategy-2022-to-2027/ofsted-strategy-2022-27，最后检索日期：2022年7月2日。

③ 程蓓：《欧洲国家督学队伍培训工作经验及对我国的启示》，《外国中小学教育》2019年第5期。

准局见习培训形式，在培训中增加督导实践环节，进入学校进行实地督察，资深督学对其进行指导。应注重加强区域之间、国家之间的交流，可邀请国外督学来华进行指导或组织督学队伍赴境外实地学习。培训师资应多样化，既有政策制定者，长期聚焦于某个培训专题的专家；也应有积累了丰富资深督学实践经验的一线督学。

案例篇
Case Studies

B.13
北京区级政府履行教育职责回访督导探索

张凤华　胥丹丹*

摘　要： 北京市高度重视政府履职情况督导评估，坚持"聚焦问题、突出重点、统筹推进、强化整改"的工作思路，在全国率先出台了对区政府和市政府有关部门履行教育职责情况督导评价工作方案，构建完善督导评价指标体系，创造性开展对各区政府全覆盖的综合督政工作。通过实施回访督导，北京市进一步健全了综合督政工作机制，完善了督政工作体系，有力地督促了区级政府履职尽责。

关键词： 回访督查　教育职责　督导评价　督政

北京市高度重视政府履职情况督导评估，在全国率先出台了对区政府和

* 张凤华，北京市教育委员会督政处处长、二级巡视员；胥丹丹，北京市教育委员会督政处一级主任科员，主要从事教育督导政策研究等。

市政府有关部门履行教育职责情况督导评价工作方案，构建完善督导评价指标体系，不断健全政府履行教育职责督导制度，创造性开展对各区政府全覆盖的综合督政工作。严格落实复查制度，对各区政府履行教育职责情况实施回访督导，持续完善政府履行教育职责督导工作机制，有力督促区级政府履行教育职责，确保首都教育优先发展。

一　研制出台督导检查工作方案

（一）政策背景

2017 年，国务院办公厅印发实施《对省级人民政府履行教育职责的评价办法》，首次建立对省级人民政府履行教育职责督导评估制度，并要求省级人民政府依据本办法，结合本行政区域实际制定具体实施方案，开展对本行政区域内各级政府履行教育职责的评价工作。北京市高度重视，迅速响应，于 2018 年先后发布实施《对区政府和市政府有关部门履行教育职责情况督导评价的工作方案》，并配套研制《区政府履行教育职责督导评价指标体系》，为推动区级人民政府切实履行教育职责明确了政策依据。2020 年，中共中央办公厅、国务院办公厅印发《关于深化新时代教育督导体制机制改革的意见》，北京市印发《北京市关于深化新时代教育督导体制机制改革的实施意见》，对强化督政工作、强化整改制度等提出明确要求，这为北京市组织开展回访督导奠定了坚实基础。

（二）工作背景

按照相关文件要求，为进一步推动《中华人民共和国教育法》《中华人民共和国义务教育法》等相关法律法规和政策要求的贯彻落实，推动各区政府切实落实教育优先发展职责，2019 年，北京市人民政府教育督导委员会办公室研制出台《对区级人民政府履行教育职责情况综合督导检查工作

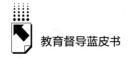
方案》，并组织专业力量，于 2019~2020 年分批赴全市 16 个区，对区级政府履行教育职责情况开展驻地式综合督导检查。督导组通过听取汇报、座谈访谈、查阅资料、实地查看等方式，全面检查各区教育专项规划、资源布局、学位供给、条件保障、师资配置、经费投入等方面情况。市政府教育督导委员会办公室汇总形成督导评价意见和督导检查报告，并按照程序及时反馈至各区政府，要求各区按照督导检查反馈意见，在规定时间内制定整改方案，扎实推进问题整改。

二　督促区级政府履行教育职责回访督导举措

为深入贯彻落实《关于深化新时代教育督导体制机制改革的意见》精神，全面了解并督促各区按照 2019~2020 年综合督导检查反馈意见落实整改情况，2021 年，北京市坚持"聚焦问题、突出重点、统筹推进、强化整改"的工作思路，制订了回访督导工作方案，首次组织开展了对 16 个区区级人民政府履行教育职责整改情况的回访督导。北京市人民政府教育督导委员会会议对回访督导专门进行了部署强调。

（一）研制工作方案，确定督导重点

督导检查内容既对标国家要求，也结合北京实际，突出问题整改、改革任务落实、重大决策部署贯彻相结合，将多项督导检查有机整合，努力减轻基层负担，力争集成高效。主要围绕"各区政府履行教育职责督导检查存在问题整改情况，全面落实《北京市关于深化新时代教育督导体制机制改革的实施意见》要求情况，推进落实减轻义务教育阶段学生作业负担和校外培训负担（简称'双减'）"工作情况实施督导检查。

检查重点是综合督政反馈问题的整改情况。主要包括以下方面：一是部分区教育规划建设项目推进落实缓慢整改情况；二是基本教育公共服务供给保障存在较大缺口整改情况；三是部分区未落实经费保障要求整改情况；四

是学前教育普及普惠发展推进建设情况；五是义务教育优质均衡发展存在短板，对照国家标准要求差距较大整改情况。

（二）组织专家队伍，开展专题培训

回访督导注重部门协同，组建了 4 个市级督导检查组，每组由局级领导带队，广泛吸纳了市委编办、市发展改革委、市财政局、市人力资源和社会保障局等 10 余家督导委成员单位，市级"双减"专班成员、市教委相关业务处室骨干力量、市教育督导评估院等专家、市区级督学及人大代表、政协委员等，组成 40 余人的督导队伍，各司其职实施督导检查。为确保回访督导的专业性、针对性和实效性，在实地督导前，编制印发工作手册，完善督导流程，组织督导专家就回访督导的依据、重点内容、督导方式和具体安排等进行了深入翔实的专题培训。

（三）精心组织实施，驻区开展督导

4 个督导组先后于 2021 年 4 月分别赴东城、西城、朝阳、海淀、丰台、通州、顺义、密云 8 个区；12 月分别赴大兴、石景山、门头沟、昌平、平谷、怀柔、延庆、房山（含燕山）8 个区开展驻区式督导检查。督导工作方式包括：听取区政府主管领导关于整改情况的工作汇报；召开相关委办局座谈会，紧盯问题现场质询；查阅相关资料、进行随机访谈；实地考察学校及幼儿园，随堂听课等。紧盯问题整改进展情况，先后召开座谈会 50 场次，与 300 余位区、校同志座谈，进行访谈，深入中小学和幼儿园近 100 所，深入掌握一手资料，抓实各区政府在教育专项规划、资源布局、学位供给、条件保障、师资配备、经费投入、督导改革、"双减"落实等方面的履职及整改进度和成效。

（四）汇总问题清单，及时反馈意见

督导结束后，督导组综合各区自查自评、实地督导、数据监测、满意度调查结果等各方面情况，深入分析研判，逐一梳理形成了 16 个区（含燕

山）的问题清单，并汇总形成近万字的督导检查报告。落实督导反馈制度，问题清单以市政府教育督导委员会办公室名义印发各区政府，并明确要求区级政府提交整改报告，持续落实整改。

（五）完善工作机制，强化结果运用

回访督导报告经市政府教育督导委员会会议审议通过后，在市教委网站公开发布，接受社会各界监督。市委市政府高度重视督导结果，将其作为"区委书记月度工作点评会"的重要参考，并将教育督导结果及整改情况纳入对16个区政府（干部）平时考核重要参考事项清单，实现结果运用新突破。

三 区级政府履行教育职责成效

（一）区级政府高度重视，规划建设成效明显

各区政府高度重视相关问题整改，加强政府统筹，制定整改方案，细化任务分工，将问题整改和推进区域教育事业发展相结合，卓有成效地推进了相关工作。平谷区"十三五"教育规划项目与基础教育设施专项规划项目均未完成，22个项目中18个项目转入"十四五"规划。2020年市督导组对此提出反馈意见，将其列入问题清单，督促区级政府加快整改。2021年，平谷区委书记调度，先后组织召开区长办公会、区教育领导小组专题办公会，针对存在的问题逐条分析研究，制定任务清单，明确整改时限和要求，并建立每周例会制度，推动13个规划建设项目实质性推进实施。房山区长阳、拱辰、窦店等地学位供需矛盾突出，长阳地区每年小学学位缺口1500个、中学学位缺口1700个，群众反映强烈。2020年市督导组反馈整改意见后，房山区委书记、区长多次调度，成立专班，特事急办，将原规划医疗用地调整为教育用地，快速推进了长阳、拱辰、窦店等地块学校建设。2021年，长阳地区已实现新增学位3275个，有效缓解了该地区学位不足问题。

各区政府的重视程度、行动力度、整改实效，反映出政府履职督导对区域教育发展起到了积极的促进作用。

（二）多措并举，扩增学位供给

各区加强部门协同，通过加快建设、整合资源、持续挖潜、优化布局等措施，努力扩增学位、保障供给。西城区成立由区长任组长，四位副区长任副组长，15 个区职能部门和各街道办事处构成的工作专班，下设资源保障、规划建设、入学政策、户籍保障 4 个工作组。通过学段资源统筹、加大社会房屋资源租赁力度等方式扩充学位，2020 年新增幼儿园学位 2000 个，新增小学学位 9500 个。东城区通过扩班扩容、盘活教育系统内部资源等多项举措，2020 年扩增义务教育学位 2000 个、学前教育学位 2000 个。海淀区坚持"教委主体、街镇保底、社会补充"的工作思路，通过新建、改扩建、以租代建、回收出租房屋等强力举措，2020 年增加幼儿园学位 9300 个、小学学位 3000 个、初中学位 3000 个。

（三）克服困难，努力保障教育经费投入

在疫情冲击、财政收入增速放缓等各种困难因素叠加影响下，各区克服财政收支平衡压力，统筹各项财政收入，优化财政支出结构。大部分区较好地落实了"两个只增不减"要求，特别是保障了一般公共预算教育经费不同程度增长，部分区对义务教育经费保障力度增幅较大。2020 年，石景山区、密云区全面落实了两个"只增不减"要求。一般公共预算教育经费，除朝阳、门头沟、房山和平谷四个区外，全市其他区均落实了"只增不减"要求，丰台区一般公共预算教育经费在 2019 年下降 12.75% 的情况下，2020 年增幅 5.38%。各学段生均一般公共预算教育经费方面，顺义区保障了基础教育学段生均一般公共预算教育经费的"只增不减"；怀柔区除普通高中外，其他各学段生均一般公共预算教育经费均实现了"只增不减"；丰台区公办普通小学生均一般公共预算教育经费增幅全市最高，为 13.78%；房山区公办普通初中生均一般公共预算教育经费全市增幅最高，为 14.89%。

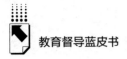
此外，按照国务院教育督导委员会办公室相关通知要求，本次回访督导将中小学教师工资情况也纳入专项督查。督查结果显示，全市16个区均已落实"中小学教师平均工资收入不低于或高于当地公务员平均工资收入水平"。

（四）加大力度，学前教育普惠率显著提升

各区加强部门协同、加大保障力度，将学前教育学位保障和无证园治理纳入政府实事工程，不断推进学前教育普及普惠和无证园治理，工作成效显著。丰台区学前教育普惠率由60%提高到86.5%。通州区民办非普惠园转为普惠园120所（点），学前教育普惠率达91%。延庆区学前教育入园率达93.3%，普惠率达99%，已申报国家级评估认定。门头沟区学前教育入园率达98%，普惠率达100%。大兴区学前教育入园率为99%，普惠率达96%。

（五）深化改革，积极推进义务教育优质均衡发展

各区持续深化教育综合改革，扩增义务教育优质资源。对标国家要求，调整教育布局，优化资源配置，推进义务教育优质均衡发展。东城区持续深化"学区制"综合改革，坚持"品牌换空间、优质促均衡"的教育发展观，通过完善学区运行体系，强化学区服务保障，创新交流轮岗模式，解决教育内部资源不足与闲置的矛盾，实现校际优质资源共享。海淀区推进实施集团化办学、九年一贯对口直升等办学模式改革，不断优化学校布局结构，支持学校特色发展，扩大优质教育规模，促进义务教育优质均衡发展。石景山区对标国家要求，优化资源配置，2020年学校达标比例显著提升，均衡程度改善明显。怀柔区政府针对每所学校存在的短板，制定"一校一策"解决办法，加大资源统筹调配力度，2020年资源配置7项指标的综合达标比例较上年度明显提升。顺义区细化分解优质均衡发展年度任务，建立工作台账，明确责任部门和整改时限，每季度对工作台账推进情况进行调度。密云区政府启动了建设"义务教育优质均衡发展典范之区"工程，进一步完善共建共享工作管理机制，深层推进优质均衡发展。

四　北京市督政反思

回访督导检查是深入贯彻中央关于教育督导体制机制改革要求，实施分级督导的重要举措；是在 2019～2020 年对区政府履行教育职责综合督导的基础上，聚焦突出问题整改的"回头看"，督促重点任务落实的"督办令"；更是贯彻落实督导复查制度、强化结果运用和教育督导"长牙齿"的有力抓手。通过实施回访督导，北京市进一步健全了综合督政工作机制，完善了督政工作体系，有力地督促了区级政府履职尽责。回访督导组织实施过程中也仍存在以下问题。

一是回访督导制度机制有待进一步固化完善，督导结果利用实效仍有待提升。目前，首都教育改革进入高质量发展新阶段，对督政工作提出新要求新期待。对比之下，督政工作的制度化规范化建设有待加强，回访督导工作运行机制、协同机制、问责机制都有待进一步固化完善。对于部分问题的整改，仍需开展跟踪督导，进一步提升督导结果利用实效。

二是信息化建设尚不能满足需求。在疫情防控常态化背景下，传统的实地督导方式受到挑战，已不适应督导信息化、数字化、智能化的需要，倒逼我们必须改革创新，加快信息化建设步伐。

三是督政队伍专业化水平有待进一步提高。市、区两级督政队伍建设力度有待进一步加大，专业素质有待提升，在一定程度上制约了督政工作效率与质量。

下一步，北京市将结合新修订的《北京市教育督导规定》，加快研制出台教育督导问责实施细则，进一步加大问责力度，完善回访督导工作各项制度规范；同时加强督政队伍建设，多种形式提升市区两级督政队伍专业素养，组建一支既了解教育政策又具有行政管理经验的专业队伍；持续完善督政信息化平台建设，全力推进市区政府履行教育职责评价指标体系构建和平台运行，努力实现线上线下督导相结合，切实提升信息化支撑能力，深入推进"智慧督政"。

B.14
黄浦区"互促共生"学校发展性督导评价的创新实践

张瑞田*

摘 要: 学校发展性督导评价是以"学校是发展主体,督导是发展保障"为宗旨,依据国家教育法律法规和政策方针的要求、学校的办学现状及学校自主选择的发展目标,指导学校制订科学合理的发展规划,建立学校自评和外部督评相结合的运行机制。上海市黄浦区积极探索实践学校发展性督导评价,构建了"互促共生"发展性督导模式,形成了督导工作闭环,有助于更好落实督导各项基本制度,提高督导工作的规范性和有效性,实现学校和督学互促共生的双赢。

关键词: 督导模式 督导评价 学校发展性督导

一 发展性督导模式与黄浦教育

教育督导作为教育管理的重要组成部分,自20世纪80年代末恢复以来,伴随教育改革和发展的日益深入,在实践中不断总结完善,最终形成了发展性督导评价的模式,成为国内教育督导的基本模式。发展性督导广泛吸收了皮亚杰等的建构主义理论、维果茨基的"最近发展区"理论、马斯洛

---

* 张瑞田,教育学博士,上海市督学,上海市黄浦区政府教育督导室副主任,主要从事教育政策及教育督导研究。

"人的需要层次理论"、麦格雷戈的 Y 理论、彼得·圣吉的"学习型组织理论"等，建立在扎实的教育学、心理学、管理学等理论基础上。重视督导过程，重视学校渐进式的发展，重视学校、教师和学生的主体地位，重视学校的发展愿景及对自我的超越，体现了教育督导人本性、学术性的特点。同时也吸收了教育评价的最新研究成果，从对数量关系的"测量"到对状态的"描述"，再到以评鉴为主的"判断"，直至发展到以"建构"为主的第四代评价理论，高度重视评价双方的互动性、生成性，使督导工作成为一种基于评价者和评价对象"协商"的共同建构过程，成为激发学校办学积极性、主动性的智慧碰撞。可以预见，如果未来教育学尤其是教育评价学没有重大的理论突破，基于评价理论的发展性督导评价也不会有很大的改变。

（一）上海市学校发展性督导评价的政策与实践

上海的教育督导工作一直走在全国前列，探索实践学校发展性督导评价成为上海教育督导的鲜明特征，并且形成了具有上海特点的操作模式。2003年，上海市教委、市人民政府教育督导室在总结部分区县实践经验的基础上，印发了《上海市积极推进中小学"学校发展性督导评价"的实施意见（试行稿）》，在全市范围内积极推进中小学"学校发展性督导评价"。2005年，上海市教委、市人民政府教育督导室又印发《上海市关于深化与完善"学校发展性督导评价"工作的若干意见》，对这项工作进行深化与完善，并提出了三个方面的要求。

上海从一期课改到二期课改，基础教育从"有学上"到"上好学"，义务教育从均衡发展到进一步实现优质均衡，进入以"五个转型发展"为标志、以教育综合改革为抓手全面实现教育现代化的内涵发展新阶段。伴随着上海教育改革发展的进程，上海教育督导工作日益深化细化，形成了一整套成熟的操作模式和方法。具体而言，导向上，不注重评价对象过去的结果，而注重评价对象的现实表现，特别是未来发展，重在使评价对象"增值"；方式上，倡导评价对象的参与，重视发挥评价对象的积极性，由单一主体评价走向多元评判；手段上，强调个性，从一把尺子到不同尺子，不仅应用测量评估技术手段，更重视价值观、精神状态和努力程度；实施过程中，强调评价者与评价对象的互动互促、互相信任，共同协商、研讨。评价意见突出专业引领作用，适应上海教育发展水平与要求。整体看，上海的教育督导凸显了学校是发展主体的正确定位，明确了学校发展的主体责任，尊重学校发展的价值取向和发展差异；增强了学校发展的潜能，贯穿督导评价始终的是"服务督导对象的发展"，注重改善传统的以上下级关系为前提的监督、检查职能活动，更强调服务与指导的职能，提供专业性、技术性的指导与服务；体现了科学的方法论，以全面、联系、发展的观点，历史与逻辑的一致，共性与个性的统一来处理督导工作，创新了教育督导模式，适应了上海内涵发展阶段对督导工作的要求。

（二）新形势下上海发展性督导评价存在的不足

在坚持发展性督导评价总体方向的同时，也不能不看到其存在的不系统、不完善、不适应的问题，主要有以下几方面。

一是在设计思想方面，滞后于"互联网+"时代共有共享的观念，对整个督导过程的开放度重视不够，行政、社会、社区、家长、学生等利益相关方多元主体参与督导缺乏制度性安排。

二是在工作原则方面，突出了学校的主体性，对督学主体性重视不够。预设的前提是，所有参与督导的督学都是合格的专家，都理所当然能够发挥监督指导学校的作用。事实上，督学的学术生命也是一个需要不断提升的无止境的发展过程，要由关注学校主体转变为关注学校和督学两个主体，实现共同发展。

三是在系统设计方面，没有把督导前、督导中、督导后作为一个整体加以规定，对于围绕督导指标学校自评报告的撰写、督导室的指导、督导后督导意见书的形成等实务没有指导性要求，没有作为一个完整的过程有所指导，在督导实务运行机制方面留下了有待细化完善的巨大空间。

四是在工作主线和形式方面，主要关注于学校规划实施情况的评估，过多关注于文档材料全面完整及实地考察环节，对两个主体互动过程中活生生的生成性的思想和实践的关注不够，对基于经验和智慧的对话与追问重视不够，影响了在更大范围内的信息挖掘、深度对话等。

五是在督导评价方面，没有鉴定就没有监督，强调发展性的同时如何恰当保持对监督职能的坚守；发展标准或增量与自身对照，如何确定当前是最优发展；一校一案形成因果，经验的效度如何比较，是否可以推广；注重学校价值追求努力程度时，如何合理吸纳大数据的分析优势，纠正偏重定性分析、定量的数据分析相对不足的偏差等等，都需要进一步加以总结完善。

六是在结果使用方面，缺少结果公开相关的制度设计，没有与奖惩结合，管理闭环没有形成，督导结果的权威性难以落实。

总之，学校发展性督导评价的原则是适应上海教育发展整体要求的，方向应该坚定不移，但在区域督导机制和模式上需要适应内涵发展阶段的新形势并加以深化和完善。特别是各个区域的发展水平和要求各不相同，需要在理论和实践方面有所深化与创新。

（三）黄浦区的历史与现实需要创新教育督导模式

从黄浦区教育发展情况来看，现在的黄浦区由原南市区、卢湾区与黄浦区在 2000 年、2011 年先后"撤二建一"而形成，位于上海市中心，是上海中心城区城市化发展的缩影。黄浦教育更是源远流长、积淀丰富，集聚了市科协、社科院、交大医学院等一批知名科研院所，拥有上海市各专业学会专家数千人，汇集了 26 所具有百年历史的老校、名校，全市历史最悠久的中学、第一所现代学制的小学、第一所教会女子中学以及最早中外合作传授现代科学知识的中学、近代第一所职校都在本区，形成了黄浦独特的教育优势。

现在的黄浦区文化渊源呈现多元化特点。原黄浦区文化曾是 170 多年前开埠后中西文化交汇的公共租界文化，原卢湾区文化曾是时尚精致的法租界文化，原南市区文化是建城 700 多年来中华传统的老城厢文化，生活其中的人民群众在文化意识上是同中有异。教育发展的传统与特色也是异中有同，平民文化、精英文化等多元文化在区内和谐共处，包容与创新使得区域充满发展活力，这就为传承融合、更好发挥底蕴深厚的海派文化优势提供了重大契机。同时，黄浦江西岸的世博园区又代表了21世纪上海发展的未来。新黄浦区全面放大了原有的优势和特色，发展空间更大、潜力更强、优势更加明显，为黄浦教育整合提升、创新教育体制机制、形成"1+1>2"的整体效应带来更大的发展机遇。

"十三五"期间，黄浦教育坚持以"办人民满意的教育、办学生喜欢的学校"为根本追求，以"打造社会主义国际大都市核心引领区一流的现代教育"为发展目标，以"促进学生全面而有个性的终身发展"为核心理念，以"坚持立德树人、深入五育并举、聚力创新教育、深化教育改革"为发展思路，整体提升黄浦教育文化品位、育人品质和特色品牌。作为上海的中心城区，黄浦区始终对标最高标准、最好水平，发展教育事业，争当教育标杆。在率先实现教育现代化的进程中，围绕"高、先、精"的定位，积极打造教育改革引领区、创新教育先行区和教育发展精品区。同时，区域人民群众对接受高质量基础教育的愿望也非常强烈，"有学上"的满足型教育远远不能适应居民要求，公平、均衡、多样化、优质化的"上好学"的需求日益高涨。所有这些都对督导工作保障学校依法自主办学、进行专业引领提出更高的要求。

二 "互促共生"发展性督导模式

（一）模式构建——"互促共生"发展性督导的系统实践

1. "互促共生"督导模式的要素构成及要素建构内容

督导观念、督学、学校、督导机制、督导实务等构成了互促共生的基本要素。在一个群体中，要素间的互相交流、信息传递、互相影响往往会极大促进人才与群体的提高。从教育督导的共生关系出发，将督导过程一系列环节或要素联结耦合于一体，在与外部环境相互调适整合的过程中，实现学校、督学等各主体的共同可持续发展的活动或过程就是互促共生。互促共生体现了督导要素之间的互动、整合与协同，督导相关利益者之间保持了密切的合作关系，组织所有成员通过某种机制，有机组合在一起，共同生存发展。共生系统中的任一成员都因这个系统而获得比单独生存更多的效益，即所谓"1+1>2"的共生效益。

在互促共生的系统里，共创共享成为一种新的价值创造规则。共生关系将不同的资源或能力联结成共同体，通过互促互利把督导视为既参与共同的使命又拥有自身利益的合作伙伴，整合成一个为特定目标的价值创造系统，从而帮助学校获得持续的发展。

黄浦区在开放、共享、绿色发展理念的指导下，借鉴学习当下不同区域的督导实践模式，对照督导工作的"理想模型"，整合督导观念、督导队伍、督导对象、督导实务及行政、社区、家长等利益相关方作为督导要素，以系统各要素的共同发展作为愿景，以互动和追问作为重要形式，把基于经验的综合判断与基于逻辑的分析判断相结合，在事实评判基础上进行价值评判，推动形成"基于技术获取数据、基于实证形成结论、基于对话分析思想、基于发展推动改进"的工作方式，在现实与理想之间，以渐进式问题解决的改良路径，构建形成学校和督学两个主体，政府、社区、家长等多元参与，督导过程全面开放，参与人员全面沟通、合作共建、专业引领、互相促进、共同生长的发展性督导新模式。

决定区域教育督导发展水平高低的有四个关键因素：一是先进科学的教育督导理念，这是工作方向；二是协作有效的督导工作机制，这是支撑平台；三是科学规范的督导工作实务，这是运行软件；四是专业化的督导队伍，这是核心。提炼上升到模式层面：一是要有清晰的价值追求；二是要有高水平的督学队伍；三是要有明确的工作目标；四是要有具体的多元参与的对象与参与方式；五是要有一系列规则和制度设计；六是要有具体的操作路径和方法；七是要通过结果运用，把价值追求落到实处。这些因素的有机整合，形成稳定的运行结构，就成为区域督导的特色模式。要素内容具体建构如下。

（1）价值追求

以"三个面向"为指导，立足传统、面向现代，立足中国、面向世界，立足现在、面向未来，以督学为主导，以学校为主体，以监督指导监测为主渠道，以学校依法自主办学为中心，以提高质量、特色发展为目标，唤醒学校自主发展意识，推进办好每一所学校，教好每一位学生，成就每一位教师，促进督学和学校共同成长。

（2）督学队伍

一是明确总体目标，即打造业务精湛、结构合理、富于创新精神与教育情怀的督学队伍。

二是研究督学核心素养，从可学、可培、可测三个维度，初步提出黄浦区督学的必备品格关键能力，建设专业化督学队伍。其中，三种基本素养为评估素养、法治精神、教育情怀；三种必备品格为公正无私、尊重包容、专注热爱；三种关键能力为学习能力、思维能力、实践能力。督学是实践者，所有的知识都要转化为能力，实践能力是落脚点，可以分解为以下三个方面。

实务能力：在职督学人人能够独立完成学校督导方案的制订及落实各项会务要求，能够担任督导学校的责任督学，履行督导前期的协调指导职责，汇总督导小组的评估意见。

参与能力：能够参加综合督导承担小组的指标评估工作，能够与学校领导教师就某项工作对话，能够担任督导学校的报告督学，独立完成督导意见书的撰写，能够参与督导室对学校督导意见书的研讨并发表自己的见解。

引领能力：做得出评判、看得出问题、提得出建议。能够在参与督导全过程中，形成对学校基本到位的定量定性的总体评价，能够对学校存在的主要问题作出比较准确的归纳概括，能够对未来发展提出符合实际的意见建议。

通过核心素养的提升，强调岗位成才，提高督学作为专业人才的学术话语权，构建团队和个人合理的知识能力结构。

三是落实督学资格制度，扩大兼职督学队伍，建立专家资源库。每年选派适合督导工作的人员参加督学资格培训，做到专职督学学段结构完整、兼职督学学科覆盖广泛。广泛聘请区内外专家参与督导工作，尤其是外区的督导室主任、特级校长、学科专家，形成支撑督导顺利开展的专家资源。

四是推进督导作为学术组织的学科建制。一个成熟的学科或工作领域，应该有自己的概念话语系统，有学术组织和学术刊物。黄浦区依托市督导刊物和交流平台，推进督导作为学术组织的学科建制，努力建设区域督导学术共同体。借鉴使用"观课"概念，突出督学听课与教研员的区别；使用"巡课"概念，突出对学校教育教学常规管理的关注；提出"互相印证"概念，关注督导过程中校长、教师、干部工作实践的互相呼应的一致性等，努力探索构建督导基本概念系统，逐步形成督导领域的理论框架。

在这个过程中，逐步培养督学队伍成为观念共同体、知识共同体，使督学开展工作时具有基本相同的概念、理论、原则、规范和制度等，最终成为解释共同体，运用基本一致的术语，对学校进行体现督学思维规范的推理、判断、评价，实现督导结果的恰当性和确定性。

（3）工作目标

区域内督政、督学、监测三位一体的督导工作体系运行顺畅，决策、执行、监督三种权力相对分离又协调一致，管、办、评分离的现代学校制度建设进一步推进，监督和指导两个职能有效发挥，依法督导、科学督导的水平进一步提高。

（4）多元参与

多元参与能够培养一种尊重他人和观念共享的氛围。督导除了校长和教师外，还涉及四类主体：学生、学生家长、社会组织、社会公众。学校是为了学生的发展而存在的，但是长期以来，在应试教育"育分"为本的大环境中，学生的主体地位得不到真正落实。家长是与教育发展有密切关系的利益相关方，是教育公共服务产品的直接接受者，但他们对学校的感受想法，一直缺乏有效的表达渠道。社会组织作为非政府组织，有不同的专业背景和专业人才，在教育评估中有很大的发展空间，但目前还不够发达。社会公众作为社会的成员，对于关系千家万户切身利益的教育事业，可以从第三方的角度提供客观的意见和建议，但长期以来社会公众没有参与学校评估工作的机会。

鉴于此，黄浦区在以下几方面推进多元参与。一是教育督导过程、程序和结果的公开，提前一个月把督导方案在网上公开。督导结束一个月后，督导意见书在网上公开。二是建立教育督导合作机制，引入家长评价和社区评价。家长评价方面，积极开辟多种渠道和途径让家长更加深入地了解学校，让家长有更多机会参与到学校的发展建设中来。邀请家长参与学校的发展性督导评价方案的制定，通过问卷调查、座谈会等方式让家长间接或直接地参与到学校的发展性教育督导评价中来。社区评价方面，公开教育督导评价日程表，让社区人员了解教育督导评价的时间、内容和标准，邀请社区中各类有代表性的人员参与到督导评价工作过程中来。此外，还准备引入督导评价中介机构，委托中介机构进行质量监测，参与教育督导评价，提高评价结果的全面性、公正性和公平性。

同时，依托网络技术完善教育督导信息平台建设，扩大自身工作的信息公开范围，将更多的信息资源，特别是与学生和家长相关的工作内容及各级各类学校的基本信息向公众开放。发布相关的教育督导评价信息，使社会了解教育发展情况，为教育督导部门和社会各界建立互通渠道，发挥社会各界的教育监督作用，及时将意见和建议反馈到教育督导部门。

（5）制度安排

一是会议制度，即定期召开工作例会，互通信息，交流意见，达成共识。

二是学习制度，即学习研究教育法律法规及政策，特别是国家、上海市教育督导条例及有关政策，把握住督导合法性的依据和源头，在学习方式内容上互相促进，推进学习型团队建设，提高规范性。

三是培训制度，即追踪当前教育敏感问题，自培他培结合，缺什么补什么，提高针对性、专业性。

四是研究制度，即问题导向，提炼总结工作中的经验和问题，以撰写案例的方式反思改进，以课题研究的方式深化改进，指定专人负责督导研究工作，积极参与市督导室、市督导事务中心课题研究，申报市督导事务中心的督导研究课题，提高研究性。

（6）督导实务

一是开发测评工具量表，坚持定量与定性相结合。在学校办学基本情况量表的基础上，设计了学生、教师、家长问卷。吸纳绿色指标评价的合理成分，每年修订督导评价系列指标，及时调整敏感性指标，形成了各级各类学校的督导评价指标。

二是完善督导工作流程，建立规范的督导操作程序。黄浦区学校综合督导基本流程分为三个阶段。第一，督前准备。①学期初与被督学校商定综合督导日期。②综合督导前一个月印发综合督导正式通知并上网公示。③制定工作方案，组建督导小组（含"两大员"代表），明确督导小组组长及报告督学，评审人员按照各自分工做好各项准备工作。④被督学校的挂牌督导责任督学和所属社区负责人在实地督导前分别形成对被督学校的书面评价意见。⑤责任督学走访被督学校，掌握学校督前准备情况，服务指导学校自评工作。⑥被督学校于督导前一周将综合督导自评材料等发送至督导室。发送材料主要包括自评报告、发展规划、办学基本情况表、总课表、实地督导两天的课表（可标明推荐课）、作息时间表、教工名册（包含年龄、教龄、性别、学历、政治身份、职称、职务、任教学科与班级、骨干等）。第二，实地督导。①学校综合督导自评会（邀请学校家委会及社区代表、"两大员"代表参加）。②督导信息采集：自评会结束后访谈学生家长代表、所属社区代表；统筹安排评审小组成员听课事宜（每人听课次数2节以上）；督导第二天上午完成各类问卷、课堂观察汇总统计工作。③督导信息汇总与反馈（挂牌督导责任督学参加）。第三，督后汇总。①各督导小组于督导结束后两周内将督导分报告提交给报告督学。②报告督学于督导结束后一个月内形成综合督导意见书（初稿），经督导室集体讨论后形成综合督导意见书（征求意见稿），听取学校及有关方面意见。③印发综合督导意见书（正式稿）后向学校正式反馈督导意见，并上网公示。④被督学校在收到综合督导意见书（正式稿）一个月内将学校反馈意见以书面形式报送督导室，督导室将

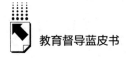

按规定安排督导回访。⑤被督学校的责任督学按照"一校一档"要求，做好学校综合督导材料的整理工作。

三是规范督导意见书文本，减少感悟性、经验性，突出学术研究性。已经形成固定的督导意见书格式，同时，强调督导意见是组织行为和集体智慧，淡化督学个人身份。

（7）结果运用

制定《黄浦区学校综合督导结果公开的实施办法（试行稿）》，整体构建学校综合督导结果向社会公布制度的框架和步骤，确立了学校综合督导结果向社会公布的总则，设定了学校综合督导结果向社会公布的范围，明确了学校综合督导结果向社会公布的方式和程序，制定了学校综合督导结果向社会公布的监督与保障措施，明晰了学校综合督导结果向社会公布后的反馈和处理办法。通过网站发布、学校发布、局务会议通报、督导专报公开、不定期编辑《黄浦教育督导专报》，形成督导工作年度报告等不同形式的督导结果公开制度。

督导结果如果不与督导对象的奖惩挂钩，很难真正产生效力。因此，督导结果公开后的使用环节也是黄浦区高度重视并设计制度加以落实的重点。一是纳入绩效考核。教育局对系统内学校每年进行一次绩效考核，督导室负责制定绩效考核指标和分配权重。每年根据学校综合督导的情况，把督导中发现的需要改进的共性工作纳入考核指标，以这种结果运用的方式推进学校改进工作。二是作为干部提拔任用、评优评先的依据之一。局党工委提拔任用干部、评先评优时把督导室的督导结果作为重要依据之一。每年年终对学校党政主要负责人的考核，督导室负责人代表班子成员和督导室，分别打分，计入考核总分。三是强化整改问责。对综合督导学校存在的比较严重的问题，如学生体质健康监测达标率没有达到标准、大面积补课等情况，跟踪整改情况，如果在第二年绩效考核时没有明显改进，采取一票否决的方式，取消学校绩效评优资格。四是加强回访核查。学校针对督导建议制定整改方案，并报送督导室。综合督导两年后按规定对学校进行督导回访，跟踪改进成效。持续关注学校发展，促进督导结果的有效运用，进一步提高教育督导的权威性。

2. "互促共生"督导评价模式的运行特点

在制度、流程与督学结合成为工作机制后,"互促共生"督导评价模式整体体现出开放、互动的特点。

一是理念开放。督导是一个开放的知识运用领域,也是一个开放的实践领域,不拒绝任何一门学科视野,不拒绝任何一个学科方法,不同的理念融会贯通,服务学校发展。

二是全过程开放。督导专家组按照三分之一的比例邀请区外专家参与。督导全程吸纳社会、家长的合理意见,不拒绝任何利益相关者的参与。

三是结果开放。督导结果形成过程充分听取不同主体、不同专家的意见,督导意见书互联网上公示,并要求学校向全体教师和家长传达。

四是工作整合开放。吸纳语言文字、体育卫生方面有关同志在督导期间到学校开展专项检查,撰写报告供督学参考。欢迎行政部门负责人参与督导自评和反馈,听取行政主管部门对学校的评价,对督导的建议。邀请"两大员"参与督导,提高工作权威性。建立挂牌督导与综合督导的融合贯通机制,使挂牌责任督学采用多种形式参与综合督导工作。

五是区域内外开放。本区督学参与市内和外区的督导工作,对外省市、外区督学开放督导过程。组织跨区、跨省市的学习交流。

(二)"互促共生"发展性督导评价模式的创新点

一是系统思考、实践总结、理论建构、指导实践、改进固化。针对以往研究主要关注创新系统中的某一特定要素或创新过程中的某个片段,在具体研究方法上运用系统科学的原理和方法,把复杂的创新课题看作一个对象系统,同时把不同主体的组合、不同学科的整合也看作一个系统,通过各个要素或子系统的优化组合,寻求系统效果的整体最佳。结合不同内容和规模的创新活动,提出创新主体间的多种合作模式。这种思维方式,具有鲜明的科学方法论意义,避免了研究和实践的片面性、碎片化,体现了全面的、联系的、发展的辩证方法,有助于深化对督导工作的理论研究。

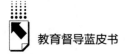

二是通过"互促共生"督导机制的建立，强调学校与督学两个主体，把督学队伍自身发展、专业化水平提高放到更加重要的地位，强调督导的过程是督学学习了解基层鲜活实践经验的过程，也是督学自身学术生命成长的过程。可以进一步促进督学学术生命的成长，有效发挥职能作用。

三是推动教育督导机制和制度创新是促进上海教育发展模式转变的重要方面。通过构建"互促共生"督导机制，形成督导工作闭环，有助于更好落实督导各项基本制度，深化上海发展性督导工作模式。特别是工作机制作为一种操作性的制度安排和基本模式，能够提高督导工作的规范性和有效性。最根本的是，保障了作为发展主体的学校依法规范自主办学，促进内涵发展、提升质量和水平，实现学校和督学互促共生的双赢。

三 "互促共生"模式的展望

深化"互促共生"发展性督导评价需要进一步全面落实新时代教育督导体制机制改革的精神，系统解决机构、人员、职能等方面长期存在的一系列问题。

发展性督导是教育治理体系构建中的一个重要环节，是与学校共同合作建设现代学校制度的具体实践。在上海教育发展进入新阶段，内涵发展、转型发展成为必然要求，教育综合改革全面推进的大背景下，上海教育自身面临着深化发展的新课题，必须不断改进不足，深化内涵，以适应教育事业日新月异不断发展，不同学校追求公平、提高质量的现实需要。办好每一所学校，教好每一个学生，成就每一位教师，如何落实，如何评价，需要督导有专业的研究和回应。"互促共生"模式的探索实践是对发展性督导评价的深化细化，能够促进发展性督导在新形势下与时俱进、不断完善、保持生机与活力。

近年来，国家和地方各级政府对教育督导工作给予前所未有的重视，教育督导迎来了历史上最好的发展期。党的十八届三中全会明确提出要"加强国家教育督导"，特别是《教育督导问责办法》的出台，相对地提升了督导工作的权威性。可以预见，督导今后将面临更多的任务和要求。相对于教育改革发展的形势，相对于督导的新要求，督导工作还存在许多不适应的地方，这些体制机制的制约影响着区域督导工作模式的创新发展，特别是以下几方面问题需要在实践中进一步推进解决。

一是督导室机构普遍成为教育行政部门内设机构，相对独立地位的悬置，影响督导工作的权威性。

二是督导人员专业发展前景的不明朗，影响优秀人才加入督导队伍，对于互促共生的学术内涵是致命的约束。

三是督导结果的使用一定程度上弱化，评价与奖惩结合还不够，督导问责还需要实践探索，"长牙齿"如何真正落实还有很长的路要走。

四是互促共生的探讨，指向学校发展的规律性，指向育人的本原性，但由于缺乏国家和地区的教育质量标准，这种探讨的依据还是建立在督学个人学术素养的基础上，有时候会出现不一致甚至相互矛盾的评价。

"互促共生"作为发展性督导评价的区域实践探索，它的完善深化除了在理论和实践层面不断深入外，毫无疑问最终也依赖于上述问题在制度安排上的根本解决。2020年2月，中共中央办公厅、国务院办公厅正式印发的《关于深化新时代教育督导体制机制改革的意见》，是新中国成立以来督导工作第一次以中办、国办发文、级别最高、权威性最强，作为国家治理体系和治理能力建设的重要内容，对教育督导具有重大现实意义和深远历史意义。中共上海市委办公厅、上海市人民政府办公厅2020年9月印发《关于深化新时代教育督导体制机制改革的实施意见》，对上海教育督导工作在体制机制层面进行了顶层设计，要求各区"参照"市督导机构设置情况健全体制机制。上海市教育督导委员会办公室落实上级精神，专门发文《上海市人民政府教育督导委员会办公室关于进一步贯彻落实新时代教育督导体制机制改革工作的通知》，要求各区形成改革方案，明确时间表、路线图，经区委教育工作领导小组审定后报送，并纳入对各区督政内容。2021年12月，黄浦区委办、区府办印发《黄浦区关于深化新时代教育督导体制机制改革的实施方案》，对黄浦区教育督导体制机制改革进行了系统设计安排，

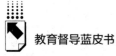
明确提出改革目标：到 2022 年，基本建成机构规范健全、队伍专业精干、运转科学高效、结果运用充分、问责权威有力，与本区教育治理体系和治理能力相适应的教育督导体制机制，为办好人民满意的黄浦教育提供坚实保障。一系列督导体制机制改革日益深入，为发展性督导评价的深化创设了更好的制度环境。

B.15
苏州工业园区教育质量监测探索实践

朱建忠*

摘　要： 为深入贯彻落实《关于深化新时代教育督导体制机制改革的意见》，苏州工业园区积极开展区域教育质量监测工作，自主研制区域教育质量综合评价指标体系、构建义务教育阶段各学科核心素养图谱和测评指标、凝练区域教育质量监测保障工作模型等，成为国家、省、市三级监测的必要补充。高品质的教育质量监测，助力学校优化教育生态、提高教育质量，给教育督导注入新活力。

关键词： 教育　质量监测　教育督导

《关于深化新时代教育督导体制机制改革的意见》（以下简称《意见》）在主要目标中明确：在评估监测方面，建立教育督导部门统一归口管理、多方参与的教育评估监测机制，为改善教育管理、优化教育决策、指导教育工作提供科学依据。在具体工作要求中强调，建立健全各级各类教育监测制度，引导督促学校遵循教育规律，聚焦教育教学质量。要完善评估监测指标体系，加强对学校教师队伍建设、办学条件和教育教学质量的评估监测。

2016年3月，苏州工业园区（以下简称"园区"）率先成立"苏州工业园区教育质量综合评价研究中心"（以下简称"中心"），标志着园区正

---

* 朱建忠，高级教师，江苏省苏州工业园区教育督导室主任，主要研究领域为教育管理、教育督导、评价改革、监测评估等。

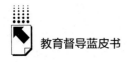

式启动新一轮的教育质量综合评价改革研究。中心的重要职能之一是利用互联网、大数据对义务教育阶段开展教育质量监测，以高品质的教育质量监测，更好地引导学校立足监测结果和学校实际，破解学校在改革发展进程中面临的难题，助力学校优化教育生态、提升教育质量。

一　苏州工业园区学业质量监测概况

（一）做好国家、省、市三级学业质量监测的"补位"

国家及江苏省的义务教育学生学业质量监测是在小学、初中段各选择了一个年级作为监测对象，而苏州市的义务教育学生学业质量监测将初中各年级全部作为监测对象，实现了初中阶段监测年级全覆盖。从三级监测的周期、对象和学科上可以看出，国家监测和省级监测的对象仅覆盖个别年级，且监测周期整体偏长，而苏州市监测虽然一年一次，但是监测对象仅覆盖初中三个年级，国家、省、市三级监测体系中小学段的监测略显不足。

因此，园区的质量监测体系应当着重为国家、省、市三级监测"补位"，做好小学段的学业质量监测。这样既避免了多级监测给一线带来的负担，也能够较好地掌握小学的学业质量现状，为初高中段学业质量的提升奠定扎实基础。

（二）做好区域学业质量监测的顶层设计

1. 四级监测成体系，关联互补成整体

依据《教育部关于推进中小学教育质量综合评价改革的意见》《国家义务教育质量监测方案》等文件精神，根据国家、省、市三级义务教育学生学业质量监测构建情况，结合区域教育质量的实际情况，园区明确：一是将国家和省的学业质量监测更多作为区域教育质量的"分析背景"和"坐标

定位"，更好地明确方向、寻找差距、持续推进；二是将义务教育学生学业质量监测的重点放在小学阶段，自 2015 年起以小学中高年级学生学业水平及相关影响因素的信息采集为主要手段；三是初中学生的学业质量监测更多地依托苏州市学生学业质量监测体系，充分发挥市级监测纵横比对的优势。这样，国家、省、市、区四级监测形成体系，关联互补形成整体，发挥各自独特优势，全面提升教育质量监测的整体效能。

2. 明晰监测目标，助力质量提升

通过学业质量监测诊断工作的推进，力求强化全面发展的育人理念，倡导基于实证的评价改革，推动问题导向的跟进改革，逐步完善"实证分析—问题诊断—改进优化"的学业质量提升机制，引领区域改进教研、改进帮扶，引领学校改进管理、改进教学，全面提升区域教育教学质量。

3. 坚持全科监测，保障全面发展

2015 年 5 月，园区根据教育部《中小学教育质量综合评价指标框架（试行）》，出台实施了《苏州工业园区小学生学业质量监测方案》。坚持"常态"诊断的科学理念和行动方式。在监测学科上做到全覆盖，从语文、数学、英语逐步拓展到艺术、体育、科学、道法等学科。在监测维度上做到全方位，围绕"家庭、学校、学生、教师"四个关键主体进行监测，重视对影响学业质量的学生身心健康、学校教育管理、家庭教育文化、教师教育教学等相关因素进行重点分析，体现评价改革的时代性、导向性、诊断性，更好地营造实施素质教育的良好氛围，落实立德树人根本任务。

在监测实施中，采取"分段监测、缓步推进、聚焦问题、长线跟进"的思路，每年 6 月和 12 月，选取两门学科进行学业质量监测和相关影响因素的问卷调查。截至 2021 年 12 月，已经实施了 12 轮学业质量监测（见表1）。我们坚持全学科监测，促进学生全面发展，开展问卷分析诊断，落实科学教育质量观。

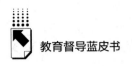

表1　园区12轮学业质量监测概况

时间	监测年级、学科	问卷诊断重点
2015年6月	四年级语文 六年级数学	学业负担、教师发展、课程管理
2015年12月	四年级英语 六年级体育	学习环境、男女生学习策略、教师发展
2016年6月	三年级语文 五年级美术	学习氛围、学习策略、教师发展、课程建设
2016年12月	六年级数学 五年级科学	教学管理、教育增量、男女差异、校园活动
2017年6月	六年级英语 四年级德育	育人环境、师生信息素养、学生身心发展和学习策略
2017年12月	六年级语文 四年级音乐	学习环境、课程建设、学业负担、阅读策略、教师发展
2018年6月	四年级数学 五年级体育	学习者中心环境、评价中心环境、共同体中心环境、教师发展
2018年12月	五年级英语 四年级美术	家庭环境、学生学习基础素养、教师创新素养
2019年12月	六年级语文 四年级科学	学校增值评价、抗逆学生、学生学习基础素养
2020年12月	六年级德育 五年级数学	学习方式、学习动力、学业负担、学业支持、教师职业状态
2021年6月	六年级英语 四年级音乐	学习方式、学习动力、作业评价、教师学习科学理论
2021年12月	六年级语文 五年级体育	创新人才、学习品质、学业负担、学业支持、教师职业状态

（三）做好区域学业质量监测的平台建设

在传统教学监测中，学生学情数据获得途径较为单一，导致教师难以进行持续性学情追踪，只能凭主观印象进行教学，教学的有效性大打折扣。为此，园区在推进学业质量监测中，专门建设了服务于质量监测的信息化平台——"易加分析"，对学生的"学"和教师的"教"进行精准画像，为全面评价提供鲜活、融通的数据。

每次监测后，收集的监测数据利用平台的分析功能，根据业务实际需要生成包括成绩汇总及多维比较的区、校、班级分析报表和雷达图、柱形图等多种形式的可视化报表。随着监测的分段推进、长线跟进，12 轮学业质量监测积累了大量学业质量数据，使得平台分析报表所展现的项目和维度越来越丰富，为教学提供循证性诊断，为课堂教学改革、学生学习潜能挖掘提供科学依据。

在多元、丰富的监测数据支撑下，引导学校展开数据分析，评估学生学业发展，为每一位学生的核心素养个性定位。根据分析结果寻找问题，从备课、上课、作业布置与批改、课外辅导、测试、课外活动、校本研修等诸多方面，落地大数据平台支撑下有效促进学生个性学、主动学的教学行为指导意见，调整教学策略、教学行为，形成个性化培养方案，促进学生全面发展。

（四）用好区域学业质量监测的分析系统

"易加分析"系统依据园区创新的监测指标体系，通过知识、技能、能力、方法等维度进行学业质量监测，经过科学的数据处理，在分析功能模块生成学情报告，主要包括传统报表、监测报表两类，可以涵盖所有的监测和考试项目。传统报表包含各科均分与难度系数、区域调研对比分析、学生来源调研对比分析、三类占比、学生性别调研对比分析、平均分跟踪分析、平均总分跟踪分析、各学科均分跟踪分析与平均总分合并、普通考试知识点得分、分数变化情况等。监测报表包含区域监测报表和学校监测报表。其中，区域监测报表涵盖区域总体得分、学业质量监测情况汇总表、学业质量监测样本人数统计表、全体学生学业质量、不同区域学生学业质量、不同性别学生学业质量、各校学生学业质量、学校历次成绩跟踪对比、区域学生在一级指标上的表现、各校学生在一级指标上的表现、区域学生在二级指标上的表现、典型题目作答分析、典型题目选项情况、一级指标平均得分率、二级指标平均得分率等内容；

学校监测报表涵盖学校总体得分、历次成绩跟踪对比、年级单科综合报告（标准平均分）、年级单科综合报告（整体四率）、班级单科综合报表、任课教师综合报表、学生各科综合报告、学生单科综合报告等内容。实现了评价的"全对象、全学科、全维度"，真正"用数据说话、以实证诊断"，变经验性判断为大数据分析。

截至2021年底，"易加分析"为全区所有中小学提供了网络常态监测绿色通道，采集到3.8万多条监测数据，输出区域、学校评价报表近600套。实现区域性监测考试和统考100%使用平台、100%数据进库。

二 园区12轮学业质量监测成效

12轮的实践，从制度和机制等方面逐步完善了学业质量监测的国家、省、市、区"四层级"网络。七年的探索，坚持整合推进，经历了初识问题、聚焦问题、解决问题、创造未来的"四阶段"发展。在探索前行中，中心对质量监测和评价改革的认识不断深入，学业质量监测体系不断完善、水平不断提升、成效不断显现。

（一）质量监测让教育督导更加有为

建立督政、督学、评估监测"三位一体"的教育督导新体系是《意见》的明确要求。实践证明，评估监测（质量监测是评估监测的重要组成部分）作为教育督导的新成员，给教育督导注入新活力。一是"看问题"更精准。评估监测往往借力互联网、大数据、云计算等，形成通过监测大数据对监测对象量化评价的独特优势，而督政、督学的优势是依托专家系统，形成基于事实和经验的质性评价。量化评价与质性评价两者相互印证，才能更好地还原出区域和学校教育的"真状况"和"真问题"。二是"导向性"更突出。教育督导更多的是监督指导作用，而评估监测是装备了"无人机""显微镜""数据库"的专业技术工作，可以为教育生态"预警"，为教育问题

"吹哨"。因此，注重发挥评估监测的导向、诊断和改进功能，可以更好地引导区域和学校贯彻党的教育方针，落实立德树人根本任务，促进学生全面发展、健康成长。

（二）质量监测成为深化区域教学改革的新引擎

通过监测数据的采集、分享和沉淀，在区域推广"让事实说话，用数据诊断问题"的实证分析思路，引领全区教研教学的跟进式管理，推进教学改革的深化和教师行动的转变，全面提升区域教育质量。一是靶向诊断，精准定位区域研训主题。学科研训主题的引领是全区教育质量提高的关键因素，"用数据分析，让数据说话，以数据驱动"，通过梳理和解读监测数据，园区教师发展中心教研部门能够更加精准地把脉核心问题，围绕学科建设的核心问题开发出相应的跟进式研训课程，来引领全区学校上下联动，形成合力，协作研究。二是精准改薄，校级联动聚焦问题改进。为了促使区域教育优质均衡发展，区域层面将历次质量监测中存在共性问题的典型学校，由学科教研员领衔，校际联动，组成校际教研合作组，组织学校中层和骨干进行实证数据分析与解读，实施精准改薄计划，激活学校内驱力，开展个性化帮扶，缩小校际差距。三是学科数据，精准助力因材施教。通过"易加分析"系统，沉淀各校学生多次监测的数据，以形成学生个体学科方面的成长图谱。这样的数据分析清晰地呈现学生个体在某学科核心素养和关键能力上的优势与短板，清晰地呈现分数段相同的学生在学习能力上的差异。形成这样的数据分析和应用思维，可以帮助学校依据学情开展因材施教，指导教研组精准教研、教师精准教学，全面提高教育质量。

（三）自主研制了区域教育质量综合评价指标体系

参照教育部中小学教育质量综合评价五大指标，结合课程标准，园区自主研制区域教育质量综合评价指标体系（见表2），具体包括学生品德发展、学业质量、身心健康、成长环境、学业负担五个一级指标。学生各发展维度中各项二级指标坚持普适性原则，分别从不同方面探讨学生发展水平的影响因素，而三级指标则更加强调区域特色，联系区域内相关的政策导向，突出区域教育质量监测的特点，旨在能够更好地为区域教育决策服务。

表2　园区教育质量综合评价指标体系

一级指标	二级指标	三级指标
品德发展	品德认知	行为习惯、公民素养、人格品质、理想信念
	品德行为	日常行为、德育实践
学业质量	学习习惯	学习行为、信息素养
	学习策略	各学科学习方法和策略
	知识技能	各学科关键知识和关键能力
	思想方法	学科表达、探究创新
身心健康	身体健康	身体机能、近视防控
	生活方式	锻炼习惯、学习作息
	审美修养	艺术表现、艺术活动
	兴趣实践	兴趣爱好、实践体验
成长环境	家庭因素	家长学历、家庭环境
	学校因素	课程建设、学校管理
	教师因素	师生关系、专业素养
学业负担	学习动机	学习兴趣、信心、在校归属感
	负担压力	学习时间、睡眠时间

（四）自主绘制了义务教育阶段各学科的核心素养图谱

园区以"立德树人、全面发展"为主要评价标准，以国家颁布的核心素养体系为纵向评价指标，以综合素质发展为横向评价坐标，研制了适合园区生情的中小学语文、数学、英语、物理等学科的核心素养图谱（见图1），指导、引领学科课程教学，彰显学科课程的育人价值。以核心素养为导向，聚焦核心价值观、必备品格和关键能力，从"知识本位的教学"转向"素养导向的教学"，勾画课程素养图谱，构建能力与素养提升场景，贯穿"导、学、研、测、评"教学全过程，落实核心素养培养。

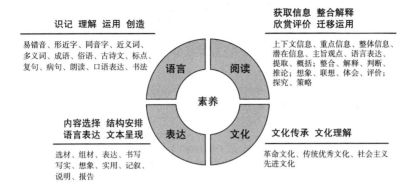

图1　园区语文学科素养图谱

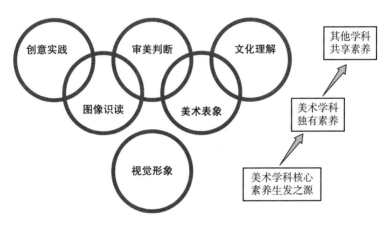

图2　园区美术学科素养图谱

（五）自主构建了义务教育阶段各学科的核心素养测评指标

基于核心素养图谱，园区自主构建了各年级各学科的三级监测指标以及相关因素采集指标（示例见表3），对学生的学业水平分A、B、C三个等级进行具体描述。指标的设计和引领，实现了学业质量监测从甄别向诊断、从知识向能力、从"以单一成绩为本"向"以综合素质为本"的转变。

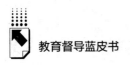

表3　园区学科三级监测指标（示例）

学科	一级指标	二级指标	三级指标
五年级英语	语言积累	语音	正确朗读、语音语调正确；了解拼读规律；听得懂所学词汇、固定用法、语段等内容
		词汇语法	在语境中准确理解和确切表达单词、短语、习惯用语和固定搭配等
			包括词法知识（词的形态变化）和句法知识（时态、结构等）
		语篇语用	理解和运用有关下列话题的语言表达形式：个人情况、家庭与朋友、身体与健康、学校与日常生活、文体活动、节假日、饮食、服装、季节与天气、颜色、动物、异国文化等
	语言实践	听力理解	听录音，图中被谈到的人物分别是谁 听问题选择合适的应答 听对话，根据问题，选择最合适的图片 听一篇短文，根据问题，选择最合适的答案
		阅读理解	单项填空：根据句子含义，选择词语； 完形填空；读图判断；短文判断/选择
		综合运用	听录音，完成下列对话； 用括号中所给单词的适当形式填空； 根据上下文，将下列对话补充完整；填入表示先后顺序的词； 根据图意，填写词语，完成对话； 书面表达
	学习策略	元认知策略	制订学习计划、主动复习和归纳；尝试阅读英语故事及其他英语课外读物，注意观察生活或媒体中使用的简单英语，通过图书馆、网络等资源获得更广泛的英语信息等
		认知策略	在词语与相应事物之间建立联想、在学习中集中注意力、能初步使用简单的英语词典等
		交际策略	遇到问题主动向老师或同学请教，积极与他人合作，遇到困难主动求助，勇于克服等
		情感策略	体会英语学习乐趣，敢于开口，主动参与学习实践
四年级美术	美术辨识	造型元素	线、形状、明暗、笔墨
			空间、肌理、形式、媒材
			色彩、色调、色性
		形式原理	对称、均衡、比例
			重复、强化、节奏、对比
			透视、构图（布局）、主次

续表

学科	一级指标	二级指标	三级指标
四年级美术	美术辨识	美术文化	美术家、美术作品、流派 美术门类
			形式与风格、作品内容 地区与时代文化
			题材与主题 情感与思想
	美术表现	感知与表现	形状、体积、色彩的表现
			内容、风格、情感的表达
			构图、透视的应用
			装饰、雕塑、制作的能力
		媒材与方法	工具、材料的认识和应用
		理解与创造	主题与主体的塑造
			描述、分析、判断的能力
			美术语言、形式法则的应用与变化
	美术活动	参观	博物馆、美术馆
			社会走访（民族、民间）
		参与	社团活动
			展览活动

围绕学业质量监测指标，以导向核心素养和关键能力为测评方向，研制出学科核心素养测评工具，包括各学科测试卷、现场测试方案和教师问卷、学生问卷等。全面监测小学生全面发展状况，重点考查学生综合运用知识解决问题能力等和艺术审美、身心健康、实践探究等素养，促进学生综合素质的全面提升。

（六）自主凝练了区域教育质量监测保障工作模型

12轮的持续监测，也借力各级各类重大改革项目研究的推进，中心以"数据分析—监测诊断—实证引领—跟进管理"为主要思路，自主凝练了"5+1"区域教育质量监测保障工作模型（见图3）。"5"是：①基于问题，确立项目；②工具研发，实施监测；③数据分析，科学诊断；④明确方向，跟进改革；⑤指导督导，解决问题。"1"是监测本身的自我反思、自我完善。这一模型在程序与环节上是闭合的，形成一个相对独立的回路，具有自我完善和自我修复的特质；在信息源与方法上是开放的，形成一个互联互通的平台，具有齐抓共管和不断优化的特征。

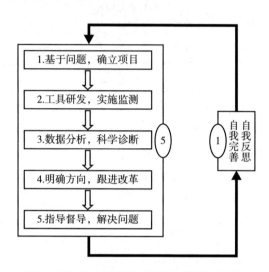

图3 "5+1"园区教育质量监测保障工作模型

三 苏州工业园区教育质量监测的完善与展望

新时代，新要求。园区虽然进行了12轮的实践创新，取得了不小的进步，但依然任重道远。

（一）优化监测指标，走向适合教育

如何基于学业质量标准，对不同水平的学生实施分阶梯课程，应立足区域实际，反思和优化评价指标，用科学评价助力"适合教育"在园区的探索和实践。一是适合贯彻党的教育方针，强调全面贯彻立德树人根本任务，推进五育融合的育人模式，落实"为党育人，为国育才"的教育使命。二是适合学生个性而全面的发展，强调尊重学生个性、满足自主选择，落实核心素养导向的教学改革，推进大规模因材施教的区域广泛实践，促进学生人人出彩。

（二）关注诊断差异，落实行动研究

通过12轮监测，反映出区域各校之间存在生源、师资不均衡，学校内涵发展不充分等差异。面对这些园区高位发展下的新矛盾，应重视和研究这些差异，关注学情分析，倾听现实需求，以"解决一个问题、架起一个支点、建起一支队伍"的改进思路，扎扎实实地向课堂求实效、向课程求质量。要组织基于监测结果运用优秀案例的申报和评选活动，以区级监测报告和研究方式为行动指引，启发各校开展基于实证评价的校本研究思路，推动校本教研由"经验"向"实证"转型，切实提高行动研究的效能。

（三）转变质量监控，形成质量自觉

经过多年努力，监测诊断、数据分析的行为方式，引领学校管理者和教师养成基于数据采集的教学研究思维方式。但还需要将"实证治理"转型升级，从区级"质量监控"走向校级"质量自觉"，创新校级多元综合素质评价机制，形成良好的评价生态和学校评价文化，使教育教学走得更自信、更从容，促进区域教育内涵持续高位发展。

（四）重视成果运用，创新研究路径

这几年的研究着力在实践探索，接下来的成果运用需要创新研究的路径，即从实践走向理论，提高数据分析和应用的专业素养，再从理论高度来反思与改进实践，建设一支强专业的教研员队伍，带动一批有情怀的教学管理者，使园区的学生综合素质评价体系与机制变得更完善、更科学。

2020年10月，中共中央、国务院印发的《深化新时代教育评价改革总体方案》中指出："坚持中国特色，扎根中国、融通中外，立足时代、面向未来，坚定不移走中国特色社会主义教育的发展道路。"七年12轮的创新实践，中心坚持园区特色，实现了"三创新"，即视角创新——围绕学生学

习、教师教学和学校办学；方法创新——强化过程评价，改进结果评价；应用创新——探索增值评价，健全综合评价。

近年来，园区大力强化信息技术手段应用，以义务教育学业质量监测为突破口，充分利用互联网、大数据、云计算等积极开展督导评估监测工作。依托教育质量监测，为教育教学改革、管理流程再造提供实证性诊断和可视化支撑，为优化区域教育生态、提升区域教育质量作出了应有贡献。未来，园区将继续深化教育督导改革与创新，让督导评估更加科学专业、更加适切有效，让督导评估更好地助推育人模式、教学模式的全面变革，努力打造基础教育高质量发展的园区样本，努力增强人民群众对园区教育的获得感、幸福感、安全感。

B.16
构建"三级联动"的督学体系
打通教育督导"最后一公里"

——以湖南省株洲市芦淞区为例

湖南省株洲市芦淞区人民政府教育督导委员会办公室

摘　要： 为深入推进管办评改革，统筹谋划督学工作，加强队伍建设，强化结果运用，湖南省株洲市芦淞区在全区中小学校成立督导室，探索构建"1+5+N"三级督学网络体系，围绕政府教育工作中心，深入中小学校察实情、说实话、谋实招、办实事，在改善办学条件、依法治校、推动芦淞教育现代化建设等方面谱写了新的篇章，基本打通了教育督导"最后一公里"。

关键词： 督学体系　教育督导　三级督学网络体系

一　三级督学网络体系提出背景

2020年，中共中央办公厅、国务院办公厅印发《关于深化新时代教育督导体制机制改革的意见》，紧紧围绕确保教育优先发展、落实立德树人根本任务，以优化管理体制、完善运行机制、强化结果运用为突破口，进一步深化教育督导改革，到2022年，基本建成全面覆盖、运转高效、结果权威、问责有力的教育督导体制机制。

"十三五"时期，芦淞提出"夯基铸魂，内涵发展"教育总体目标，2016年在全区中小学校成立督导室，探索构建"1+5+N"三级督学网络体

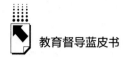
系，实现区域内义务教育、学前教育督导"全覆盖、全过程、全方位"，基本打通教育督导"最后一公里"。

二 三级督学网络体系运行

深入推进管办评改革，统筹谋划督学工作，加强队伍建设，强化结果运用，切实构建职责明确、齐抓共管的督学体制机制。

（一）深化体制改革，完善督学运行机制

1. 以"1"为统领，全面统筹督学工作

"1"即"以区人民政府教育督导委员会及其办公室为统领，统筹实施督学工作"；"5"即"全区设立5个督学责任区，全面优化挂牌督导"；"N"即"每个学校成立督导室，做实学校内部督导"。

一是统筹分级管理。区人民政府教育督导委员会办公室（以下简称"区教督办"）总揽全区督学责任区和学校内部督导工作，负责管理、考核督学责任区；督学责任区对学校督导室实行常态式管理，定期督导学校内部运行情况，将督导结果纳入学校目标管理考评；学校督导室每周至少开展一次校内督导，每月向督学责任区报告当月工作开展情况。

二是统筹督学职能。区教督办统筹指导全区教育督导工作，研究制定年度工作要点，聘任督学，发布区教育督导报告，整合教育资源，依法落实问责职责，使督导结果高效运用，确保教育公平而有质量的行动不能弱。督学责任区按照区教督办的工作部署，依要求督办学行为、师德师风、"双减"、"五项管理"政策落实等重难点工作，依需求督青年教师成长、安全管理等学校需要帮助指导的工作，依特色督学校教育改革发展等工作，确保社会主义办学的方向不能偏。学校内部督导的工作重点是"督教"（督教师的教育教学行为和教学质量）、"督学"（督学生的学习态度、效果和行为表现）、"督管"（督学校的办学行为、管理制度建设和落实情况），促进学校树立科学的育人观，全面落实立德树人的根本任务。

三是统筹工作规范。为确保机制顺畅运行,建立实施一系列督导工作制度。其中,综合制度类有《芦淞区中小学校责任督学挂牌督导制度》《芦淞区中小学校责任督学挂牌督导规程》《芦淞区责任督学工作职责及内容》;工作规范类有《芦淞区教育督导年度工作十二项基本任务》、《芦淞区责任督学挂牌督导工作手册》、"督导工作记录本"(四套:办学行为、教学教研、校本德育、安全保障)。

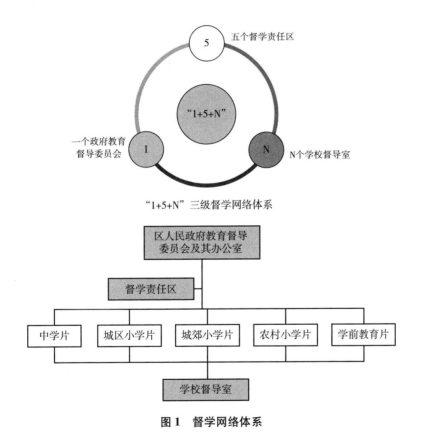

图 1 督学网络体系

2. 以"5"为平台,全面优化挂牌督导

依据办学条件及发展水平,设立"中学片""城区小学片""城郊小学片""农村小学片""学前教育片"5 个督学责任区。每个责任区设首席责任督学 1 名、专兼职责任督学 4~6 名,人均挂牌督导 3~5 所中小学校、幼

儿园。

一是强化经费保障。每个督学责任区独立办公，投入50万元进行督学责任区基本建设。区财政每年预算安排22万元专项经费，作为督学责任区工作经费。在奖励性工资待遇方面，首席督学参比校长，专职责任督学参比书记。

二是突出片区特色。五个督学责任区自成立以来，不断总结提炼自己的督导工作经验，逐步形成片区督导工作特色，凸显责任区文化。例如，中学片督学责任区提出"绿色督导"理念，实现"无纸化"办公；城区小学片秉承"协同、融合、创新"理念，打造优质督导品牌；城郊小学片尝试"联动督导"模式，抓好"校内督导开放日"；农村小学片积极探索"治理+自理"双轮驱动督导模式；学前教育片针对"入园难""入园贵"，实施"夯基督导"。

三是加强督导研究。全区积极探索区域推进教育督导的有效形式，努力在科研提升、内涵发展上做文章。依托三级督学网络创建"学校发展共同体"，召开反馈交流会，举办沙龙活动，逐步实现校际优势互补、资源共享，促进学校管理提高效能。

3.以"N"为抓手，全面做实校内督导

学校督导的工作理念是"以校为本"和"按需督导"，其价值意义在于打通教育督导"最后一公里"。

一是做强基础。学校督导室设主任1名，由区教督办聘任学校党支部书记担任，学校督导专干1~2名，可根据需要组建多元化的校内视导员队伍。

二是规范运行。出台《学校督导室建设和管理若干规定》，明确学校督导室是在区教督办和校长领导下，对学校常规管理以及教学秩序、教学水平、教学质量等进行检查、监督和评估工作的常设组织。做到"日督导、周反馈、月报告"，配合学校行政抓实常规工作、做好重点工作、促成特色工作。

三是确保实效。印发《学校督导室工作职能及考核办法》，将督导结果纳入学校目标管理考评。

实践表明，学校督导不仅在学校发展中发挥了积极作用，也同步形成校本化督导模式。例如，七中的"三事三督三报四确保"工作模式（看问查谈，事先导、事中督、事后评；指导反馈，督教育、督教学、督管理；督导简报，报校长、报行政、报片区；确保督导工作独立地位，确保督导工作有效开展，确保督导工作职能发挥，确保督导工作指导有力）；南方一小"问题导向，主题督导，助力学校发展"模式；何家坳小学"一报二会三查四建议"模式等。区学校督导的典型经验多次在全省学校内部督导建设现场会推广。

（二）加强队伍建设，提升督学工作水平

探索建立责任督学"择优选聘、在岗培养、提拔任命（校长岗位）"工作机制，确保督学队伍专职化、专业化、年龄结构合理化，全区督导队伍已达 260 余人。

1. 在人员配备上，突出一个"强"字

在督学配备上突出"三必三要"：必须是区级以上骨干教师，学科素养要高；必须从在职校级领导、中层干部和教研人员中遴选，管理经验要强；必须乐于精于督导工作，督导业务要专。强调督学团队标准：人员构成多样化、年龄结构合理化、专业学科互补化、人际关系协同化。目前全区 5 名首席责任督学均从校（园）长、书记中产生；9 名专职责任督学、26 名兼职责任督学均由政府干部、市区级学科带头人、教研员、退居二线的管理人员等构成，涵盖各职能部门、中小学各学科及年龄段，最大年龄 61 岁，最小的是 90 后教师，平均年龄 44 岁。

2. 在专业培训上，突出一个"专"字

建立健全岗前培训制度，对培训合格者发放聘书，颁证上岗；建立健全岗中培训制度，特邀省市督学、教育教学、安全应急等方面专家进行专题培训，从政策性文件的学习到督导经验的推介交流，做实岗位提升；建立健全拓展训练机制，注重网络技术和新政策法规的学习与落实，组织督学赴上海、大连、西安、重庆等地考察学习，确保教育督导工作始终站在时代的

前沿。

3. 在队伍管理上，突出一个"严"字

依据《芦淞区督学责任区和责任督学履职考核办法》，区考核片、片考核校，区督导室和首席督学协同考核责任督学，总督学考核区督导室人员，做到考核评估全覆盖。依据《芦淞区责任督学选拔培育与择优任命实施办法》，完善督导队伍进出机制。从干部教师中择优选拔责任督学，进行有针对性的在岗培训，经综合考核合格者可任命校长岗位，对无法履职或违反工作纪律的责任督学予以解聘。

（三）创新督导方式，增强督学工作实效

不断创新改进督导方式，通过"互联网+"赋能实现"督导可视化"，建立"督导快速反应机制"，防患于未然，实行目标管理考核发展性评价，提高教育督导的针对性和实效性。

1. "互联网+"赋能，让"督导工作可视化"

全区推行全流程网络化办公，借助"督导小程序"和"企业微信"两个平台，实现全区督导一盘棋，全流程网络化、可视化、智能化。研发微信小程序，实时呈现三级督导工作的反馈、评分、整改等环节。利用网络平台开发教师、学生、家长满意度调查问卷，使用大样本问卷调研手段及时掌握教育热点难点问题，为精准服务提供决策依据。

2. "快反机制"聚能，让"督导发展一体化"

针对目前涉校突发事件抬头趋势，全区提前布局创建"督导快速反应机制"，编制分类应急预案，力求遇事提前介入，防患于未然。

例如，2021年5月，区某校督导室主任通过网络发现近期食品安全问题频发，决定对该校食堂进行突击督查。某日早上8点，他带领校内视导员到食堂进行检查；发现食堂留样存在不全问题，四种包子仅留样一种，当即要求食堂停售未留样食物，通过手机在网络平台上报问题。根据芦淞区编制的食品安全问题应急预案，15分钟内中学片督学责任区首席督学可通过平台接收信息并启动"食安快反预案"，中学片各学校立即自查

并将问题上报；30 分钟内区教督办工作人员可接收到中学片自查问题汇总并启动"食安重大事件紧急预案"，要求五个督学责任区全部自查食品留样问题，并将问题上报区教育督导办；60 分钟内，五个督学责任区可将各校自查食堂情况汇总并通过平台上报区教督办。11 点，区教育局总督学约谈该校食堂承包人，并协同食品安全负责部门对相关问题进行处理。

3. "目标管理考核"储能，让"督导内涵自主化"

通过梳理、统筹业务部门考评、检查、督促职能，建立由区教督办牵头，各部门共同参与的"融合协作型"督评体系，变"单一分散评价"为"多元融合评价"。根据教育部《义务教育质量评价指南》，区创建学校目标化管理年度考核机制，建立以学校为主体、业务股室为主导、督学责任片为保障的目标导向机制，将"因校立标"与"依规打样"作为技术路径，实施"一校一策"发展性评估。学校目标化管理考核结果是校长、书记及中层干部任免、职务晋升的重要依据。

三　三级督学网络体系成效

芦淞区"1+5+N"三级督学围绕政府教育工作中心，深入中小学校察实情、说实话、谋实招、办实事，在改善办学条件、依法治校、推动芦淞教育现代化建设等方面谱写了新的篇章。

（一）促进政府履职尽责

"1+5+N"督学体系运行以来，有效延伸了政府和教育行政部门的管理视角和触角，架起了政府、学校、社会的"连心桥"。区教督办先后向区政府和教育局提交关于解决学位不足建新校、化解大班额、提高教师待遇、开展学校周边环境综合治理、加快标准化学校建设等建议，均得到落实。2017 年以来，累计投资 20 亿元建成 4 所中小学校，提供 8640 个义务教育学位，有效缓解了主城区学位紧张的压力。2018 年成功消除 56 个大班额。经督学建议，芦

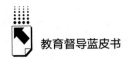

淞区成功开通 T25 路公交车直达农村学校，解决了沿线农村孩子上学交通问题。全体督学有效落实防溺水专项督查，五年来芦淞区学生溺亡人数为"0"。

（二）促进学校依法治教

区教督办对涉及教育的有关法规政策和改革热点进行梳理研究，每年编印"芦淞区教育督导工作指导手册"，所有责任督学、校长、学校督导室主任人手一册，做到照章办事，用制度管权、管人、管事、管物，全力推进依法治教和改革兴校，并以此引导全区各校建立科学的发展性评价机制，制定长期规划和年度发展目标，教育治理的能力和实效得到极大增强。教育部将"五项管理"列为督导"一号工程"后，芦淞区实行三级联动，主题化实施、片区化运作、分阶段推进，反复督，督反复。先后 5 次深入全区 37 所中小学校和 39 所学科类培训机构开展"五项管理"主题督导。督导发现并指出 705 个问题，责任督学共发出督导意见书 83 份，区教督办累计约谈 5 人次，促使各类学校认真落实"五项管理"工作。在督"双减"政策执行情况时，开展校外培训机构"整治规范月"专项行动，对 186 家校外培训机构进行现场督查，下发整改通知书 45 张，停止办学通知书 30 张，促使各类学校对"学生减负"认识更加深刻、办学行为更加规范。

（三）促进教育全面发展

在督导工作中，责任督学将"诊"问题、"督"规范、"导"方向、"教"方法有机联动，为学校发展把脉会诊、出谋划策。学校内部督导的实践经验表明，在学校内部建立督导机制是可行且有效的，它将"督学"落到实处，变重"结果"为重"过程"，教育指导效果明显。利用"学校发展共同体"形成"优质校为核心—带动一般校—捆绑农村校"的结对帮扶、覆盖所有学校的链条式督导网络，有力地缩小了城乡之间、校际的差距，全区各中小学校形成了一校一品、各具特色、百花齐放的大好格局。双牌小学曾经是一所条件弱、质量差、党支部软弱涣散的乡村学校，生源一度萎缩严重。2016 年该校新生仅有 14 名。何家坳小学与双牌小学组建发展共同体后，选聘何家坳小学副校长到双牌小学任校长，选派何家坳小学中层干部和骨干教师到双牌小学支教，实现管理、师资、设备等优质教育资源的共享。2018年该校一年级新生增至36人，2019年增至54人，家长放鞭炮庆祝共同体办学为双牌小学带来翻天覆地的变化。芦淞区自2020年实施"最美村小"督导评估，通过开展学校所在村镇、社区负责人和周边群众的问卷调查，2020年满意度为92.7%，2021年满意度为95.9%，群众对教育的认可度和满意度持续攀升，芦淞区真正办好了老百姓家门口的学校。

四　三级督学网络体系的提升

芦淞区通过构建"1+5+N"三级督学网络体系，打通了教育督导"最后一公里"，在探索实践中积累了经验，取得了实效；但仍旧面临一些问题，需要进一步摸索对策。

一是督导委员会成员单位作用发挥不够。由于行政机关干部的岗位调动，督导委员会成员更换频繁，成员单位对教育督导职能及其作用的认识不足，虽定期参与研究区教育督导工作，审议教育督导的重大事项，但履职尽责不够积极主动。从成员单位遴选了解教育且资深的行政干部担任委员会成员，能更好地规避因岗位变动造成频繁换人的局面。另外，进一步明确各成员单位职责并建立定期履行教育职责述职制度，能有效加强成员单位之间的信息互通、监督互动，有助于形成统一协调、分工负责、齐抓共管的"大教育督导工作格局"。

二是责任区督学专业发展水平还有待提升。目前，芦淞区5个督学责任区的发展水平不够均衡，究其原因在于督学队伍专业素质的缺陷，如对心理学等相关理论和数据统计软件操作不熟悉，部分督学不善于总结和提炼工作经验，没有把一些好的做法及时总结并升华为行动的指导经验等。要探索构建更加有效的督学遴选机制和培养机制，把更优秀、更专业的管理干部和教师遴选到督学队伍中，进一步强化"择优选聘、在岗培养、提拔任命"工作机制。加强责任督学对党的教育方针政策的学习领会，以此检视学校办学

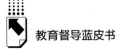

行为，为学校可持续发展问诊把脉、保驾护航。只有督学水平更高，督导作用更大，督导才会更权威。

三是学校内部督导工作成效还有待加强。通过学校内部督导发挥其推动学校高质量发展的保障性地位和价值没有得到全面认同，距离运转高效还存在差距。打通"最后一公里"后，如何建设和使用好这"最后一公里"，还需要进一步深化改革。下一步，应当加强深化学校内部督导建设的工作指导，让学校督导室在检查指导、反思提炼和督导改进中形成工作闭环，驱动学校高质量发展。有重点地推动部分学校积极开展实践探索，通过打造更有水平的学校内部督导"样板室"形成典型范例，整理提炼内部督导经验，定期开放推介。

B.17
加强督导队伍建设，增强教育督导实效

——以河北省任丘市为例

河北省任丘市人民政府教育督导委员会

摘　要：　为贯彻落实《教育督导条例》和《关于深化新时代教育督导体制机制改革的意见》关于督导队伍建设的要求，河北省沧州任丘市加强领导、完善督学制度，严格遴选、确保督学水平，集中培训、提高督学素养，明确要求、规范督学管理，积极反馈、巩固督学成果，落实政策、保障督导条件，着力推进督学素质不断提高、督导队伍不断壮大，有效保证了学校健康发展和教育方针的贯彻落实。

关键词：　督导队伍　教育督导　督学专业化　河北省任丘市

一　案例背景

中共中央办公厅、国务院办公厅印发《关于深化新时代教育督导体制机制改革的意见》，明确完善督学责任区制度，落实常态督导。《教育督导条例》明确规定县级人民政府督导机构要建立督学责任区制度，指派督学对学校教育教学工作实施经常性督导。教育部印发的《教育部关于加强督学责任区建设的意见》，进一步明确了责任督学的任务和工作要求。为贯彻落实条例有关规定及意见的精神，需要对责任督学经常性督导工作作出进一步规定，确保这项工作规范有效开展。

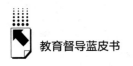

二 任丘市责任督学建设情况

（一）加强领导，完善督学制度

2021 年 11 月 18 日，中共任丘市委办公室、任丘市人民政府印发了《任丘市深化新时代教育督导体制机制改革工作落实方案》，设立任丘市人民政府教育督导委员会，作为市政府的议事协调机构。市政府教育督导委员会主任由分管教育工作的副市长担任，副主任由市政府协助分管教育工作的办公室副主任和市教育体育局局长担任，专职副主任由市教育体育局总督学担任。市政府教育督导委员会下设办公室，办公室设在任丘市教育体育局督导室，督导室成立责任督学挂牌督导工作领导小组，负责责任督学工作的具体实施，并先后出台了《任丘市教育体育局关于建立学校管理及教学质量督导评价机制的意见》《中小学校责任督学工作守则》《任丘市中小学校责任督学挂牌督导实施方案》《中小学校责任督学挂牌督导规程》等教育督导文件，切实把责任督学挂牌督导工作列入重点工作范畴。

（二）严格遴选，确保督学水平

1. 督学聘任

市人民政府教育督导室为县域内每所中小学校聘任 1 名专（兼）职责任督学，对责任督学进行岗前培训，合格者颁发聘书，并签订"责任督学履职责任书"。责任督学聘任后立即报人民政府教育督导室备案。根据区域就近原则进行责任区划分，共划分成 17 个责任区，每个责任区由 1 名责任督学负责。

2. 选拔范围

从品行高尚、业务精良、身体健康的退休教育干部、校长、教师、专家中选配兼职督学从事教育督导规范评选工作。

3. 选拔办法

责任督学的推荐、考察、选拔、聘任等环节严格按程序实施、用标准衡量。对照《教育督导条例》规定的条件，按照"专兼职结合、老中青结合、各学科平衡、各学段兼顾"的原则，面向全市择优选聘专兼职督学，专职督学涵盖教育行政、学科教研、学校管理等各个领域，兼职督学由教育界有名望的人士及人大代表、政协委员担任。坚持每三年进行一次系统考核，根据考核成绩和工作需要对督学进行退出和增选。

（三）集中培训，提高督学素养

1. 注重业务培养

督导工作政策性、专业性强，涉及面广，需要督学在学校管理、学科教学等方面具备精湛的督导业务才能。这就要求督学不断学习，因此在培训中对督学的业务训练是必需的。任丘市研究制订相关责任督学全员培训规划和年度培训计划，积极选派优秀督学去参加国家教育行政学院举办的全国督学培训班，同时针对教育均衡发展、履职评价、开学安全工作、招生考试、教育教学等各项常规工作，通过国培计划对督学进行有计划的培训。除学习相关督导政策和理论外，安排督学至少参与一次综合、专项督导实训，通过参与现场观摩实践和优秀督学的"传、帮、带"，不断提高督学的能力水平。

2. 注重作风培养

督学过硬的工作作风是开展有效督导的有力保障。如果督学没有过硬的工作作风，不严于律己，不树立良好的形象，不但起不到督导的作用，还会干扰学校正常的教育教学秩序。教育督导的本质不是为了评价优劣，而是为了改进和发展。督导评价的过程实际上就是帮助被评估者发现问题、找到解决问题的对策。所以，督学应该有一种责任感和使命感，把学校、师生、家长的困难放在心头，在自己力所能及的范围内解决和反映问题。督学要廉洁自律，具备求真务实的工作作风，在实施督导时做到公平公正。同时，要增强服务意识，把学校的困难、家长的呼声、师生的疾苦放在心上，积极为学

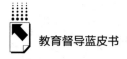
校和师生排忧解难。督学只有在督导过程中树立良好的自身形象，才能赢得被督导单位的信任和尊重，形成较高的社会声誉。

（四）明确要求，规范督学管理

1. 公示督导

全市从 2014 年 12 月起开始建立教育督导责任区督学公示制度并悬挂公示牌。全市所有学校校门口的醒目位置悬挂"教育督导责任区督学公示牌"，公示市督导室办公室电话、责任区督学的姓名和联系电话、责任区学校名称和责任区督学主要职责，便于收集意见和建议、加强监督和指导、督促问题的整改，自觉接受社会的监督。督导室将定期通过任丘教体局微信公众号发布相关督导评估报告，让全社会了解教育进展、存在的主要问题以及改进措施，并接受群众监督。

2. 考核督导

每一学期对责任督学工作情况进行考核。根据《任丘市责任督学考核细则》，每年度对责任督学履职情况进行考核，并将责任督学的考核情况表放入责任督学档案。对考核优秀的责任督学给予表彰和奖励，对考核不称职的责任督学予以免职或解聘。

3. 规范督导

责任督学遵循督导工作程序，出示责任督学证，依法依规了解情况，认真填写督导记录，向被督导中小学校反馈相关督导意见，对督导中发现的突出问题提出整改意见，限期对被督导中小学校整改情况进行回访督导。每年以书面形式向市人民政府教育督导室呈交督导报告。

4. 调研督导

责任督学深入学校，通过课堂教学观摩、实地察看、参加教研组活动、抽查学生实验、问卷调查、师生座谈等多种形式，协助学校彻底排查问题，把握发展瓶颈。在责任区内甚至区际加强观察、交流、学习，为自己学校的发展出谋划策，积极寻找宝贵经验。

5.联合督导

坚持常规督导和重点督导相结合、分散督导和集中督导相结合、个人督导和组队督导相结合，最终发现学校存在的问题，提出解决的方案。责任督学可以邀请兄弟责任区督学到学校督导，还可以跨行政区邀请其他专家集体到学校督导。通过扩大范围，集中时间，服务上门，开展有针对性的"专家集体会诊"，为学校进一步发展服务。

6.依法督导

督学必须客观公正、廉洁自律。不得接受被督导中小学校吃请和礼物，不得接受被督导中小学校安排的娱乐活动或旅游项目，不得在被督导中小学校领取和报销任何费用，不得实施与责任督学职责与身份不符的行为，不得私自公开需要依法保密或暂未公开的学校和相关个人信息。

7.问责督导

十次督导不如一次问责，让督导"长牙齿"真正落地，必须健全教育督导的问责机制。对落实党中央、国务院教育决策和各级党委、政府教育决策部署不力、违反教育法律法规、履行教育职责不到位、对教育督导发现问题整改不彻底的单位和负责人进行约谈和问责。对市政府教育督导委员会相关成员单位、乡镇（街道、开发区）的约谈和问责，由市政府教育督导委员会办公室提出意见，经市政府教育督导委员会同意，报市委教育工作领导小组审定，由市政府教育督导委员会、市委组织部及与督导事项相关部门联合开展。对学校的约谈和问责，由市政府教育督导委员会办公室与市教育体育局联合开展。约谈要形成书面记录并报送被督导单位所在地党委、政府以及其上级主管部门备案，作为被约谈单位及其相关负责人政绩和绩效考核的重要依据。问责和处理结果要及时向社会公布。

（五）积极反馈，巩固督学成果

建立并实施责任督学挂牌督导制度，绝不是临时性工作、突击性任务，更不是权宜之计。对实现教育均衡发展、促进教育公平来讲，它是一项打基础、管长远的工作。

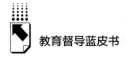

1.开展"八个一"自主随机督导活动

责任督学对负责的每所学校实施经常性督导，每月巡视1次校园、与校长师生及家长有1次沟通交流、深入课堂听评1次课；每学期召开1次师生座谈会、进行1次师生问卷调查、开展1次对学校工作的综合反馈；向市政府督导室提1次建议；每学期至少写1篇调研论文。

2.开展征文活动

组织开展第九届、第十届中小学校（幼儿园）责任督学挂牌督导典型案例暨素质教育优秀论文征文活动，收到论文（案例）165篇，32篇被评为优秀论文（案例）。通过案例、论文分析，总结经验，为教育督导决策提供了参考。

（六）落实政策，保障督导条件

1.制度保障

建立完善督导评估制度和评估指标体系，建立健全义务教育均衡发展监测制度，建立健全责任督学挂牌督导制度、奖惩制度及督导评估结果公告制度等，保障督导工作的贯彻落实，提高教育督导质量和效益。

2.经费保障

为责任督学提供必要的办公条件，任丘市政府将教育督导工作经费20万元纳入市本级财政预算，解决必要的交通工具费用和工作必需条件费用，充分调动责任区督学的工作积极性。

3.政策保障

各部门要对督学工作提供人力资源和智力支持。督学责任区面广、量大，督学人员全部由督导系统内部人员组成显然是远远不够的，因此，教研部门、机关处室、学校要大力支持。所有中小学校要积极协助配合责任督学开展督查工作，主动汇报工作，如实反映情况。教育行政部门要及时了解责任督学工作，定期召开责任区督学会议，认真研究责任区督学总结的经验和反映的问题与建议。在培训、职务晋升、评优评先等方面加大对优秀督学的支持和政策倾斜力度。

三 任丘市责任督学建设成效

（一）形成教育督导新格局

教育督导委员会成员单位共有 25 个部门，建立了日常沟通机制，增强了部门联动的协调能力。督学素质不断提高，队伍不断扩大，督学队伍规模为 125 人。

（二）教育督导成为新常态

督导工作常态化、制度化、规范化得到较好的落实，有效保证了学校健康发展和教育方针的贯彻落实。如"双减"、五项管理工作、疫情防控、义务教育阶段学校规范招生、学校安全工作等内容均被纳入日常督导范围，并成为一种常态。基础教育办学气象焕然一新。

（三）创新方式成为新亮点

任丘市责任督学挂牌督导工作扎实、实效显著，形成了具有任丘特色的责任督学挂牌督导工作经验。2016 年至今，解决实际问题 340 个，上报批转办疑难问题 45 个。"督学持证进校园""26 名机关干部下基层任督学""任丘设立学校管理教育质量监测评价机制""以督导评价促均衡发展""任丘市管评办分离教育督导机制见成效"等先进做法先后被"河北日报新闻网"、《河北教育》、《中国教育报》、《中国教师报》等媒体推广。

四 任丘市责任督学发展方向

2014 年，任丘市通过国家义务教育均衡发展认定，成为沧州市首批义务教育基本均衡发展县市。2018 年，任丘市顺利通过河北省对县级人民政府履行教育职责的评价，并作为成绩优秀县市在全省通报表彰。但任丘市在

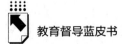

队伍结构、管理机制、督导业务专业性等方面也存在一些问题。如，个别督学责任区主任年龄偏大、责任督学的指导工作还有待提高等。需要努力的方向如下。

一是强化督导地位。教育督导是教育管理的重要组成部分，是实施依法治教的重要环节，是保障教育改革发展的重要手段。根据国务院《教育督导条例》"县级以上地方人民政府负责教育督导的机构在本级人民政府领导下独立行使督导职能"的要求，要进一步明确教育督导工作对于教育发展和改革的重要意义与地位，落实教育督导的法定地位。

二是优化督导队伍结构。建立一支具有专业素质、能力过硬、素养较高的督学队伍，为学校教育教学评估提供更专业、更科学、更高效的服务。在督导过程中，根据学科结构、年龄结构等合理配备专兼职督学，以保证督导工作全面开展。

三是加强督导业务培训。教育督导是一项专业性很强的工作，要加大力度，通过远程培训、督学研修、专题讲座等多种形式，不断提高督导队伍专业化水平，以适应督导工作的需要。同时要强化责任督学的职业道德教育，使其对督学工作充满热爱和奉献精神。

四是强化"督"与"导"并重。教育督导是"指挥棒"，既有"督"的作用，又要有"导"的职能。"督"与"导"是相互促进的关系，责任督学与校长、教师之间应是平等、合作、信任的关系，在工作中要讲究方式方法，做到督要严格、导要得法。

B.18
陕西省学校督导评估"316工程"创新案例

刘白燕　吴积军　郭晓华*

摘　要： 为全面贯彻落实《国家中长期教育改革和发展规划纲要（2010—2020 年）》《教育督导条例》《深化新时代教育评价改革总体方案》《关于深化新时代教育督导体制机制改革的意见》等文件精神，加强对学校督导评估，陕西省立足陕西实际，从 2009 年起组织实施了"陕西省学校督导评估 316 工程"，目前共开展了 3 轮，2022 年即将组织开展第四轮。通过 12 年的学校督导评估，实现了督导范围全纳性、督导机制联动性、督导目标促进性、督导程序闭环性和督导结果激励性，进一步落实政府职责，改善办学条件，促进县级督导室自身建设，培养锻炼一批督学，规范办学行为，推进实施素质教育，提升教育教学质量，促进一大批省市两级优秀学校和优秀校（园）长不断涌现，促进学生全面发展，为办好人民满意教育发挥了督导的助推"利器"作用。

关键词： "316 工程"　督导评估　素质教育

---

* 刘白燕，国家特约教育督导员，国家语委语言文字督导专家，陕西省政府教育副总督学，省政府教育督导委员会办公室主任，主要研究方向为教育督导评估政策与实践；吴积军，国家特约教育督导员，教育部师范类认证专家，陕西省教育科学研究院党总支书记，副院长，省教育学会副会长，陕西省特级教师，正高级教师，主要研究方向为中小学评价；郭晓华，陕西省西安市长安区教育督导室干部，高级教师，陕西省教学能手，主要研究方向为中小学教学评价。

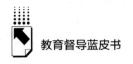

一 "316工程"提出背景

2007年,陕西省率先在西部地区全面实现"两基"目标,陕西省义务教育普及程度、学校管理水平和教育教学质量大幅提高,中小学办学条件发生了巨大变化,普通高中教育、中等职业教育、学前教育也取得了长足发展。但是,义务教育控辍保学、布局调整和均衡发展的任务仍然十分艰巨;大班额、择校热、不规范办学等现象还没有得到根本性扭转;一些地方和学校应试教育倾向还比较严重;教师队伍结构有待进一步优化;一些中等职业学校的专业特色不鲜明,实训条件薄弱,"双师型"教师严重不足;学前教育的办园条件相对薄弱。提升办学水平、巩固"两基"成果、推行素质教育成为学校教育改革发展的新目标和新任务。

为健全教育督导体系和学校督导制度,建立全省"督学"工作的长效机制,使各级政府教育督导机构推进教育改革发展有载体、督学视导工作有抓手,实现以评估促管理、以评估促建设、以评估促发展的督导目标,经反复研究,省教督办决定从2009年起开展陕西省学校督导评估"316工程"(对全省18000所中等及中等以下学校、幼儿园,每3年为1轮,每年督导评估6000所)。

评估范围包括全省中等及中等以下学校。实现"两个全覆盖",覆盖每一所幼儿园(含附设幼儿班)、小学(含农村教学点)、初中、普通高中、中等职业学校等;覆盖学校工作的各个方面。2009~2021年,陕西共实施了3轮。依据不同时期全省教育领域的重点任务和中等及中等以下学校不同的历史发展阶段,研究确定了3个督导评估主题,其中,2009~2011年为第1轮,名称为"陕西省学校发展水平督导";2013~2015年为第2轮,名称为"陕西省素质教育督导评估316工程";2018~2020年为第3轮,名称为"陕西省教育质量提升316工程";统称为"陕西省学校督导评估316工程"(以下简称"316工程")。

二 "316工程"的特点

"316工程"以党和国家的教育方针政策为指导，以督导评估学校为载体，在深入学习文件、广泛调研、扎实研讨、广征意见、试评督评的基础上，设定全纳、科学的评估内容，明确对省市县教育行政部门、督导机构和学校的评价职责、评价程序、评价时间，运用多种评价方式，加强结果运用，助推方针政策落地落实。

（一）形成了明确的督导评估目标与原则

围绕加快教育现代化和办好人民满意教育的目标，坚持"五个结合"的原则，一是静态现状认可与动态发展评价相结合；二是终端结果认可与过程考察相结合；三是定量测评与定性分析相结合；四是前期过程督导、集中评估、回访督导与责任督学随访指导相结合；五是自查评估与市、县（区）交叉评估相结合。引导各级教育部门和学校落实党的教育方针，注重内涵发展，不断提升教育教学质量和管理水平；注重培养学生核心素养，促进学生健康成长、全面发展，尤其关注学生思想品德、创新能力、动手能力和审美情感等非智力因素；逐步完善学校督导评估制度和教育质量评估监测机制，不断提升督导机构和督学队伍的专业水平。

（二）提出了清晰的督导评估职责分工

"316工程"是省、市、县三级教育督导机构的共同任务，实行分级负责。省教督办负责统筹协调，宏观指导，制定实施方案和评估标准，组织培训；对各市实施情况进行督导检查；宣传推广先进典型和经验；负责对厅属中小学校进行督导评估；向国务院教育督导委员会办公室、教育部和省政府汇报督导评估情况。市级教育督导机构负责对市属中小学校进行督导评估，统筹指导全市高中阶段学校督导评估工作；对所辖县（区）的实施情况进行督导检查和评估验收。县级教育督导机构负责对县属中小学校进行督导评

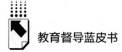

估。对乡村小规模非完全小学和教学点，以及因新建学校招生年级建制不全或因教育资源优化整合中拟撤并的学校，参考《农村小规模完全小学、非完全小学、教学点办学条件说明》等进行专项督导检查，确保学校安全、基本的办学条件和正常的教育教学秩序。

（三）创设了科学的督导评估指标

"316工程"旨在监督指导市县政府、有关部门和学校把教育资源配置和学校重点工作逐步集中到强化教学环节、提高教育质量上来，建立以质量为导向的管理制度和工作机制，促进学生健康成长、全面发展，建立了覆盖学前、小学、初中、普通高中、中职学校等的全纳性指标体系①。骨干指标包括办学方向、教师队伍、条件保障、教育信息化、教育教学改革、学生综合素养、办学成效等7个方面。

（四）建构了规范的督导评估程序

第一步，自评自诊。由学校依据教育法律法规和政策规定，对照评估标准，自我评价、自我改进，于每年第一季度向市、县（区）教育督导机构报送自评报告和整改计划。

第二步，前期过程督导。督导机构派出督学，针对学校存在的主要问题，指导学校整改。

第三步，正式督评。①印发通知书，并在正式评估前10天向社会公告督评的主要内容，广泛征求群众意见。②审阅自评报告。③制定评估方案，听取责任督学汇报；核对被评估学校第二轮"316工程"督评问题台账整改结果；制定督导评估方案。④实地督评，根据学校规模和评估组规模，实地核查学校时间保证在1～1.5天（详见下文评估手段）。⑤召开反馈会议，成绩谈足，问题说准，建议中肯，并提供存在问题记录单。⑥督评结束后15

---

① 详见《关于印发〈陕西省教育质量提升督导评估316工程幼儿园小学初中普通高中中等职业学校指标体系〉的通知》（陕教规范〔2018〕1号）。

天内，印发评估报告和督导意见书。针对存在问题给学校及其举办者印发督导意见书，提出问题整改时限和措施。

第四步，回访督导。根据督导意见书确定的整改时限，组织督学对整改情况进行跟踪检查。

第五步，结果运用。对学校的督评结果分优秀、良好、合格、不合格四个等次。各市、县（区）每年通报督导评估结果，并从优秀等次的学校中选拔成效显著的学校，向上一级教育督导机构推荐。其中，各市每年推荐申报数量控制在当年督评总数的 2%~3%。省教育厅、省教督办每年评估认定一批能够发挥好典型引领作用的省级"316工程"优秀学校。

（五）综合运用多种督导评估手段

通过听（听取学校自评报告、听取校长治校方略演讲、深入课堂随机听课）、查（查阅学校各类档案资料）、看（查看学校校容校貌、室部陈列与管理、学校学生一日常规等）、问（汇报会督学现场质询，评估中对部分学生、教师、家长进行问卷调查）、测（对教师进行教育法律法规知识、现代教育理论、现代教育技术、专业知识等方面测试）全面掌握学校工作（见图1）。科学设计督导评估操作问卷调查表、课堂教学评价表、听课情况统计表、整体评价表、办学条件改善表等13种评估用表，为规范评估、科学评价奠定了基础。

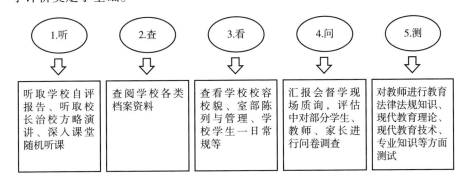

图1 督导评估手段

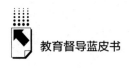

三 "316工程"成效

"316工程"以学校督导评估和质量评价工作为抓手，能够直面一线的发展困境，打通教育"最后一公里"，督促问题有效解决，得到了地方党委政府的大力支持、各级各方的积极配合、基层学校的一致好评。

（一）落实了政府责任，办学条件进一步改善

各级政府和教育行政部门高度重视"316工程"督导评估中发现的问题，及时调整学校建设方案，围绕评估中提出的办学条件差距做规划，将建设资金向薄弱学校倾斜。各学校以"316工程"评估为契机，多措并举、千方百计筹措和争取资金改善办学条件。所有经过督导评估的学校，均按照标准整改，加大了办学条件的改善和内配设施的添置，使办学条件基本达到指标体系的要求。

（二）促进了县级督导室自身建设

根据决策、执行、监督相协调的原则和"以县为主"的管理体制，实施"316工程"，进一步推动了学校管理重心的下移，强化了市、县政府以及教育行政部门对学校管理的责任和政府教育督导机构的监督职能。过去督导室工作单一，被各级各部门看作"安置单位"，一年到头，做不了几件事。现在按照省、市教育督导部门的安排，实施"316工程"工作量大面广，给督导室压担子，县政府更加重视，想方设法给督导室解决人员配备和经费问题，印证了"有为才有位"的思想，使督导室真正成了县政府教育决策的参谋。

（三）培养锻炼了一批督学

"316工程"指标体系专业性、综合性、指导性很强，督学们在评估中边学边干边探索，对教育发展的思路越来越清晰，对全县的教育工作了如指

掌,对学校的管理与指导能力不断提高,深受学校的欢迎和爱戴。各地"316工程"评估组均制定了《督导工作制度》,严明了工作纪律。评估组每到一个学校,实地走访、望闻问切、上下互动、集体会诊、共建共育,全方位立体式采集最真实、最有价值的信息。督学们本着"学习交流、调研谏言"两种态度;把握"真帮不添乱、评教不扰教、推车不驾辕"三个原则;遵循谨言慎行,公平公正,不扰教、不扰师、不扰生、不接受宴请的行为准则,不拿礼品和馈赠。反馈问题时,当着本级政府及教育局领导的面,都能针对实际,不避情面,为学校说话,为师生说话,为学校的发展建言献策。通过评估,为学校进一步发展指明了方向、厘清了思路,使督导室及督学在县区领导和教师心中的地位与日俱增,以过硬的作风确立了教育督导的严肃性、公正性和权威性。

(四)规范了办学行为,推进了素质教育的实施

全面推进素质教育,全面提高教育教学质量,是实施"316工程"的出发点和落脚点。市县督导机构按照"以评促管理、以评促建设、以评促发展"的指导思想,强化了对学校内涵发展的督导评估。凡是评估过的学校、幼儿园,均能对照"316工程"指标体系关于办学方向的要求,认真学习教育法律法规,端正办学指导思想,制定切实可行的学校发展规划,明确学校的定位和办学思路,落实素质教育战略主题,规范办学行为,注重对学生思想道德素质、创新精神和实践能力的培养,以及对传统美德的教育和文化素养的熏陶,促进学生全面发展。通过"316工程"督导评估,各学校不仅较好落实了学困生和留守儿童扶助计划,严格落实了保学控辍责任制,而且对学校的管理制度全面整理、修订,尤其是对教师和学生的评价机制也有了创新,改变了单纯以考试成绩定奖惩的评价机制。

(五)促进教育教学质量提高

各市、县区组织督学、教育科研人员和优秀的专家型校长园长,开展督导评估工作。通过听课、实地查看校园环境、了解办学条件及召开家长、教

师、学生座谈会等方式，全面了解学校的发展历程和进步、提高、变化的幅度，现场指导校长和教师，帮助学校厘清了发展思路、明确了发展的定位和目标，给学校开出一个符合实际的、怎么发展的"药方"，使学校进一步提高管理水平，加强教育科研，推进课程改革，建立全面提高教育质量的长效机制。在县区评估的基础上，在"316工程"优秀等次的学校中，市级督导机构评估认定市级素质教育优秀学校。在市级优秀学校的基础上，省级每年评估认定一批省级优秀学校，并以省教育厅、省政府教育督导委员会办公室名义发文公布。这些学校都在当地发挥了很好的骨干带动作用。

（六）更新了教育教学理念，推动了学校规范化和精细化管理

"316工程"的督导评估，是对学校的一次全面体检。通过督导评估，各学校高度重视制度建设，结合自身特点制定办学章程，修订和完善各项管理制度，注重教育教学各环节的过程管理和精细化管理，提高了依法治校、依法治教水平。在过程督导中，各级督学帮助学校对所有档案进行了认真整理，使学校的档案管理门类齐全，更趋完善。通过深入课堂听课，开展师生、家长的调查问卷，听取社会各界意见，促进学校和教学方式的转变，使学校管理更加科学规范。在开展评估活动中，不仅注重学校的办学条件和师资队伍建设，而且对学校的内涵发展也给予了高度关注。每评估一所学校，要依据学校的特点和实际情况，帮助学校分析总结、提炼升华，鼓励学校开发校本教材，使部分学校的课程体系更加符合课改要求，教师的备课更加体现"三维"教学目标。注重写教学反思，有的教师甚至针对学生个案进行备课，教师教学理念发生了深刻变化，专业化水平和执教能力明显提高。校长和领导班子的办学理念也发生变化，相继提出了符合自身特点的校训校风。

"316工程"连续12年被列入陕西省教育厅年度工作计划，成为陕西省创新实践的教育督导特色品牌工程，并于2011年被《中国教育报》等新闻媒体授予全国教育改革创新奖优秀奖。

四 "316工程"启示

（一）要将"316工程"和其他专项督导检查相结合

市、县两级教育督导机构要将学校办学条件、教育经费、校长教师队伍建设、教学管理、教育质量、安全、卫生等专项检查内容尽可能多地纳入"316工程"指标体系。结合"316工程"对学校进行综合评估诊断，使督导检查科学化、规范化，做到既能减轻学校负担又能发挥督导效能。督学工作要重在帮助学校"诊断、改进、提升"，使学校真正能够从检查评估中受益。

（二）要将学校自查整改和督导机构督导评估相结合

学校自查整改是"316工程"督导评估的起点和基础。学校不能讳疾忌医，更不能弄虚作假，要以全面开放、实事求是的态度做好自查自评。坚持问题导向和结果导向，在督导评估中吃透政策、把握标准、改进工作、锻炼队伍、提升水平。各级督导机构对学校的评估，既要客观评判已取得的成绩和进步，又要关注学校发展前景、保障机制和全体教职工的努力程度，还要根据指标诊断问题，提出整改方向和切实可行的整改建议。对薄弱学校的督导，应该给予更多的整改时间，通过前期专项督导和跟踪性评估，推动学校逐步达到评估标准和要求。

（三）要将严格评估标准与创新评价手段相结合

一是坚持评估标准。"316工程"督导评估要一把尺子量到底，不能因为城乡教育发展差异而随意调改指标体系，更不能为了通过督评、为了创成优秀学校而搞变通、降门槛。二是创新分类反馈机制。要建立分级分项和分主管部门的问题反馈清单，不断提高评估报告的质量。尤其要重视校园周边环境综合治理、校舍安全、疫情防控、隐患排查问题，务必第一时间反馈地

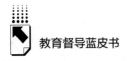

方政府及职能部门，杜绝发生安全责任事故。三是建立跟踪回访制度。对评估后问题较多或短期难以整改就位的学校，要安排责任督学跟踪回访，确保落实落地。四是创新评估技术手段。除实地督查时，综合运用校园巡查、座谈问卷、访谈测试、查阅资料外，在事前事后，还可综合应用大数据监测、负面线索筛查、随机暗访等方式，获取真实、可靠的信息，进行综合研判分析。对不同阶段的学校结合实际采取灵活的评估手段，尽量减少对学校教师正常教学活动的干扰和影响。

（四）要将做好督导评估与提高督学队伍素养相结合

"316 工程"督导评估涵盖范畴广、综合性强、专业性高，必须建立一支与"316 工程"评估任务相适应、数量足、结构优、素养高的评估工作队伍。坚持专职督学和兼职督学相结合；坚持不同领域、不同学科的人员相结合；坚持老中青相结合，既要有经验丰富、实际能力强的资深督学，也要引进年富力强、学术基础好的新鲜血液（年轻同志），确保督导队伍业务精湛、结构合理、运转高效。

陕西省学校督导评估"316 工程"紧扣时代发展脉搏，把握教育阶段性特征，形成了科学评价导向；在推进教育方针政策落实、提高办学水平和教育质量方面发挥了不可或缺的作用；在全国有影响，在省域有名气，具有走得早、走得好、走得稳、走得远的鲜明特质。在第四轮"316 工程"顶层设计和指标研制上，陕西省将守正创新、继往开来，将前三轮督导评估的成功经验与新时代党中央、国务院关于评价改革和一系列教育政策文件精神紧密融合，努力构建富有时代特征、陕西特色、系统集成、科学健全的学校督导评估和质量评价体系。

附　　录

Appendices

B.19
2021年教育督导工作大事记

1月

1月1日　"中国教育督导"微信公众号开设"互联网+教育督导"举报专栏。一年来，专栏建设不断加强，收集"义务教育教师工资不低于""双减""五项管理"等有效举报线索16万余条。按照"定期汇总、及时转办"工作流程，向各地教育厅批量转发举报信息，要求逐一核处，积极打造新型教育督导平台。

1月8日　国务院教育督导委员会办公室印发《关于做好2021年普通高等学校本科教学工作合格评估的通知》，部署对33所新建本科院校开展本科教学工作合格评估。

1月11~16日　国家教育督导检查组对广西壮族自治区县域义务教育基本均衡发展情况进行了实地督导检查。16日，在南宁召开督导检查反馈会，认为广西壮族自治区所有县（市、区）均达到国家规定的评估认定标准。

1月18日　教育部第3次党组会审议通过《2020年对天津等6省（市、

区）省级人民政府履行教育职责评价实地督查情况的报告》。

教育部印发《普通高等学校本科教育教学审核评估实施方案（2021—2025年）》，正式启动新一轮本科教育教学审核评估。方案强调以立德树人为统领，以推进本科教育教学改革为主线，在落实分类评价、实现减负增效、强化结果使用等方面提出硬举措。

1月29日 为贯彻党中央、国务院对教育督导工作的决策部署，落实教育部党组2021年重点工作安排，召开视频部署会。会议要求，各地要精心谋划、精细组织实施2021年重点工作，特别提出六项与地方密切相关的重点工作：一是不折不扣贯彻落实两办《关于深化新时代教育督导体制机制改革的意见》；二是将"双减"专项督导作为今年教育督导的头号工程紧盯不放；三是扎扎实实做好政府履行教育职责评价工作；四是压茬推进县域义务教育均衡发展督导评估认定；五是稳步推进县域学前教育普及普惠督导评估；六是确保督导问责真正落地。

2月

2月7日 《教育部关于2020年全国义务教育均衡发展督导评估工作情况的报告》正式报中央领导同志。报告对2020年县域义务教育均衡发展督导评估工作作了全面总结，并汇报了2021年工作主要考虑。2020年，全国有42个新申报县（市、区）通过国家认定，青海、湖南、河南3省整体实现县域义务教育基本均衡发展。

2月22日 国务院教育督导委员会办公室印发《关于2019年全国教育经费投入和使用情况的通报》，旨在传导压力，推动地方各级政府认真履行教育投入法定责任，切实落实教育经费"两个只增不减"。

2月23日 国务院教育督导委员会办公室印发《关于开展2021年国家义务教育质量监测的通知》，对义务教育阶段学生数学学习质量、体育与健康状况、心理健康状况（试点），以及课程开设、条件保障、教师配备、学科教学和学校管理等相关影响因素进行监测。

2月24日 向中央领导同志报送《关于学前教育督导工作有关情况的报告》。系统梳理了已开展的幼儿园办园行为督导评估、责任督学挂牌督导、县域学前教育普及普惠国家督导评估等学前教育督导评估工作，并提出下一步工作安排。

2月25日 国务院教育督导委员会办公室印发《关于县域学前教育普及普惠督导评估有关事项的补充通知》，进一步明晰"学前三年毛入园率计算基数、幼儿园园舍条件和教师队伍建设主要指标、学前教育不鼓励实行免费教育"等政策口径和申报审核有关事宜。

2月26日 国务院教育督导委员会办公室发布《各地要切实防止义务教育教师平均工资收入水平不低于当地公务员问题反复》的提醒。教育部官网、"微言教育"和"中国教育督导"微信公众号同步发布，要求各地在2021年继续高度重视"不低于"目标的实现，建立健全义务教育教师经费保障长效机制和工资收入随当地公务员待遇调整联动机制，确保党中央、国务院重大决策落地落实。

3月

3月23日 国务院教育督导委员会办公室发布校外培训风险提示。提醒家长"注意选择有资质的正规培训机构，不要一次性缴纳超3个月或60课时的培训费用，以免遇到培训机构倒闭或者卷钱跑路，造成经济损失"。多家中央主流媒体转发，"微言教育"阅读量突破10万次，"中国教育督导"阅读量达到6.8万次，微博话题"教育督导办发布校外培训风险提示"阅读量达1.1亿次，社会各界给予充分肯定。

3月24日 国务院教育督导委员会办公室印发《关于认定四川省成都市青白江区和双流区为全国学前教育普及普惠县的函》。按照《县域学前教育普及普惠督导评估办法》，经过指标审核、社会认可度调查、实地核查、结果认定、公开公示等国家督导评估程序，认定两区为"全国学前教育普及普惠县"。

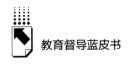

4月

4月2日　国务院教育督导委员会办公室约谈 2019 年合格评估结论为"不通过"的 5 所高校及其主管部门，对高校提出限期整改要求，对省教育厅提出加强监督指导等要求。被约谈人签署约谈记录单，并作出承诺。

4月6日　国务院教育督导委员会办公室印发《关于 2020 年普通高校本科教学工作合格评估整改工作督导复查情况的通报》，通报 5 所高校合格评估整改不力问题，部署各地各校进行自查自纠。

4月7日　国务院教育督导委员会办公室印发《关于巩固义务教育教师工资收入专项督导工作成果的通知》。要求各地协调财政、人社、组织等部门，全面核查所辖各县（市、区）2020 年度义务教育教师工资收入预算安排的实际落实情况、义务教育教师经费保障长效机制和工资收入随当地公务员待遇调整联动机制建立情况，将义务教育教师工资收入落实情况纳入对下级政府履行教育职责评价指标，对所辖各县（市、区）落实"不低于"情况开展动态监测。

4月8日　国务院教育督导委员会办公室印发《关于公布 2020 年全国义务教育发展基本均衡县（市、区）名单的决定》。2020 年全国有 42 个新申报县（市、区）通过国家认定，有 3 个省整体实现县域义务教育基本均衡发展。截至 2020 年底，全国累计已有 26 个省份、2809 个县实现县域义务教育基本均衡发展，县数占比 96.8%，其中中西部县数占比 95.3%，如期实现了国务院提出的"到 2020 年全国和中西部地区实现基本均衡的县（市、区）比例均达到 95%"目标。

国务院教育督导委员会办公室组织召开"双减"督导工作座谈会，北京、河北、山西、上海、山东、四川等 6 省市教育督导室负责同志分别介绍了本地区"双减"工作开展情况，包括采取的措施、取得的成效、存在的困难问题，并对"双减"督导工作方案进行了研究讨论。会后，根据会议讨论意见，对"双减"督导工作方案作了进一步修改完善。

4月11~16日 根据《县域学前教育督导评估办法》及相关规定，组成国家教育督导检查组，对浙江省金华市浦江县、杭州市西湖区学前教育普及普惠工作情况进行实地核查。

4月14日 向中央报送《教育部关于2020年对天津等六省（区、市）省级人民政府履行教育职责评价的报告》。督查发现，6省（区、市）教育事业发展取得积极进展，同时存在7个方面的问题，主要包括：党建思政工作有明显薄弱环节，教育经费法定增长未完全实现，教师队伍建设和工资待遇落实有差距，学前教育问题相对突出，义务教育和普通高中阶段教育发展存在短板，部分教育热点难点问题还未有效缓解，教育督导体制机制改革落实进度迟缓。

4月16日 组织开展县域学前教育普及普惠督导评估工作交流。天津、山西、黑龙江、江苏等10个规划申报县较多的省市教育督导部门有关负责同志参会并分别发言，交流推进情况、年度计划、遇到的主要问题及下一步工作的意见建议。

4月19日 全国本科毕业论文抽检信息平台研发正式启动，为各地本科毕业论文抽检工作提供统一信息化服务。

4月20日 按照中央省委领导同志重要批示精神，组织专班对《教育督导问责办法》进行修改完善后，送国家市场监管总局进一步征求意见。

4月20~22日 第十一届国家督学培训班在国家教育行政学院举办。国家督学、全国31个省（区、市）和新疆生产建设兵团教育督导部门负责人等近200名学员参加培训。教育部党组成员、副部长、总督学郑富芝出席培训班并发表讲话，提出了"六个督"的工作要求：一要督方针，重在看短板；二要督发展，重在看水平；三要督保障，重在看力度；四要督评价，重在看效果；五要督秩序，重在看规范；六要督环境，重在看变化。要求新一届国家督学须牢记"体现国家意志，执行国家决策，落实国家行动"的职责定位。

4月26日 《关于2020年对天津等六省（区、市）省级人民政府履行教育职责评价实地督查情况的报告》印发。同时，采取"一对一"方式，

向天津、吉林、浙江、江西、云南、宁夏6个省份人民政府办公厅书面反馈实地督查反馈意见和问题清单。

4月28日 国务院教育督导委员会办公室就广西玉林北流市幼儿园伤害师生事件进行督办，要求广西教育厅督促指导北流市教育部门全力救治受伤师生，做好伤亡儿童家属安抚工作；配合公安机关做好案件侦破；部署排查中小学校及幼儿园安全隐患，对薄弱环节切实加强整改，防止此类事件再次发生。同时，派员随督导组赴北流市进行现场督导。

4月29日 华东片区推进县域义务教育优质均衡发展座谈会在上海召开。上海、江苏、浙江、安徽、福建、江西6个省（市）教育督导部门负责同志参会并发言，交流情况，就有关工作提出意见建议。国务院教育督导委员会办公室主任、教育督导局局长田祖荫出席会议并讲话，解疑释惑，对下一步推进义务教育优质均衡发展督导认定工作提出明确要求。

5月

5月6日 《关于印发〈国家义务教育质量监测发现的典型地区经验案例〉的通知》印发，部署各地组织学习、借鉴国家义务教育质量监测首批遴选的24篇典型经验案例文章，发挥监测示范引领作用。文章同步在教育部门户网站"质量监测引领国家义务教育高质量发展"专栏、《中国教育报》以及"中国教育督导"微信公众号宣传推广。

5月8日 《关于组织责任督学进行"五项管理"督导的通知》印发。要求以县为单位，组织当地中小学校责任督学开展"中小学生作业、睡眠、手机、读物、体质管理"督导工作；督促中小学校按照责任督学提出的问题和意见，及时整改、立行立改。

5月13日 《关于开展博士学位论文抽检发现问题整改情况督导复查的通知》印发，对博士论文抽检发现问题突出的12所高校整改情况进行督导复查，形成问题清单。

5月19日 国务院教育督导委员会办公室印发专门通知，对广西两起学生安全事件进行挂牌督办，要求自治区政府指导有关部门和地方，深入分析事件原因，倒查问题、分清责任，依法依规严肃问责；同时，要求深刻吸取事件教训，增强安全红线意识，迅速在全区开展中小学幼儿园校园安全隐患排查，建立问题台账，逐项整改落实。

5月22~28日 国家教育督导检查组对西藏自治区县域义务教育基本均衡发展进行了实地督导检查。28日，在拉萨召开督导检查反馈会，认为西藏自治区所有县（市、区）均达到国家规定的评估认定标准。

5月27~28日 2021年国家义务教育质量监测现场测试工作顺利完成。监测学科领域为数学、体育与健康、心理健康，全国31个省（区、市）和新疆生产建设兵团334个样本县（市、区）6734所中小学的近20万名四、八年级学生参加了测试，相关学科教师和校长接受了网络问卷调查。

5月28日 《重大事项督办单》印发，分别就河南、甘肃两省教师工资收入较低问题进行督办。

6月

6月1日 《关于核查农村义务教育教师待遇保障情况的紧急通知》印发，要求各地全面核查农村义务教育教师工资收入及发放情况、职称评聘向农村教师倾斜落实情况、农村义务教育学校编制管理情况，进一步逐县摸清义务教育教师特别是农村义务教育教师工资收入的底数，找准问题，聚焦薄弱环节，突出重点，加大指导和督促力度。

6月1~3日 第十一届国家特约教育督导员培训班在浙江大学举办。来自全国260余名国家特约教育督导员参加培训。国务院教育督导委员会办公室主任、教育部教育督导局局长田祖荫出席开班典礼，并作《有限督导 无限威慑》专题报告。

6月2日 向中央报送《关于落实"义务教育教师平均工资收入不低于公务员"有关情况的报告》，全面梳理了2018年以来义务教育教师工资待遇落实情况。

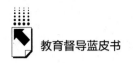

6月2~30日　组织16个督导组对全国30个省（区、市）和新疆生产建设兵团落实中小学生手机、睡眠、读物、作业、体质管理（简称"五项管理"）情况开展了实地督导（广东因疫情除外），完成《国务院教育督导委员会办公室关于"五项管理"落实情况实地督查的报告》。

6月6~11日　国家教育督导检查组对四川省县域义务教育基本均衡发展进行了实地督导检查。11日，在成都召开督导检查反馈会，认为四川省所有县（市、区）均达到国家规定的评估认定标准。

6月7日　国务院教育督导委员会办公室印发专门通知，对广东两起学生安全事件进行挂牌督办。要求广东政府办公厅指导有关部门和地方，深入分析事件原因，依法依规严肃问责。同时深刻吸取事件教训，增强安全红线意识，迅速在全省开展中小学幼儿园校园安全隐患排查，建立问题台账，逐项整改落实。

6月11日　西南片区推进县域义务教育优质均衡发展座谈会在成都召开。湖北、湖南、广西、海南、重庆、四川、贵州、云南、西藏9省（区、市）教育督导部门有关负责同志参会并分别发言，交流情况，就有关工作提出意见建议。

6月16日　国务院教育督导委员会办公室发布校外培训风险提示《缴费套路多，警惕勿上当》，提醒广大家长在为孩子选择培训项目、缴纳培训费用时，警惕虚假宣传诱导缴费、巧立名目违规收费和炮制噱头高额收费。新华网、中国政府网等中央主流媒体纷纷转发，社会反响良好。

6月22日　针对5月25日韶关市发生宿舍管理员持刀砍杀学生事件、5月31日汕头市发生学生意外坠楼死亡事件、6月21日阳江市发生学生伤害事件致电约谈广东省教育厅，要求广东省教育厅高度重视、妥善处置、查明原因、严肃问责，并迅速开展校园安全整顿。6月29日广东省教育厅提交《3起学生安全事件的情况报告》。7月初，国务院教育督导委员会办公室委托5位国家督学对广东中小学幼儿园开展随机走访工作，共走访11所校园，广东校园安全整顿工作比较扎实、有效。

6月25日　针对湖南校园安全事件频发多发，国务院教育督导委员会办公室约谈湖南省教育厅并对湖南省校园安全工作提出要求。

6月30日 试点城市"双减"督导工作座谈会召开，集中学习了《关于进一步减轻义务教育阶段学生作业负担和校外培训负担的意见》文件精神，交流了各地"双减"督导工作进展情况，研究讨论了"双减"工作专项督导半月报督导内容及指标体系，对下阶段"双减"督导提出工作要求。

县域学前教育普及普惠督导评估申报审核平台开发完成，实现了三大功能：一是县、市、省三级所有评估材料全部在线申报，不再逐级提交纸质材料；二是评估所需相关数据指标，可以直接从教育事业统计数据、教育经费统计数据和学前教育管理系统数据中调用，也可以按照时间节点如实填报；三是支持中央、省、市、县四级，免费使用平台开展督导评估工作。

7月

7月7~13日 国家教育督导检查组对新疆维吾尔自治区县域义务教育基本均衡发展进行了实地督导检查。13日，在乌鲁木齐召开督导检查反馈会，认为新疆维吾尔自治区所有县（市、区）均达到国家规定的评估认定标准。

7月9日 《关于做好中央巡视组转交的有关信访事项核查处置工作的函》印发，就上海"学霸君"非正常停业风险信访事项进行专项督办，要求上海市政府指导有关部门和地方，认真梳理归纳来信反映的问题，统筹协调市场监管、金融、公安等部门予以密切关注，依法依规做好"学霸君"非正常停业风险善后处置工作，避免引发较大舆情。

7月11~14日 赴山东省青岛市督导义务教育教师"不低于"落实情况。针对"互联网+教育督导"举报专栏收到的集中反映青岛市未落实"不低于"的举报线索进行调研指导。

7月12日 《重大事项督办单》印发，就云南盐津二中学生坠亡事件进行督办，并派员赶赴现场，督促指导云南省核查事件细节，依法依规严肃问责。

7月14~18日 组织督查组，赴江西省章贡区、湖口县实地暗访和督查义务教育教师工资待遇落实情况。

7月16日 《2021年对省级人民政府履行教育职责的评价方案》印发，确定9个方面评价重点，对2021年省级人民政府履行教育职责评价工作作出部署。

7月20日 《教育督导问责办法》印发，对各级人民政府教育督导机构在教育督导工作中，发现地方政府及有关职能部门、各类学校和其他教育机构、有关工作人员等被督导对象，存在不履行、不完全履行或不正确履行教育职责的问题，由有关部门依照职能和管理权限进行内部监督和责任追究的情形、方式和程序等进行了规定。

7月28日 《关于严格落实〈关于深化新时代教育督导体制机制改革的意见〉有关要求的通知》印发，要求各省、区、市比照中央做法设立总督学、副总督学。文件强调，未设总督学、副总督学的省份要尽快设立；相关省份名称要与中央一致起来；已设总督学、副总督学的省份要进一步理顺管理体制，健全机构设置，创新工作机制，充实教育督导力量，把督政、督学、评估监测职能充分履行好，力促教育督导"长牙齿"，防止出现督导"空白"和"盲点"。

7月30日 向河南、甘肃两省人民政府办公厅印发《重大事项督办单》，要求尽快核查，并派人实地督导检查河南、甘肃两省教师工资待遇落实情况。

7月31日 东北、华北片区推进县域义务教育优质均衡发展座谈推进会在北京召开。北京、天津、河北、吉林、黑龙江、山东、河南、广东8个省（市）教育督导部门有关负责同志参会并分别发言，交流情况，就有关工作提出意见建议。国务院教育督导委员会办公室主任、教育部教育督导局局长田祖荫出席会议并讲话，解疑释惑，对下一步推进义务教育优质均衡发展督导评估认定工作提出明确要求。

印发专门通知，对2021年省级人民政府履行教育职责情况满意度调查作出部署。该调查采取在线方式，全国共1100万人参与满意度调查，2万余人通过网络留言板反映有关情况和问题。通过该满意度调查掌握的情况和问题，作为省级人民政府履行教育职责评价实地督查的重要线索。

8月

8月4日　《关于建立"双减"工作专项督导半月通报制度的通知》印发，自9月起，每两周对各省"双减"工作落实进度进行通报。2021年共印发6期半月通报，对作业控制达标学校比例、培训机构压减比例等6项主要指标排名后10位的省份进行点名通报。通过定期通报，督促各地聚焦重点任务，加大工作力度，确保"双减"工作取得实效。

8月18日　向部领导报送《2021年上半年义教工资"不低于"落实情况的报告》，汇总报告上半年狠抓义务教育教师工资收入"不低于"落实工作情况。

8月19日　《关于〈2021年关于巩固义务教育教师工资收入专项督导工作情况报告〉报送工作的提醒》印发，要求各省份8月底报送《2021年关于巩固义务教育教师工资收入专项督导工作情况报告》，预算要落实、制度要见文、报表要完整、报告要正式。各地高度重视，均按照要求报送了报告及相关文件、制度、预算落实情况。

8月27日　《有关县（市、区）建立义务教育教师工资收入"不低于"长效保障机制典型案例的函》印发，将广东省肇庆市四会市、吉林省梅河口市、湖南省湘西土家族苗族自治州保靖县落实"不低于"长效保障机制的文件印发全国，供各地借鉴参考。

《关于做好普通高校本科教育教学审核评估试点工作的通知》印发，部署对清华大学、中国农业大学、上海交通大学参加第一类审核评估；对安徽大学参加第二类第一种审核评估；对辽宁石油化工大学、常熟理工学院参加第二类第二种审核评估；对衢州学院参加第二类第三种审核评估。

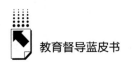

9月

9月1日 新中国成立以来首次出台的教育督导问责文件《教育督导问责办法》开始实施,这是开启"教育督导2.0"后,具有里程碑意义的重要一步。教育部召开新闻发布会,介绍有关情况。《教育督导问责办法》对约谈整改、资源调整、组织处理等作出规定,有利于实现教育督导与教育执法、纪检监察的联动,通过明确问责主体,规范问责方式,建立以问题为中心、以整改为目的、以公开为"利剑"的督导问责流程,推动树立督导权威。

9月3日 《关于做好县域义务教育基本均衡发展总结工作的通知》印发,部署各地全面总结"基本均衡"取得的成绩和经验,在新起点上更好地推进"优质均衡"发展。

9月5~10日 国家教育督导检查组对宣城市绩溪县、池州市青阳县学前教育普及普惠工作情况进行实地核查,形成《国家教育督导检查组对安徽省宣城市绩溪县等3个申报县学前教育普及普惠督导检查反馈意见》反馈给安徽省人民政府,要求进一步整改落实。

9月6日 《关于2020年各地教育经费投入和使用情况的通报》印发,推动地方各级政府认真履行教育投入法定责任,切实落实教育经费"两个只增不减"。

9月14日 启动开展《全国普通高校名单》中上海纽约大学、香港中文大学(深圳)等中外合作办学、内地与港澳台地区合作办学高校的本科教学工作合格评估指标和基本要求的研制工作。

9月15日 《国家义务教育质量监测方案(2021年修订版)》印发,新增劳动、心理健康、英语等学科领域,优化监测手段,强化结果运用。

9月16日 结合各地7月报送的责任督学"五项管理"督导工作汇总情况,形成《关于责任督学对"双减"和"五项管理"日常督导的报告》。

9月18日 《关于再次提醒严格落实义务教育教师工资待遇保障政策

的通知》印发，要求各地对所辖区域内义务教育教师工资待遇落实情况进行全面自查，对发现问题采取有力举措；以县为单位建立健全义务教育教师待遇保障长效机制和工资收入随当地公务员待遇调整联动机制；三级政府均要建立和畅通相关渠道，接受教师投诉、举报和反映。

9月22~28日 国家教育督导检查组对内蒙古自治区县域义务教育基本均衡发展进行了实地督导检查。28日，在呼和浩特召开督导检查反馈会，认为内蒙古自治区所有县（市、区）均达到国家规定的评估认定标准。

9月28日 《第1期"双减"工作情况通报》印发。为贯彻落实中办国办《关于进一步减轻义务教育阶段学生作业负担和校外培训负担的意见》要求，根据全国"双减"工作监测平台数据，国务院教育督导委员会办公室对31个省、自治区、直辖市和新疆生产建设兵团截至2021年9月26日的"双减"工作进度进行了分析，通报主要指标排名后10位的省份有关情况。要求各省提高认识、抓实进度、加强督查，确保中央政策落地。

《2020年全国幼儿园办园行为督导评估报告》完成。根据报告，整理形成27份问题清单，并反馈给相关省份督促指导各地核查落实。

9月29日 《关于编报县域义务教育优质均衡发展督导评估工作规划的通知》印发，要求各地认真组织编制本行政区域内优质均衡督导评估认定工作规划，明确每个县级行政单位实现优质均衡的时间表、路线图，有力有序推进县域义务教育优质均衡发展督导评估认定工作。

10月

10月11日 《关于开展2021年普通高等学校本科教学工作合格评估整改情况督导复查的通知》印发，对天津天狮学院等8所高校开展实地督导复查，重点核查高校合格评估后整改工作的执行落实和本科教学工作的持续改进情况。

10月12日 向中央领导呈报《教育部关于2020年国家义务教育质量监测工作情况的报告》，客观呈现我国义务教育阶段学生德育状况、科学学习质量状况，分析影响学业质量的关键因素，提出结果运用的有关考虑。

10 月 13 日 《关于做好 2021 年硕士学位论文抽检工作的通知》印发，部署各地开展硕士学位论文抽检，要求各地加强组织领导、抓好工作落实、强化结果运用，及时报送总结报告。

10 月 18 日 《2020 年全国高等职业院校适应社会需求能力评估报告》和《2020 年全国中等职业学校办学能力评估报告》起草完成。

10 月 20 日 《上海市关于跨省大型校外教育培训机构非正常停业应急处置简易工作流程》印发，将上海市制定的"争取领导靠前指挥""完善工作体系"等十二条应急处置工作流程提供各地参考借鉴。

10 月 21 日 《重大事项督办单》印发，对上海等 10 省市校外培训机构资金管控和劳动用工风险防范工作进行督办。要求开展全面排查，看住重点机构、管住银行账户、盯住关键人员，实行"穿透式"审查，切实兜住风险底线，并建立调度机制，加强督导检查。

11月

11 月 4 日 教育部官网开设"双减""曝光台"专栏，对各地的典型问题特别是"该落实能落实而不落实的工作，或经多次通报仍整改不到位的工作"进行公开曝光，通过曝光一批警示一片。对北大百年学习网、一起学网校等 6 家校外培训机构违规开班等问题进行了曝光，并要求相关省份督促整改，对整改不力的视情节作出相应处罚。各大主流媒体均予转载，起到了良好警示作用。

11 月 5 日 《国家试点城市"双减"工作困难问题调查报告》完成。结合地方教育督导部门反馈的情况，深入分析国家试点城市在"双减"工作实践中遇到的深层次矛盾，提出有关对策建议。

11 月 8 日 《国务院教育督导委员会办公室关于切实做好〈教育督导问责办法〉贯彻落实工作的通知》印发，要求各地组织学习、加强宣传，因地制宜出台实施细则。同时，强化《教育督导问责办法》培训和落实。

统一制作课件 PPT、自测题，编印成《〈教育督导问责办法〉学习材料汇编》。创新培训形式，线上线下同步分享学习材料，要求各地分级分层组织培训。

向部领导签报《关于高校博士学位论文抽检发现问题整改督导复查工作情况的报告》，呈报有关高校问题清单。

11 月 11 日 分省汇编全国 2846 个县（市、区）义务教育教师工资收入"两大机制"落实情况。逐县审核全国 31 个省份和新疆生产建设兵团 2846 个县（市、区）义务教育教师工资收入 2020 年预算落实和义务教育教师待遇保障长效机制和工资收入随当地公务员待遇调整联动机制建立情况，分省汇编"两大机制"落实情况，供工作中参考和监督。据统计，2020 年全国义务教育教师年平均工资收入比当地公务员高 1 万元以上的有 515 个县（市、区），占比 18%；高 2 万元以上的有 112 个，占比 4%；高 3 万元以上的有 39 个；高 4 万元以上的有 13 个。2846 个县（市、区）的"两大机制"中，2627 个县（市、区）以政府文件形式印发，占比 92%；219 县（市、区）以会议纪要形式印发，占比 8%。

11 月 15 日 《教育部办公厅关于印发〈本科层次职业学校本科教学工作合格评估指标和基本要求（试行）〉的通知》发布，进一步完善指标体系，推进分类评价。

11 月 17 日 国务院教育督导委员会副主任和部分委员调整。根据国务院教育督导委员会工作规则，结合国务院教育督导委员会部分组成人员工作岗位或分工变动情况，报经国务院领导同志批准，调整了国务院教育督导委员会副主任和部分委员。即：教育部党组书记、部长怀进鹏，国务院副秘书长彭树杰任国务院教育督导委员会副主任；中央宣传部副部长（正部长级）蒋建国、科学技术部副部长张雨东、住房和城乡建设部副部长倪虹、国家市场监督管理总局副局长唐军、共青团中央书记处书记徐晓任国务院教育督导委员会委员。陈宝生、丁向阳不再担任国务院教育督导委员会副主任，梁言顺、黄卫、易军、孙梅君、吴刚不再担任国务院教育督导委员会委员。

11 月 17 日 《重大事项督办单》印发，就广东、河南、江苏、辽宁、山东、山西、上海、四川等 8 省份试点城市推进"双减"工作进行督办，要求加快推进"营转非"工作、强化培训收费监管、做好非学科类鉴别，并进一步完善工作机制和加强部门协同。

11 月 20 日 《关于第三轮全国职业院校评估情况的报告》报送中央领导同志。

11 月 23 日 《关于反馈博士学位论文抽检专家评议结果的通知》印发，将抽检结果反馈各地各校，并对"存在问题学位论文"的单位提出具体整改要求。

《关于切实落实教育督导条件保障的提醒函》印发，提醒各地，一是要认真领会、准确把握中央文件的规定，主动作为，不等不靠，将教育督导条件保障不折不扣落实到位；二是要结合实际，加强部门沟通协调，推动建立健全教育督导条件保障的长效机制；三是要抓好落实，督促对未落实的市、县，严格按照《教育督导问责办法》相关要求及时启动问责。

11 月 24 日 《关于推广北京市、浙江省金华市非学科类校外培训监管经验做法的通知》印发。推广北京市、浙江省金华市坚持先行先试、大胆探索，结合本地实际出台改革文件，明确非学科类主管部门职责，分类制定设立标准，理顺批准登记流程，扎实开展工作，取得初步成效的有关典型经验。

11 月 29 日 在全面汇总分析 8 月份 7019 条有效线索省份分布与特点、举报内容分布与特点、各省核查办理情况的基础上，形成《2021 年 8 月"双减"举报问题线索及核查办理情况》。

11 月 29 日 国务院教育督导委员会办公室委托教育部基础教育质量监测中心发布《2020 年国家义务教育质量监测——德育状况监测结果报告》和《2020 年国家义务教育质量监测——科学学习质量监测结果报告》。全方位展现我国义务教育阶段学生德育发展状况、科学学习质量状况，分析影响相关学科领域教育质量的关键因素，回应教育热点难点问题。

11 月 30 日 《关于开展中小学幼儿园校（园）长任期结束综合督导评估工作的意见》审议通过。制定该意见，是中办、国办《关于深化新时代教育督导体制机制改革的意见》作出的重要部署。出台该意见，是强化中小学幼儿园校（园）长职责的重大举措，是加强学校督导、推动提高中小学幼儿园管理水平的一项重要制度安排。

国务院教育督导委员会办公室会同教育部规划司、学生司、研究生司、学位中心，对博士学位论文抽检发现存在问题论文较多、连续三年整改不力的学位授予单位进行约谈，对近年来多次被约谈的单位下达督导决定书，将其列入负面清单管理。

《教育督导条例》修订申请纳入2022年立法计划。

12月

12月6日 教育部科技司完成对《教育信息化专项教育业务管理信息系统建设子项目——国家教育督导信息化平台建设方案》的审批。

12月7日 《国务院教育督导委员会办公室关于做好深化新时代教育督导体制机制改革意见落实情况阶段性总结的通知》印发，要求各地对中办国办意见落实情况进行阶段性总结。

12月8日 《国务院教育督导委员会办公室关于持续做好学校卫生和新冠肺炎疫情防控督导检查工作的通知》印发，就持续做好学校卫生和新冠肺炎疫情防控督导检查工作进行部署。

《高等学校评估归口管理办法（试行）》研制完成，通过开展评估备案、制定和统筹年度计划、统一印发文件通知、分别具体实施、总结报告情况等实现清单管理，推动数据集成以减少高校评估工作负担。

12月15~21日 国家教育督导检查组对甘肃省县域义务教育基本均衡发展进行了实地督导检查。21日，在兰州召开督导检查反馈会。认为甘肃省所有县（市、区）均达到国家规定的评估认定标准。

12月16日 向部领导报送《国务院教育督导委员会办公室关于"五项管理"实地督导问题整改落实情况的报告》。

12月17日 教育部发布《全国普通高校本科教育教学质量报告（2020

年度）》，客观呈现本科教育教学整体情况、问题和趋势，并提出改进建议，总结高校提高本科教育教学质量的新举措、新经验、新成效，引导高校进一步落实立德树人根本任务、巩固本科人才培养中心地位，为本科教育教学改革提供决策参考。

向中央报送《关于2021年继续督导义务教育教师平均工资收入不低于当地公务员落实情况的报告》。从持续传导压力、加强分类指导、紧盯预算落实、督建长效机制四方面梳理2021年开展的工作，提出继续发扬钉钉子精神，在强化督导问责上下功夫，确保"不低于"持续落实。

12月21日 西北片区推进县域义务教育优质均衡发展座谈会在兰州召开。山西、内蒙古、辽宁、甘肃、青海、宁夏、新疆共7个省份和新疆生产建设兵团教育督导部门有关同志参会并分别发言，交流情况，就有关工作提出意见建议。

在教育部推进"我为群众办实事"实践活动第一场新闻发布会上，国务院教育督导委员会办公室有关负责同志介绍"双减"督导工作开展情况。包括：建立"双减"半月通报制度，对主要指标进度排名后10位的省份进行通报；开展专项督办，有针对性的督办进展缓慢的地区及问题；开设"曝光台"，对典型问题公开曝光；设立举报平台，接受群众实名举报。

12月21~23日 教育部副部长、总督学郑富芝同志赴甘肃开展"双减"与校园安全调研。指导督促地方各级党委政府切实提高政治站位，压紧压实属地责任和学校主体责任，坚决打赢"双减"攻坚战，同时全面排查校园安全隐患，有效遏制校园安全问题多发的态势。

12月24日 2019~2023年普通高等学校本科教育教学评估专家委员会第三次全体会议召开，审议2020年合格评估参评学校进校考察专家组评估报告并投票表决，形成评估结论。

12月27日 国务院教育督导委员会办公室印发《关于2021年博士学位论文抽检整改情况督导复查发现主要问题的通报》，要求有关高校对照问题清单及约谈整改要求，进一步完善整改方案，抓紧完成整改任务。下一步，如整改仍不到位，导致连续出现存在问题论文，将依据《教育督导问责办法》予以严肃问责。

12 月 28 日　国务院教育督导委员会办公室向 31 个省份及新疆生产建设兵团印发《关于反馈 2020 年国家义务教育质量监测发现的主要问题的函》，部署各地针对问题认真研究，制定整改方案和台账，实行销号管理，狠抓整改落实。

12 月 29 日　教育部党组书记、部长怀进鹏赴河北调研"双减"和校园安全工作，实地检查了石家庄市红星小学、中山西路小学，听取了河北省有关工作情况汇报。

B.20
《教育督导问责办法》

第一章　总则

第一条　根据《中华人民共和国教育法》《教育督导条例》等法律法规和《中共中央办公厅　国务院办公厅关于深化新时代教育督导体制机制改革的意见》，结合教育督导工作特点，制定本办法。

第二条　教育督导问责以习近平新时代中国特色社会主义思想为指导，全面贯彻党的十九大和十九届二中、三中、四中、五中全会精神，深入贯彻落实习近平总书记关于教育的重要论述和全国教育大会精神，全面贯彻落实党的教育方针，弘扬社会主义核心价值观，推动提高教育治理能力，督促各地各校全面加强党的领导，坚持社会主义办学方向，切实履行立德树人职责，办好人民满意的教育。

第三条　本办法所称教育督导问责是指各级人民政府教育督导机构在教育督导工作中，发现地方政府及有关职能部门、各类学校和其他教育机构、有关工作人员等被督导对象，存在不履行、不完全履行或不正确履行教育职责的问题，由有关部门依照职能和管理权限进行内部监督和责任追究的一项工作制度。

第四条　教育督导问责遵循依法问责、分级实施、程序规范、公开透明的原则。

第五条　被督导单位、有关人员存在本办法规定的问责情形，需要进行问责的，适用本办法。

第二章　问责情形

第六条　被督导的地方各级人民政府和相关职能部门及其相关责任人有

下列情形之一的，应当予以问责：

（一）贯彻落实党的教育方针和党中央、国务院教育决策部署不力，对学校思想政治教育不重视，履行规划、建设、投入、人员编制、待遇保障、监督管理、语言文字工作等教育职责不到位，严重影响本地区教育发展。

（二）违反有关教育法律法规，学校办学行为不规范，整体教育教学质量持续下降、教育结构失衡、侵犯学校合法权益、群众满意度低。

（三）教育攻坚任务完成严重滞后，未按时保质保量完成规定目标任务。

（四）教育群体性事件多发高发、应对不力、群众反映强烈。

（五）因履行教育职责严重失职、安全风险防控体系建设保障或卫生防疫不力，导致发生重大安全事故或重大涉校案（事）件。

（六）对教育督导发现的问题整改不力、推诿扯皮、不作为等导致没有完成整改落实任务。

（七）下级人民政府、所辖（属）学校和行政区域内其他教育机构对发现的问题整改不力或整改后出现严重反弹。

（八）阻挠、干扰或不配合教育督导工作，提供虚假信息，威胁恐吓、打击报复教育督导人员。

（九）其他应当问责的情形。

第七条　被督导的各级各类学校、其他教育机构及其相关责任人有下列情形之一的，应当予以问责：

（一）贯彻落实党的教育方针和党中央、国务院教育决策部署不力，在各级教育督导机构组织的评估监测、督导检查工作中未达到合格（通过）标准。

（二）违反有关教育法律法规和政策要求，在招生入学、人才培养、科学研究、课程开设和教材使用等工作中存在办学行为不规范或出现严重违规；未按要求加强各类学校和其他教育机构管理，存在超标超前培训、虚假宣传、超期收费等违法违规行为，侵害师生合法权益，出现教师师德严重失范、学生欺凌等危害学生身心健康情况或重大负面舆情。

（三）教育群体性事件多发高发、应对不力、处置失当，群众反映强烈。

（四）落实安全主体责任、卫生防疫主体责任、食品安全校长负责制不力，安全风险防控体系建设不达标，导致发生重大安全事故、严重食品安全事件或重大涉校案（事）件。

（五）对教育督导发现的问题整改不力、推诿扯皮、不作为或没有完成整改落实任务。

（六）阻挠、干扰或不配合教育督导工作，提供虚假信息，威胁恐吓、打击报复教育督导人员。

（七）其他应当问责的情形。

第八条　督学、教育督导机构工作人员有下列情形之一的，应当予以问责：

（一）玩忽职守，不作为、慢作为，贻误督导工作。

（二）弄虚作假，徇私舞弊，影响督导结果公正。

（三）滥用职权、乱作为，干扰被督导单位正常工作。

（四）发现违法违规办学行为或者危及师生生命安全隐患而未提出整改意见并督促学校和相关部门处理。

（五）违反中央八项规定精神、违反党风廉政建设规定。

（六）其他没有履行法律法规规定的工作职责。

第三章　问责方式

第九条　对被督导单位的问责方式为：

（一）公开批评。各级人民政府教育督导委员会办公室以适当方式向社会公开督导报告，对存在违法违规情形予以点名批评并视情况通过新闻媒体予以曝光。

（二）约谈。各级人民政府教育督导委员会办公室对被督导问责单位相关负责人进行约谈，作出书面记录并报送其所在地党委和政府以及上级相关部门备案。

（三）督导通报。各级人民政府教育督导委员会办公室将教育督导结果和整改情况等通报至其所在地党委和政府以及上级相关部门。

（四）资源调整。各级人民政府教育督导委员会办公室通报被督导问责单位所在地党委和政府及有关部门，要求对被督导问责单位在表彰奖励、政策支持、财政拨款、招生计划、学科专业设置等方面，依照职权进行限制或调减。

各类学校和其他教育机构（含民办学校和教育培训机构）如依据法律规定应予以行政处罚的，由各级人民政府教育督导委员会办公室提请县级以上人民政府教育行政部门、人力资源社会保障行政部门、市场监管部门或者其他有关部门依据职责分工责令限期改正，视违法情形依法予以警告、退还所收费用后没收违法所得、罚款、责令停止招生、撤销办学资格或吊销办学许可证。

上述问责方式，可以根据问题严重程度单独使用或合并使用。

第十条　对被督导单位相关责任人的问责方式为：

（一）责令检查。各级人民政府教育督导委员会办公室责令被督导问责单位相关负责人作出书面检查。

（二）约谈。各级人民政府教育督导委员会办公室对被督导问责单位相关负责人进行约谈，作出书面记录并报送被督导问责单位所在地党委和政府以及上级部门备案，作为个人考核的重要依据。

（三）通报批评。各级人民政府教育督导委员会办公室将教育督导结果、整改情况和被督导问责单位有关负责人的工作表现通报至其所在地党委和政府以及上级部门。

（四）组织处理。各级人民政府教育督导委员会办公室通知被督导问责单位所在地党委和政府以及上级部门，对被督导单位直接负责的主管人员和其他责任人员提出包括停职检查、调整职务、责令辞职、降职、免职等组织处理建议。对于民办学校或其他教育机构，责成教育行政主管部门依法督促学校撤换相关负责人。

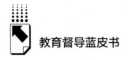
（五）处分。需要采取处分方式问责的，各级人民政府教育督导委员会办公室可根据情况将问题线索移交相关机关，并提出相应处分建议。

公职人员涉嫌违法犯罪的，由各级人民政府教育督导委员会办公室将问题线索移交具有管辖权限的监察机关，提请监察机关处理。其他人员涉嫌违法犯罪的，由各级人民政府教育督导委员会办公室将问题线索移交被督导问责单位所在地相关公安机关或司法机关，提请其依法处理。

民办学校和教育培训机构举办者及其实际控制人、决策机构或者监督机构组成人员如违反《中华人民共和国民办教育促进法》《中华人民共和国民办教育促进法实施条例》等法律法规，由各级人民政府教育督导委员会办公室提请县级以上人民政府教育行政部门、人力资源社会保障行政部门、市场监管部门或者其他有关部门依据职责分工责令限期改正，退还所收费用后没收违法所得、罚款，依法对有关人员予以从业禁止处罚，并纳入其诚信记录。

上述问责方式，可以根据问题严重程度单独使用或合并使用。

第十一条　对督学、教育督导机构及其工作人员的问责方式为：

（一）批评教育。各级人民政府教育督导委员会办公室对其给予批评教育。

（二）责令检查。各级人民政府教育督导委员会办公室责令其作出书面检查。

（三）通报批评。各级人民政府教育督导委员会办公室将其表现通报至其所在地党委和政府以及上级部门。

（四）取消资格。各级人民政府教育督导委员会办公室按规定程序，取消其督学资格或将其调离督导工作岗位。

（五）组织处理。各级人民政府教育督导委员会办公室通知其所在地党委和政府以及上级部门，提出组织处理建议，包括停职检查、调整职务、责令辞职、降职、免职等。

（六）处分。需要采取处分方式问责的，各级人民政府教育督导委员会办公室可根据情况将问题线索移交相关机关，并提出相应处分建议。

公职人员涉嫌违法犯罪的，由各级人民政府教育督导委员会办公室将问题线索移交具有管辖权限的监察机关，提请监察机关处理。其他人员涉嫌违法犯罪的，由各级人民政府教育督导委员会办公室将问题线索移交被督导问责单位所在地相关公安机关或司法机关，提请其依法处理。

上述问责方式，可以根据问题严重程度单独使用或合并使用。

第十二条　有下列情形之一的，应当从重处理：

（一）隐瞒事实真相，阻挠、干扰或不配合教育督导工作。

（二）对举报人、控告人、检举人和督学、教育督导机构工作人员威胁恐吓、打击报复。

（三）被问责后，仍不纠正错误或不落实整改任务。

（四）一年内被教育督导问责两次及以上。

（五）其他依规、依纪、依法应当从重处理的情形。

第四章　问责程序

第十三条　教育督导工作完成后 60 天内，各级人民政府教育督导委员会办公室会同有关部门（单位）成立调查认定工作组，对各类教育督导工作中发现的问题（包括本级教育督导委员会成员单位反馈其在教育督导工作中发现的问题）进行调查认定，撰写事实材料，决定是否启动问责。

第十四条　各级人民政府教育督导委员会办公室就认定事实和问责意见告知被问责对象，应当以书面方式为主，听取被问责对象的陈述申辩。

第十五条　各级人民政府教育督导委员会办公室依据相关法律法规形成问责意见，征求本级教育督导委员会有关成员单位意见后，提交本级人民政府教育督导委员会主任或副主任审定。

第十六条　各级人民政府教育督导委员会办公室向被问责对象印发问责决定，应当明确问责的基本情况、问责事实、问责依据、问责方式、生效时间等。

第十七条　各级人民政府教育督导委员会办公室根据问责决定实施问

责，对于组织处理、处分、追究法律责任等需要其他部门实施的问责，各级教育督导委员会办公室负责做好沟通工作，配合有关部门进行问责或者作出其他处理。

第十八条　问责决定一旦实施，根据问责情形严重程度在一定范围公开。情形严重或整改不力者，应通过政府门户网站、主流新闻媒体等载体，按照有关规定及时向社会公布，接受人民群众监督。

第十九条　被问责对象对问责决定不服，可自收到问责决定之日起30日内，向作出问责决定的人民政府教育督导委员会办公室申请复核。有关人民政府教育督导委员会办公室应当自收到复核申请之日起30日内，作出复核决定并反馈提出复核申请的单位或个人。

对复核决定不服，可以自收到复核决定之日起15日内向上一级人民政府教育督导委员会办公室提出书面申诉。也可以不经复核，自收到问责决定之日起15日内直接提出申诉。有关人民政府教育督导委员会办公室应当自收到申诉之日起60日内作出申诉处理决定，并将《申诉处理决定书》反馈提出申诉的单位或个人。认为原问责决定有误的，应当及时告知原问责部门，原问责部门应当自收到《申诉处理决定书》15日内予以纠正。

涉及组织处理和纪律处分的，被问责对象可向作出相应决定的组织人事部门、纪检监察机关提出复核或申诉。

复核、申诉期间，不停止问责决定的执行。

第二十条　各级人民政府教育督导委员会办公室在复核申诉期满30天内对有关问责情况进行归档，提请有关人事部门将问责情况归入人事档案。

第二十一条　各级人民政府教育督导委员会办公室应当监督问责决定的实施，对被问责对象进行回访、复查，监督、指导问题整改。问责情况应作为单位或个人在考核、晋升、评优、表彰等方面的重要依据。

第五章　组织实施

第二十二条　各级人民政府教育督导委员会负责本地区教育督导问责工

作，依法追究存在违规行为的单位、个人的责任。各级人民政府教育督导委员会成员单位依照部门职责落实教育督导问责职责。

第二十三条　国务院教育督导委员会统一领导全国教育督导问责工作，负责对被督导的各省（区、市）人民政府及其相关职能部门、部属学校进行问责。地方各级人民政府教育督导委员会负责对本行政区域内下一级人民政府及其相关职能部门、辖（属）各级各类学校和其他教育机构进行问责。各级人民政府教育督导委员会办公室负责具体实施教育督导问责工作。

第二十四条　根据问责工作需要，各级人民政府教育督导委员会办公室应主动配合教育督导委员会成员单位或纪检监察机关、司法机关等做好问责工作。

第二十五条　各级人民政府教育督导委员会负责对下一级人民政府教育督导委员会教育督导问责工作的监督。

第二十六条　各级人民政府教育督导委员会办公室要定期将本行政区域内的问责情况报送给上一级人民政府教育督导委员会办公室备案。国务院教育督导委员会办公室建立全国教育督导问责信息工作平台，推动信息共享和实时监管。

第六章　附则

第二十七条　地方各级人民政府教育督导委员会可依据本办法，结合本地区实际制定实施细则，并报上一级人民政府教育督导委员会备案。

第二十八条　本办法由国务院教育督导委员会办公室负责解释。

第二十九条　本办法自 2021 年 9 月 1 日起施行。

Abstract

2021 is a critical year for the in-depth implementation of the *Opinions on Deepening Reform of the Institutional Mechanisms for Educational Supervision in the New Era*. In line with the *opinion*, education inspection institutions at all levels around the country carried out high-quality education supervision to help the development of high-quality education and to ensure that education performs its fundamental mission of fostering virtue. Education inspection work secured remarkable achievements. The reform of the education supervision system and mechanism continued to expand.

Based on related national policy documents, authoritative reports provided by the Office of National Education Inspection under the Ministry, and data collected by the research group, the Center for Education Inspection and Evaluation, National Academy of Education Administration (hereinafter referred to as "the Research Center") presented the status quo and progress made on education supervision in China in 2021. The book provides an in-depth analysis of the current challenges facing education inspection and the outlook for education inspection reform, and seeks to comprehensively follow the development process of China's education inspection institutional reform, analyze the current situation, explore the laws, and help improve education inspection. Meanwhile, it follows the annual key work of the Office of National Education Inspection under the Ministry of Education, focuses on listing inspection by education supervisors of primary and secondary schools nationwide, inspectors training, and the application of education inspection results in 2021, presenting the annual achievement of education supervision. It is of great value to the in-depth promotion of the relevant work. In addition, the Research Center organized experts and scholars to conduct research on key and cutting-edge issues in current education supervision research, such as third-party assessment of vocational education, application of national compulsory education quality oversight reports, inspector competency framework, and local education inspection legislation. It also provides typical experiences in the development of education supervision at home and abroad, vividly presenting the highlights, characteristics and experiences of the reform of education supervision system and mechanism in different regions, with strong inspiration and reference significance.

2022 is the year in which a socialist education inspection mechanism with Chinese characteristics is completed with comprehensive coverage, efficient operation, authoritative results and strong accountability. First, local education inspection authorities at all levels should further strengthen the construction of education inspection laws and regulations, and build a combined "national-local" education supervision system. Second, they should further optimize the set-up of education inspection institutions, and promote the implementation of the functions of the coordinated "entity-virtual" education inspection bodies. Third, they should further deepen the reform of the operation mechanism of education inspection and improve the effectiveness of the "oversight over policy implementation, oversight of school operation, monitoring and evaluation". Fourth, they should further promote the reform of the accountability mechanism for education inspection, and make use of the "accountability-incentive" approach to the application of inspection results. Fifth, they should further enhance the professional capacity of inspectors to perform their duties and strengthen the education inspection workforce through "blood transfusion - blood creation". Last but not least, they should further increase the collaborative support from all parties to ensure the full implementation of "special funding- information construction - supervision and research" for education inspection.

Keywords: Education Inspection; Oversight over Policy Implementation; Oversight of School Operation; Evaluation and Monitoring; Reform of the Institutional Mechanisms for Educational Supervision

Contents

I General Report

Abstract: In 2021, the education inspection front implemented the Opinions and the Overall Plan for Deepening the Reform of Education Evaluation in the New Era, focused on the policy implementation, overcame the COVID-19 pandemic's impact, promoted the reform of the institutional mechanism for educational supervision, and accomplished the main targets and tasks for the year. The education inspection has an essential role to play in building high-quality education system in China. However, deepening reform of the institutional mechanisms for educational supervision in the new era is a difficult and demanding task. The education inspection institutions are facing a series of major challenges in performing the duties and implementing the reform tasks of the institutional mechanisms for educational supervision. In order to build the socialist education inspection mechanism with Chinese characteristics on schedule, it is essential to speed up the legislation, optimize the structure of inspection agencies, conduct good evaluation and monitoring, enhance accountability, develop a skilled workforce, and provide stronger synergistic support.

Keywords: the Institutional Mechanisms for Educational Supervision; Inspection System; Inspection Workforce; Inspection Agencies; Accountability

Ⅱ Topical Reports

B.2 2021 National Report on Listing Inspection by Education Supervisors of Primary and Secondary Schools

Fan Pingjun / 069

Abstract: As the "last mile" for implementing policies and the "frontline" for timely addressing problems in schools, the mechanism of so called "listing inspection" has played an important role in promoting the reform of government functions, building modern education governance, as well as strengthening supervision and guidance. By analyzing the "2021 Typical Cases of Listing Inspection of Primary and Secondary Schools Across the Country" compiled by the Office of Education Inspection Committee of the State Council in March 2022, the study found that the listing supervision showed three major characteristics. First, adhere to the problem-oriented principle and keep close to the policy. Second, adhere to the multi-oriented principle and use a variety of measures. Third, adhere to the effect-oriented principle and reinforce the corrective measures. In order to promote the performance of listing inspection, it is necessary to set up a sound policy system, strengthen internal and external linkage, reinforce accountability, and develop a skilled workforce.

Keywords: Education Inspector of Primary and Secondary Schools; Responsible Inspector Listing ; The Area of Inspector Responsibility

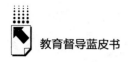

B.3 2021 China Inspector Training Progress Report

Guo Can / 087

Abstract: Inspectors are those appointed by governments at all levels, with legal procedures, to oversee, inspect, guide and evaluate the performance of lower-level administrative departments and schools at all levels within their jurisdictions. Inspector training is a proper and inevitable choice to build a skilled workforce. The survey found that the governments at all levels took the inspector training as the entry point to develop the supervision team, and had made progress in training opportunities, contents and methods. However, a number of challenges remain, such as, inadequate institutional system and support mechanism, failure to implement requirements, lack of follow-up evaluation, and poor willingness to participate in training programs. To enhance the strength, breadth, depth, precision and effectiveness of inspector training, it is essential to strengthen the government's responsibility for overall planning. In addition, training institutions should make efforts to ensure quality while the inspectors should increase intrinsic motivation to learn.

Keywords: Education Inspection; Inspector Training; Education Inspector Development

B.4 Report on Progress of Application of Education Inspection Results in China in 2021

Zhao Xuan / 113

Abstract: Strengthening the application of inspection results is one of the three breakthroughs in deepening the institutional reform of education supervision in the new era, alongside with optimizing the management system and improving the operation mechanism. The application of education inspection results is a major dimension to evaluate the effectiveness of the reform of the institutional mechanisms for educational supervision. This paper examined the summary reports of education supervision work in each region for the year 2021 and sorted out the relevant public information on the websites of the Ministry of Education and the provincial education administrative departments. The result shows that both the Office of Education Inspection Committee of the State Council at the central level and those of the provinces (autonomous regions and municipalities) as well as Xinjiang Production and Construction Corps have done fruitful work in 2021, greatly promoting the institutionalization, standardization, normalization and innovation of the results application. To achieve the goal of building a socialist education inspection mechanism with Chinese characteristics by 2022, it is important to enhance the application of inspection results.

Keywords: Education Inspection; Application of Results; Accountability Approach; Incentive Mechanism; Appraisal Method

Ⅲ Special Reports

B.5 An Initial Exploration on the Issues of Third-party Assessment of Vocational Education *Chen Shougen, Xing Hui* / 129

Abstract: The Vocational Education Law and a series of rules and regulations on the reform and development of vocational education by the Party and the government have made provisions for the establishment of a third-party evaluation system for vocational education with Chinese characteristics. Third-party evaluation refers to the education quality evaluation activities carried out by non-governmental evaluation institutions, with the characteristics of independence, professionalism and credibility. The experience of third-party evaluation in the US, UK and Japan provides a reference for building the third-party evaluation system in China. At present, China's vocational education third-party assessment system suffers from a lack of sound policy, slow institutional development, insufficient cultural support and weak theoretical guidance. To solve the problems, it is essential to set up the sound policy system, improve organizational capacity, promote internal and

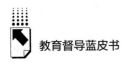

external linkage and strengthen theoretical research.

Keywords: Vocational Education; Third-party Evaluation; Personnel Training

B.6   The Characteristics and Experience of the Application of China Compulsory Education Quality Oversight Results

Qian Ajian, Zhao Qian and Xin Tao / 146

Abstract: The results of national compulsory education quality oversight provide information for government decision-making, regional management, school education diagnosis and improvement, provide education information for the public, and even serve as the basis of accountability for the government and schools. After years of experience, effective models and practices on the application of monitoring results have been developed at both the national and local levels. At the national level, the practices primarily include the research and application of multi-level oversight reports, the improvement of the ability to interpret the feedback of monitoring results, a relatively mature application model of results, and a national pilot area for the application of compulsory education quality monitoring results. At the local level, based on the above characteristics, localized cases have been created, such as, conducting precise measurement by tracing problems to the source, making comprehensive efforts to solve problems, doing time-limited rectification through clarifying responsibilities and goals, and holding to account through evaluation and inspection. Finally, a three-dimensional pattern to apply the monitoring results has been built across provinces, cities, and counties.

Keywords: Compulsory Education; Education Quality Oversight; Application of Monitoring Results

B . 7　Construction and Application of Role-based Inspector

Competency Framework　　　　　　　　*Wang Jinghong* / 159

Abstract: The "Inspector Competency Framework" refers to the measurable pattern of the skills and knowledge that inspectors need to perform functions successfully. In the absence of the national standards for education inspectors, this paper attempts to build the inspector competence framework by integrating policy texts, research literature, typical experiences and training results, using the method of backward deduction of "duties" and establishing a visual logical chain and correspondence among "duties" - "tasks" - "abilities" - "knowledge". It aims to clarify the boundary of the role of "inspectors", explore the underlying logic of inspection performance, and provide valuable reference for education inspector development.

Keywords: Education Inspection; Inspector Responsibilities; Inspector Competency Framework

B . 8　Highlights, Shortcomings and Suggestions of Local

Education Inspection Legislation in the New Era

—*A Study based on 21 Local Legislative Texts*　　*Nie Anyuan* / 173

Abstract: Since the implementation of the National Education Supervision Regulation in 2012, 21 localities have introduced new legislative texts for education supervision. The study shows that local legislation presents the following characteristics: more distinctive governance orientation, clearer substantive provisions, richer procedural provisions, more abundant provisions on the application of supervision results, and more stringent liability provisions. However, there are also problems. Specifically, there is no scientific definition of the connotation and extension of the concept of educational supervision. The provisions for building supervisory bodies and teams are not in place. Meanwhile, the

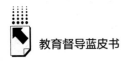

provisions for the integration of supervision and evaluation systems are inadequate. The provisions for the connection between the educational supervision system and other supervision systems are not enough, and the provisions for legal responsibility are not comprehensive. Local education supervision authorities should further recognize the importance of legislation, overcome key challenges, and strengthen institutional integration to achieve good law and governance of education supervision.

Keywords: the New Era; Education Inspection; Local Legislation

B.9 Research on Education Inspection in China: Evolutionary Trends, Hotspot Areas and Future Prospects *Han Ye* / 184

Abstract: As an essential element of China's education system, education inspection is of great significance in implementing major national policies and promoting educational reform and development. The object of this paper is 1104 related literatures from CNKI journal database. CiteSpace was adopted to analyze the collected data and draw a visualized knowledge map. Systematic documentation was used to perform theoretical deduction by analyzing the annual publication volume, the distribution of major authors and research institutions. The results show that the research topics are selected in terms of policy changes and practical needs, and hotspot areas are formed mainly in the areas of supervision system, classroom inspection, function clarification, and institutional setting. In the future, the empirical studies on building county-level educational supervisory institutions should be enhanced, the establishment of the supervisory system with Chinese characteristics should be emphasized, the theory of supervision in the cross-view of major national educational issues should be explored, and the use of value-based inspection tools should be reflected.

Keywords: Education Inspection; Knowledge Map; Education Inspection System; Inspection Functions

Abstract: Inspection and evaluation of balanced development of compulsory education in the county is a powerful tool to test and promote the balanced development of compulsory education. This study attempts to sort out the theory of balanced development of compulsory education in China from its connotation, evaluation index, policy analysis, dilemma and countermeasures. The inspection and evaluation of the county's balanced compulsory education development has gone through the preparation stage, the basic balanced supervision and evaluation stage, and the quality balanced supervision and evaluation stage. The measures of strengthening government responsibility, developing assessment standards, improving working mechanisms and focusing on balanced monitoring has been adopted in the work. In the future, it is essential to facilitate the policy adaptation, intelligent platform development, and the reinforcement of evaluation results.

Keywords: Compulsory Education; Balanced Development; Inspection Evaluation

Ⅳ   International Comparosons

Abstract: The Dutch-speaking region of Belgium has a 31-year history of educational supervision. Since 1991, all schools have been subject to inspection. The two inspection reforms that the Dutch-speaking region has undergone in 2009 and 2018 present the concepts and methods of international education inspection. In

2009, the Dutch-speaking district implemented a risk-based supervision model. It adopted differentiated inspections based on school quality and used CIPO as the education supervision framework for school operation, focusing on school education inputs and outputs. However, the risk-based inspection model lacks practicality and objectivity. In 2018, the Dutch-speaking District Inspection Authority launched the Inspection 2.0 system and implementing the OK Reference Framework for Quality in Education. The OK Reference Framework focuses on development of learners and encourages schools to carry out internal supervision. This paper puts forward the following suggestions for the reform of the institutional mechanisms for educational supervision in China: improve the guidance value of supervision standards, refine the target and process of supervision to reduce the administrative burden of schools, respect the autonomy of each school, and enhance school's sense of responsibility.

Keywords: International Education Inspection; Development Trend; Belgium; Inspection Framework

B . 12　Ofsted Inspection Workforce Building and Inspiration

Li Qiang / 235

Abstract: This paper uses the latest data to analyze the composition, selection and recruitment, and training of Ofsted inspectors from a microscopic perspective. Ofsted inspectors include Her Majesty's inspectors and contracted inspectors. The recruitment of inspectors is open and rigorous. The inspector training focuses on developing practical skills. China may draw on the good practice applied in the UK, improve the qualifications standards for inspectors, promote open recruitment, and innovate the mode of inspector training.

Keywords: Ofsted; Inspectors; Qualifications; Recruitment; Training

Ⅴ　Case Studies

Abstract: Beijing attaches great importance to education inspection and evaluation of the performance of lower-level governments and related departments. Under the guidance of "focusing on problems, highlighting key points, promoting overall planning and strengthening rectification", Bejing took the lead in introducing a work plan for inspecting and evaluating the performance of district-level governments and relevant departments of municipality in the education related work, building an index system, and creatively carrying out comprehensive oversight covering all district authorities. Through the follow-up inspection, Beijing further improved the mechanism for comprehensive oversight over policy implementation, improved the process of oversight over policy implementation, and facilitated the district governments to fulfill responsibilities.

Keywords: Follow-up Inspection; Performance of District-level Government in Their Education Related Work; Educational Responsibilities

Abstract: Under the guidance of "school as the principle entity of development and inspection as the guarantee of development", and in compliance with law as well as school status quo and self-defined goals, school developmental inspection and evaluation is to guide schools to formulate scientific and reasonable

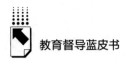
development plan, and to establish an operational mechanism combining self-evaluation and external inspection. Huangpu District of Shanghai actively explored school developmental inspection and evaluation, built a "mutual promotion and symbiosis" developmental supervision model, and created a closed-loop inspection, which helped to better implement the supervision system, improve the standardization and effectiveness of education inspection, and achieve a win-win situation of mutual promotion and symbiosis between schools and inspection.

Keywords: Developmental Inspection; School Inspection; Inspection and Evaluation

B.15 Analysis report on education quality monitoring of Suzhou Industrial Park　　　　　　*Zhu Jianzhong* / 269

Abstract: Suzhou Industrial Park fully implemented the principle of the *Opinions on Deepening Reform of the Institutional Mechanisms for Educational Supervision in the New Era*, actively carried forward regional education quality monitoring. Suzhou Industrial Park developed a comprehensive evaluation index system for regional education quality, built core literacy mapping and assessment indicators for each subject at the compulsory education level, established regional education quality monitoring and assurance work model, and became a necessary complement to the national, provincial and municipal education oversight. High-level quality monitoring helped schools optimize education ecology and improve quality. Meanwhile, high-level quality monitoring injected new vitality and brought new achievements to education inspection.

Keywords: Education; Quality Monitoring; Education Inspection

B . 16 Building a "Three-level Linkage" School Supervision System
to Smooth the "Last Mile" of Education Supervision

Office of Education Supervision Committee of Lusong District

People's Government, Zhuzhou City, Hunan Province / 283

Abstract: To further promote the administrative reform and transforming government functions, deliver education inspection in a well-coordinated way, strengthen workforce and enhance the use of results, Lusong District, Zhuzhou City, Hunan Province, set up inspection offices in all primary and secondary schools, exploring "1 + 5 + N" three-level supervision mechanism. To fulfill the education related duties, Lanxi government worked to understand the realities, find practical solutions, and take specific steps to improve school facilities, run the schools in accordance with the law, promote the education modernization of Lusong, which represented basic achievement in paving the way for the "last mile" of education inspection.

Keywords: Three-tier Linkage; Inspector System; Education Inspection

B . 17 Building a Skilled Workforce to Enhance the Effectiveness
of Education Inspection

Education Inspection Committee, Renqiu, Cangzhou, Hebei Province / 293

Abstract: To implement the requirements of the Education Supervision Regulation and *the Opinions on Deepening Reform of the Institutional Mechanisms for Educational Supervision in the New Era*, Renqiu City, Cangzhou, Hebei Province, has improved the inspection system, taken a strict approach to recruit workforce, invested in training for staff, reformed the management of inspectors, and guaranteed the conditions of inspection. Renqiu made great efforts to recruit and retain highly professional workforce to make sure the well development of schools and the implementation of education policies.

Keywords：Inspection Workforce；Education Inspection；Inspection Development

B.18 The innovation case of "School Supervision and Evaluation Project 316" in Shaanxi

Liu Baiyan，Wu Jijun and Guo Xiaohua / 301

Abstract：To apply the *Outline of the National Plan for Medium-and Long-Term Education Reform and Development*（2010-2020），*Education Supervision Regulation*，*Overall Plan for Deepening the Reform of Education Evaluation in the New Era*，and the *Opinions on Deepening Reform of the Institutional Mechanisms for Educational Supervision in the New Era* in a full way，based on the actual situation，Shaanxi has carried out the "School Supervision and Evaluation Project 316" since 2009. Three rounds of the Project have been carried forward so far，and the fourth round will be organized this year. With 12-year experience of school supervision and evaluation，Shaanxi achieved full coverage of inspection，built coordinated mechanism，promoted schools to improve，created a closed-loop inspection process，and made the inspection results as incentives. Shaanxi further implemented the duties of government，improved the school facilities，facilitated the development of county-level inspection offices，built a skilled workforce，reformed school operation，advanced quality-oriented education，and enhanced education quality. With the emergence of a large number of excellent schools，principals and head of kindergartens at the provincial and municipal levels，Shaanxi promoted the overall development of students. The inspection department of Shaanxi fulfilled the role of the "sharp tool" to improve education and to enhance people's satisfaction.

Keywords："Project 316"；School Inspection and Evaluation；Inclusiveness；Quality-oriented Education

皮书网

（网址：www.pishu.cn）

发布皮书研创资讯，传播皮书精彩内容
引领皮书出版潮流，打造皮书服务平台

栏目设置

◆ **关于皮书**
何谓皮书、皮书分类、皮书大事记、
皮书荣誉、皮书出版第一人、皮书编辑部

◆ **最新资讯**
通知公告、新闻动态、媒体聚焦、
网站专题、视频直播、下载专区

◆ **皮书研创**
皮书规范、皮书选题、皮书出版、
皮书研究、研创团队

◆ **皮书评奖评价**
指标体系、皮书评价、皮书评奖

◆ **皮书研究院理事会**
理事会章程、理事单位、个人理事、高级
研究员、理事会秘书处、入会指南

所获荣誉

◆ 2008 年、2011 年、2014 年，皮书网均
在全国新闻出版业网站荣誉评选中获得
"最具商业价值网站"称号；
◆ 2012 年，获得"出版业网站百强"称号。

网库合一

2014年，皮书网与皮书数据库端口合
一，实现资源共享，搭建智库成果融合创
新平台。

皮书网

"皮书说"
微信公众号

皮书微博

权威报告・连续出版・独家资源

皮书数据库
ANNUAL REPORT(YEARBOOK)
DATABASE

分析解读当下中国发展变迁的高端智库平台

所获荣誉

● 2020年，入选全国新闻出版深度融合发展创新案例

● 2019年，入选国家新闻出版署数字出版精品遴选推荐计划

● 2016年，入选"十三五"国家重点电子出版物出版规划骨干工程

● 2013年，荣获"中国出版政府奖・网络出版物奖"提名奖

● 连续多年荣获中国数字出版博览会"数字出版・优秀品牌"奖

皮书数据库　　　"社科数托邦"
　　　　　　　　微信公众号

成为会员

登录网址www.pishu.com.cn访问皮书数据库网站或下载皮书数据库APP，通过手机号码验证或邮箱验证即可成为皮书数据库会员。

会员福利

● 已注册用户购书后可免费获赠100元皮书数据库充值卡。刮开充值卡涂层获取充值密码，登录并进入"会员中心"—"在线充值"—"充值卡充值"，充值成功即可购买和查看数据库内容。

● 会员福利最终解释权归社会科学文献出版社所有。

社会科学文献出版社 皮书系列
SOCIAL SCIENCES ACADEMIC PRESS (CHINA)

卡号：496265422457

密码：

数据库服务热线：400-008-6695
数据库服务QQ：2475522410
数据库服务邮箱：database@ssap.cn
图书销售热线：010-59367070/7028
图书服务QQ：1265056568
图书服务邮箱：duzhe@ssap.cn

基本子库 SUB DATABASE

中国社会发展数据库（下设12个专题子库）

紧扣人口、政治、外交、法律、教育、医疗卫生、资源环境等12个社会发展领域的前沿和热点，全面整合专业著作、智库报告、学术资讯、调研数据等类型资源，帮助用户追踪中国社会发展动态、研究社会发展战略与政策、了解社会热点问题、分析社会发展趋势。

中国经济发展数据库（下设12专题子库）

内容涵盖宏观经济、产业经济、工业经济、农业经济、财政金融、房地产经济、城市经济、商业贸易等12个重点经济领域，为把握经济运行态势、洞察经济发展规律、研判经济发展趋势、进行经济调控决策提供参考和依据。

中国行业发展数据库（下设17个专题子库）

以中国国民经济行业分类为依据，覆盖金融业、旅游业、交通运输业、能源矿产业、制造业等100多个行业，跟踪分析国民经济相关行业市场运行状况和政策导向，汇集行业发展前沿资讯，为投资、从业及各种经济决策提供理论支撑和实践指导。

中国区域发展数据库（下设4个专题子库）

对中国特定区域内的经济、社会、文化等领域现状与发展情况进行深度分析和预测，涉及省级行政区、城市群、城市、农村等不同维度，研究层级至县及县以下行政区，为学者研究地方经济社会宏观态势、经验模式、发展案例提供支撑，为地方政府决策提供参考。

中国文化传媒数据库（下设18个专题子库）

内容覆盖文化产业、新闻传播、电影娱乐、文学艺术、群众文化、图书情报等18个重点研究领域，聚焦文化传媒领域发展前沿、热点话题、行业实践，服务用户的教学科研、文化投资、企业规划等需要。

世界经济与国际关系数据库（下设6个专题子库）

整合世界经济、国际政治、世界文化与科技、全球性问题、国际组织与国际法、区域研究6大领域研究成果，对世界经济形势、国际形势进行连续性深度分析，对年度热点问题进行专题解读，为研判全球发展趋势提供事实和数据支持。

法律声明